8°Y²
53791

NOUVELLES
EXEMPLAIRES
DE MICHEL
DE CERVANTES
SAAVEDRA
Auteur de Don QUICHOTTE.

TRADUCTION ET
EDITION NOUVELLE.

Augmentée de trois NOUVELLES qui n'avoient point été traduites en François, & de la VIE de l'AUTEUR.

PAR Mr. L'ABBE'
S. MARTIN DE CHASSONVILLE.

Enrichie de Figures en taille douce.

TOME SECOND.

A LAUSANNE & à GENEVE,
Chez MARC-MIC. BOUSQUET & Comp.

MDCCXLIV.

P. Folkema del.   F. A. Aveline Sculp.

LE JALOUX D'ESTRAMADOURE.

NOUVELLE VII.

IL n'y a pas long-tems qu'il sortit de la Province d'Estramadoure un homme d'une famille assez distinguée, qui, comme un autre enfant prodigue, courut presque toutes les Provinces de l'Europe consumant également son bien & ses années. Après beaucoup de voyages, son pére étant déja mort, & son patrimoine à peu près dissipé, il s'arrêta à Seville, où il ne manqua pas de trouver des occasions, pour achever le peu qui lui restoit. Lors qu'il se vit sans argent, & sans amis, car on n'en a guéres quand on n'est point riche, il prit le parti que prennent en Espagne la plûpart des jeunes gens, qui ont vécu dans le désordre, & dans le libertinage; il résolut de passer aux Indes. Quoi que tout le monde ne fasse pas fortune dans ce Païs-là, il demeura ferme dans sa résolution, voyant bien qu'il n'y avoit que cette seule voye à prendre, pour se tirer de la misère, où sa mauvaise conduite l'avoit réduit. Une Flote partoit pour le Perou, il n'y avoit pas de tems à perdre, il s'accommoda avec celui qui la commandoit, & fit provision, autant qu'il le pût, de ce qui lui pouvoit être nécessaire, pour rendre moins désagréable ce long voyage. Il s'embarqua sur la Flote à Cadix, & ayant donné sa bénédiction à l'Espagne, on leva l'ancre, & on mit à la voile par un vent si favorable, qu'il perdit quelques heures après, la terre de vûë; & se vit au milieu des vastes & spacieuses campagnes de l'Océan. Notre Voyageur étoit pensif: il repassoit dans sa mémoire les divers périls qu'il avoit courus dans ses autres voyages; le mauvais ménage qu'il avoit fait jusqu'alors; en un mot, toutes les actions de sa vie. Se rendant compte à soi-même de tout ce qu'il avoit fait, il se disoit en même tems qu'il seroit mieux

à

à l'avenir; que s'il étoit assez heureux pour gagner du bien, il n'oublieroit rien pour le conserver, qu'il renonçoit désormais aux femmes, & à toutes les mauvaises compagnies; c'étoient les réflexions dont il étoit entiérement occupé. La Flote jouïssoit du calme, tandis que Philippe de Carizale, (c'étoit son nom) étoit agité de mille troubles, que lui causoient toutes ces différentes pensées. Le vent recommença à souffler, & il poussa les Vaisseaux avec tant de violence, qu'il se vit contraint de penser à autre chose, & de faire attention aux périls où il pouvoit être exposé dans son nouveau voyage. Ce voyage fut pourtant heureux, la Flote aborda à Cartagène, sans avoir couru le moindre risque. Pour abréger notre narration, & ne dire rien, que par rapport à notre Histoire, nous nous contenterons de dire, que Philippe étoit âgé de quarante huit ans, lors qu'il partit pour aller aux Indes, & que dans l'espace de vingt années, qu'il y séjourna, il y fit si bien ses affaires, qu'il y amassa plus de cent cinquante mille écus. Du moment qu'il se vit maître de tant de bien, il résolut de retourner dans sa Patrie. Possédé de ce desir, qui est si naturel à l'homme, il exécuta sa résolution. Il abandon-

abandonna le Perou, où il avoit acquis tant de richesses, mit tout son argent en lingots, & s'étant embarqué sur un Vaisseau qui alloit en Espagne, il arriva enfin à Seville, aussi riche qu'il étoit vieux. Ayant mis ses effets en sûreté, il alla chercher ses amis; mais il trouva qu'ils étoient tous morts. Cela lui fit prendre la résolution de quitter cette Ville, & d'aller finir ses jours dans le lieu de sa naissance, quoi qu'il eût appris, que tous ses parens étoient morts aussi. Carizale n'étoit pas sans inquiétude. Accablé de soucis, lors qu'il étoit pauvre, sa condition ne changea point au milieu de tous ses trésors. Il ne reposoit pas plus tranquillement, que lors qu'il étoit dans l'indigence, parce que dans un certain sens les richesses ne sont pas moins incommodes que la pauvreté. On peut dire même, qu'il y a cette différence, que celui qui ne possède rien, est plus heureux en quelque maniére, que celui qui possède les plus grands biens; car enfin, le pauvre peut devenir riche, mais le riche ne croit jamais de l'être assez. Quoi qu'il en soit, Carizale n'étoit pas tout à fait content. Il se réjouïssoit de voir ses lingots, mais sa joye étoit imparfaite, à cause qu'il ne savoit qu'en faire. Il se voyoit

voyoit trop vieux pour les faire valoir, & il appréhendoit qu'on ne le vint égorger une nuit dans sa maison, s'il s'y enfermoit avec eux: outre qu'il ne pouvoit pas bien se résoudre à enterrer ainsi des richesses, qui pouvoient lui apporter des profits immenses, s'il vouloit continuer le métier qu'il avoit exercé avec tant de bonheur dans les Indes. Au milieu de ces agitations, il avoit résolu, comme je l'ai dit, d'aller passer en paix sa vieillesse dans le lieu de sa naissance; mais cette résolution ne le mettoit pas à l'abri de tous les soucis qui le rongeoient. Il falloit mettre ses richesses en rente, & il ne savoit où les placer, il ne trouvoit nulle part les assurances qu'il eût desirées; jamais homme n'a été plus embarrassé, ni plus incertain de sa destinée. D'un autre côté, le Bourg qui lui avoit donné la naissance n'étoit rempli que de gens pauvres, il appréhendoit avec raison d'être exposé à tous momens à leurs importunitez. Cependant, il falloit opter, il falloit choisir un parti, & c'étoit pour lui un point extrêmement difficile, ingénieux comme il étoit naturellement à trouver des difficultez par tout. Il lui prit fantaisie de se marier, afin de ne pas laisser après sa mort ses biens à des étrangers.

gers. Il s'examinoit là-dessus, & il lui sembloit qu'il lui restoit encore assez de forces pour supporter la charge du mariage : mais à cette pensée il en succédoit bien-tôt de bien différentes. La seule imagination d'être marié le faisoit frémir, & il la rejettoit comme une tentation du Malin. Il étoit naturellement si jaloux, qu'il sentoit bien qu'il seroit malheureux de ce côté-là. N'y pensons donc plus, se disoit-il à soi-même, il n'y a que des foux, ou des gens qui n'ont aucune délicatesse, qui se marient, c'est le dernier écueil où un homme de bon sens doit toucher, il y a trop de risque à s'embarquer avec une femme; ce ne sera pas le parti que je prendrai.

Le pauvre Carizale avoit beau dire, il ne pouvoit résister aux caprices de son étoile, c'étoit en vain qu'il raisonnoit, & qu'il faisoit des réflexions, il devoit être marié malgré qu'il en eût. Un jour qu'il se promenoit par la Ville, pensant toûjours au genre de vie qu'il devoit mener, il apperçût à une fenêtre une jeune fille, dont la vûë le frappa d'abord. Outre une grande douceur qui étoit peinte sur son visage, Leonore, c'étoit le nom de cette jeune personne, avoit tant de charmes, que le bon Vieillard, ne

pût

pût s'empêcher de la trouver belle, & d'en devenir amoureux. Elle n'avoit qu'environ quatorze ans; mais comme l'amour ne raisonne pas, Carizale ne la trouva pas trop jeune. Quelque résolution qu'il eût déja prise de ne s'engager jamais dans le mariage, quelques raisons qu'il eût alléguées pour appuyer sa résolution, il se trouva si métamorphosé tout d'un coup, qu'il crut qu'il n'y avoit point d'état plus heureux au monde que celui d'un homme qui étoit marié. Cette jeune fille est belle, se prit-il à dire en soi-même; mais à voir les dehors de sa maison, je vois bien qu'elle ne doit pas être fort riche. Ce n'est qu'un enfant, & une femme à l'âge où elle est, ne sauroit causer à un mari le moindre soupçon; c'est justement celle qu'il me faut, il semble que le Ciel l'ait créée tout exprès pour moi. Elle n'a point vû encore le monde, véritable écueil de la plûpart des femmes. Neuve & sans expérience comme elle est, je pourrai vivre en sûreté auprès d'elle: Il faut que je l'épouse. Je l'enfermerai, je la mettrai sur le pied qu'il me plaira, je la tournerai enfin si bien selon mon humeur, que je n'aurai jamais sujet de me plaindre, & de me repentir de l'avoir épousée. Quand on prend de semblables

bles précautions on peut se marier à coup sûr. Je ne suis pas si vieux, ajoûta-t-il, que je doive perdre l'espérance d'avoir des enfans, & j'aurai du moins cette consolation en mourant, que je laisserai des héritiers. Je me mets peu en peine au reste qu'elle soit riche, ou qu'elle soit pauvre, j'ai assez de bien pour elle, & pour moi. Les riches doivent chercher à se contenter, lors qu'ils se marient. Le contentement fait la longue vie, au lieu que les chagrins l'abrégent. Arrive ce qui pourra, la pierre en est jettée; c'est la femme que le Ciel veut que je posséde.

Il n'exécuta pas toutefois avec trop de précipitation, la résolution qu'il venoit de prendre, il y pensa pendant sept ou huit jours, & comme il persista toûjours dans le dessein d'épouser la jeune Leonore, il la demanda lui-même en mariage, après avoir fait connoître, & sa qualité & ses richesses. Le pére de Leonore, qui étoit Gentilhomme, mais qui n'avoit pas beaucoup de bien, ouvrit les yeux à la proposition de Carizale. Cependant, il lui demanda du tems avant que de lui engager sa parole, lui témoignant qu'il lui avoit beaucoup d'obligation, de l'honneur qu'il lui vouloit faire : mais cette précaution, ajoûta-t-il, est nécessaire, & pour vous & pour

pour moi, car il est de la prudence que je sache auparavant qui vous êtes, & que vous sachiez aussi qui je suis. Le mariage n'est pas une affaire d'un jour, & on ne sauroit prendre trop de mesures, dans une occasion comme celle-là. Le vieillard en convint, on s'informa de côté & d'autre, les parties furent contentes, on commença à mettre la main à l'ouvrage, & Leonore enfin fut mariée à Carizale, qui lui reconnut sur ses biens vingt mille Ducats, tant son ame étoit enflammée. Carizale devoit être heureux, il s'étoit marié à sa fantaisie. Cependant, à peine étoit-il engagé avec l'épouse qu'il s'étoit choisie, qu'il se mit mille chiméres en tête, qui rendirent sa condition fort triste. Il commença à trembler sans aucun sujet, mille soupçons mal fondez lui dérangérent entiérement l'esprit, & jamais homme, en un mot, ne fut plus jaloux qu'il le fut dès le prémier jour, qu'il eut signé le Contract de son mariage. La prémiére marque qu'il donna de sa jalousie fut, lors qu'il fut question de faire les habits de nôces à sa fiancée. Il ne voulut jamais permettre que le Tailleur, qui les devoit faire, lui prît mesure, il fut inflexible là-dessus, il chercha mille moyens, pour faire que le Tailleur ne la vît, ni

A 5 ne

ne la touchât, & ayant trouvé enfin une jeune fille à peu près de l'âge, de la grosseur, & de la taille de sa maîtresse, ce fut sur la mesure de cette jeune fille, qu'il fit faire d'abord une robe qui alla fort bien à Leonore. Il en fit faire ensuite d'autres en grand nombre & si riches, que le pére & la mére de cette jeune épouse, se crurent les gens du monde les plus heureux, d'avoir rencontré un gendre si libéral, & si magnifique. Pour Leonore qui n'avoit jamais porté que des habits extrêmement simples, elle fut d'une joye inconcevable, voyant qu'elle en avoit à profusion, & tous extrêmement propres. Voici quelque chose de plus singulier. Le jaloux Philippe ne voulut jamais consommer le mariage, qu'il n'eût une maison à soi, laquelle il disposa de cette maniére. Il en acheta une douze mille Ducats, dans un des principaux quartiers de la Ville, qu'il meubla avec la derniére magnificence. Elle étoit environnée d'un fossé toûjours rempli d'eau, & elle avoit un Jardin planté d'Orangers ; c'étoit une maison des plus superbes. Dès que ce logis fut à lui, il en fit fermer toutes les fenêtres, qui donnoient du côté de la ruë, quelque éloignées qu'elles en fussent : & l'appartement

qui

qui étoit le plus propre, & qui devoit être celui de sa femme & le sien, n'en avoit point du tout, l'ayant fait disposer en manière de Dôme. Il fit faire à la porte cochére une écurie pour une Mule, qui est la monture ordinaire des Espagnols, & au dessus la demeure de celui qui en devoit avoir la garde; c'étoit un vieux More, qui étoit Eunuque. Les murailles des terrasses étoient élevées de telle manière, que ceux qui entroient dans cette maison, étoient obligez de regarder le Ciel en ligne droite, n'étant pas possible qu'ils vissent autre chose. Il fit outre cela pratiquer un Tournoir, qui répondoit de la grande porte à la Cour, jamais on ne prit tant de précautions, que celles que prit ce jaloux Vieillard. Il acheta quatre Esclaves blanches, & deux Morisques, voilà quels furent les Domestiques de Carizale, car pour des valets il n'en voulut point. Sa maison étant ainsi disposée, & ayant fait choix de ceux qui le devoient servir, il s'accommoda avec un homme qui lui achetoit, & lui apprêtoit ce qu'il avoit dessein de manger. Cet homme, en un mot, le devoit fournir de tout; mais à cette condition qu'il habiteroit & dormiroit chez soi, & qu'il ne passeroit pas plus avant que le Tournoir par où il devoit

voit donner ce qu'il apporteroit. Il mit en rente, ou en banque une partie de son argent, après avoir pris toutes les sûretés qui lui furent possibles, & s'en réserva ce qu'il crut lui être nécessaire, pour les besoins les plus pressans. Il fit faire une maîtresse Clef pour toutes les portes de sa maison, où il enferma d'abord pour toute l'année, ce dont ordinairement on ne fait provision, que lorsque la saison en est venuë. Dès qu'il eut achevé tous ces préparatifs, il se rendit chez son Beau-pere, demanda sa femme & l'épousa. Il la mena ensuite chez lui, & lui dit qu'elle n'avoit qu'à demander tout ce qu'elle desireroit, que rien ne lui seroit refusé.

Jamais femme n'a été plus resserrée, elle ne sortoit que les Dimanches & les bonnes Fêtes, pour aller à l'Eglise, & c'étoit-là que son pere & sa mere avoient la liberté de lui parler en présence de son Vieux, qui l'accompagnoit toûjours. L'entrée de sa maison leur étoit défenduë, il s'en étoit expliqué en se mariant ; mais d'ailleurs, il leur faisoit de si beaux présens, & les prévenoit avec tant de libéralité dans leurs besoins, que cela les consoloit un peu de la captivité de leur fille, & du chagrin qu'ils avoient de ne la point voir toutes les fois qu'ils le défiroient. Les autres jours Carizale se levoit de grand matin, & attendoit celui qui faifoit la dépenfe, qui étoit toûjours averti le foir auparavant de ce qu'il devoit preparer. Dès que le Pourvoyeur s'étoit rétiré, il fortoit, après avoir bien fermé les deux portes, celle de la ruë & celle du milieu, entre lefquelles le More faifoit fa demeure. Comme il n'avoit pas de grandes affaires, il étoit bien-tôt de retour. Alors il fe renfermoit, inventoit quelque nouvelle pour réjouïr fa femme, & caufoit avec fes Efclaves, qui l'aimoient, parce qu'il plaifantoit quelquefois avec elles & qu'il étoit affez libéral. Voilà quel étoit le genre de vie de Philippe. Leonore & fes fix Efclaves, pafférent ainfi une année de Noviciat, & elles en euffent bien paffé d'autres de la même maniére, fi le perturbateur du genre humain ne s'en fut mêlé, comme on le va voir.

Que le plus fage & le plus fubtil des mortels, réponde s'il lui plaît à ce que je lui vais demander. De quelle invention fe pouvoit avifer le bon homme Philippe pour fa fûreté, puifque loin de permettre qu'aucun homme entrât dans fa maifon, il n'y avoit jamais pû fouffrir aucun

ani-

animal, qui ne fût femelle. Jamais Chat n'y courut après les souris, jamais Chien n'y aboya aux portes: ils étoient tous du genre féminin. Carizale ne dormoit, ni nuit ni jour. Il faisoit soir & matin la ronde autour de son logis, il étoit toûjours en sentinelle, il étoit lui-même l'Argus de sa femme. Pour éloigner de chez lui toutes sortes d'hommes, même ses plus intimes amis, il traitoit avec eux, d'affaires en pleine ruë. Les figures représentées dans les Tapisseries & dans les Tableaux qui ornoient ses appartemens, étoient des Vestales, des Déesses, ou quelques-unes de ces femmes fortes, que l'histoire a tant célébrées. Toute sa maison, en un mot, ne respiroit que pudeur, & même dans les Contes que ses Esclaves faisoient autour du feu, pendant les longues nuits de l'hyver, on y parloit aussi peu des hommes, que s'il n'y en eût jamais eu dans le monde: c'étoit les histoires de quelque Fée, de quelque Amazone, de quelque Héroïne du tems jadis. Leononore aimoit son Epoux avec la derniére tendresse, parce que c'étoit le premier homme qu'elle avoit vû. Elle prenoit pour une sage prévoyance sa jalousie excessive. Elle s'imaginoit que toutes les nouvelles mariées menoient une vie pa-

rielreille à la sienne; elle n'avoit pas la moindre envie de sortir, & le seul plaisir qu'elle se faisoit, c'étoit de plaire à Carizale; elle prévenoit même ses desirs. Elle ne voyoit les ruës que les jours qu'elle alloit à l'Eglise, & ce n'étoit même qu'à son retour; car elle y étoit conduite si matin, qu'il lui étoit alors impossible de les voir. Jamais Monastére ne fut si bien fermé, jamais Réligieuses ne vécurent d'une maniére plus austére, jamais pommes d'or ne furent si bien gardées. Cependant, Philippe ne pût s'empêcher de tomber dans le précipice qu'il apprehendoit, ou du moins de croire qu'il y étoit tombé.

Il a dans la Ville de Seville une espéce de gens oisifs & fainéans, qu'on appelle communément les enfans du quartier. Ce sont de jeunes gens qui ont des parens riches, toûjours bien vêtus; aimaint le plaisir, faisant de la dépense, & étant toûjours en festins. Il y auroit bien des réflexions à faire sur les déportemens, sur les maniéres de vivre, sur les loix qu'ils observent entr'eux: il y auroit bien des vérités à découvrir; mais toutes les vérités ne sont pas bonnes à dire, il vaut mieux que je vienne au fait. Un de ces galans, qui n'étoit point

ma-

marié encore, jetta un jour les yeux sur la maison de Carizale, & voyant qu'elle étoit perpétuellement fermée, il lui prit envie de savoir ce qu'il y avoit dedans. Il s'y prit de tant de maniéres, & se donna tant de mouvemens pour réussir dans son dessein, qu'il en vint à bout à la fin. Il apprit l'humeur du Vieillard, la beauté de Leonore, & de qu'elle maniére cette jeune femme étoit gardée. D'abord il communiqua son dessein à trois de ses amis des plus rusés, & il fut résolu entr'eux, qu'on entreprendroit de forcer cette Place; car jamais en ces sortes d'entreprises, on ne manque de conseil, ni de secours. Celle-là n'étoit pas pourtant fort aisée, il y avoit bien des obstacles à surmonter, ce n'étoit pas l'affaire d'un jour. Cependant, après avoir bien pensé aux mesures qu'il falloit prendre, & aux moyens qu'il étoit nécessaire d'employer, pour venir à bout d'un exploit si difficile, l'on y procéda de cette maniére.

Loaysa, c'étoit ainsi que se nommoit ce bon Compagnon, feignit d'aller à la Campagne pour quelques jours, & s'enferma chez lui. Il changea de caleçons & de chemise, & se mit par dessus, un habit si usé & si déchiré, qu'il n'y avoit point

point de pauvre en toute la Ville, qui eût de si misérables haillons. Il se fit ôter un peu de barbe qu'il avoit, couvrit l'un de ses yeux d'un emplâtre, se banda étroitement une jambe, & se soûtenant sur deux potences, il fut si bien métamorphosé, que ceux qui le virent dans cet équipage, demeurérent d'accord, qu'il étoit impossible de se mieux travestir en Mendiant. Masqué & contrefait de cette maniére, Loaysa s'alloit mettre tous les soirs en oraison à la porte du logis de Carizale, qui étoit toûjours bien fermée. Les appartemens en étoient mème si éloignés, qu'il étoit impossible que le Vieillard, que Leonore, ni qu'aucune de ses Esclaves le pussent entendre ; mais il avoit son but, il ne vouloit qu'exciter la curiosité du More, qui étoit entre les deux portes. Après que Loaysa avoit fait quelques lamentations, il tiroit une méchante petite Guitarre, & comme il entendoit la musique, en jouant de cet instrument il chantoit de petites Chansons agréables, des Romances de Mores & de Moresques, des Vaudevilles si divertissans, & il le faisoit avec tant de grace, en contrefaisant sa voix, que tous ceux qui passoient à la ruë s'arrêtoient pour l'écouter. Louïs, c'étoit le nom du More, enchanté de cette simphonie, étoit tout oreilles, il étoit comme colé à la porte pour mieux entendre; car les Mores aiment naturellement à chanter, à jouër des Instruems, & à en entendre jouër. Loaysa lui avoit donné ce divertissement pendant cinq ou six soirs; car il voyoit bien qu'il falloit nécessairement le mettre dans ses intérêts, pour faire réüssir l'entreprise qu'il avoit en vüe, mais il ne lui avoit point encore parlé. Il ne tarda guére à le faire. Je meurs de soif, dit-il, tout bas, la premiére fois qu'il se rendit à la porte de la maison de Carizale, je meurs de soif, mon cher Louïs, & si je ne bois je ne saurois chanter, donne-moi un verre d'eau, je t'en supplie. Il n'est pas possible de vous satisfaire, répondit le More, parce que je n'ai point la clef de la porte, & il n'y a aucune ouverture, pour vous donner ce que vous demandez. Et qui a donc la clef, dit Loaysa? C'est mon Maître, repliqua Louïs, c'est-à-dire, l'homme le plus jaloux qu'il y ait au monde, & si soupçonneux, que s'il venoit à savoir, que je m'amusasse maintenant à parler avec quelqu'un, c'en seroit fait de ma vie. Cependant, qui êtes-vous, je vous en conjure? Je suis, répondit Loaysa, un pauvre extropié, qui gagne ma vie en demandant l'aumône, pour l'amour de Dieu, aux bonnes gens. Outre cela j'apprens à jouer des Instrumens à d'autres pauvres & à des Esclaves. J'ai plus de vingt Disciples, moi indigne, & il y a trois Mores qui ont si bien appris qu'ils peuvent jouer hardiment, dans tous les Cabarets de Seville. Si je les ai bien servis, ils m'ont bien payé, c'est, mon cher Louis, ce que j'ai à te dire. Je vous payerois mieux qu'eux, dit le More en jettant un soûpir, si je pouvois prendre de vos leçons; mais c'est une chose impraticable, parce que mon Maître en sortant le matin ferme la porte de la ruë, il fait la même chose en revenant, & je suis toûjours comme prisonnier, entre les deux portes. Je te jure ajoûta Loaysa, que si tu me donnois moyen d'entrer dans ton appartement, quelques nuits, pour te donner leçon, je te rendrois si savant à jouër du violon ou de la guitarre, que tu pourrois jouër admirablement, en très-peu de tems. Sois-en persuadé, j'ai une méthode extrêmement facile, & j'aurois d'autant moins de peine avec toi, que je sai que tu ne manques, ni d'inclination, ni d'esprit. A en juger même par le ton de ta voix, je gage que tu chantes fort bien. Je ne channe chante pas tout-à-fait mal, répondit l'Esclave ; mais que me fert-il de bien chanter, je ne fai que quelque misérable Chanson ? il commença d'abord à en chanter quelques-unes de fort triviales. Toutes tes Chansons lui dit Loaysa, en l'interrompant, ne sont que des niaiseries, en comparaison de celles que je pourrois t'enseigner. Je sai toutes celles du More Abindarrez & de Dame Chariffe sa Maîtresse ; je sai toutes celles du Grand Sophi Tomunibeyo, & ses Sarabandes si divinement composées, qu'elles raviffent l'ame des Portugais. Mais ce n'est pas tout, j'enseigne toutes ces choses, avec tant d'art & d'une maniére si facile, que sans te donner presque la moindre peine, tu n'auras pas mangé trois ou quatre muids de sel, que tu te verras le meilleur Musicien qu'il y ait en Espagne, en toutes sortes d'Instrumens.

Le More qui ne comprenoit pas que Loaysa se moquoit de lui ouvertement, répondit en soûpirant encore. A quoi bon tout cela, puisque je ne sai de quelle maniére m'y prendre, pour vous introduire dans le logis ? Il y a remède à tout, dit Loaysa, il faut que tu tâches de prendre les clefs à ton Maître, & je te donnerai un morceau de cire, sur laquelle

quelle tu les imprimeras, & pourvû que tu fasses en sorte que les marques des dents y soient empreintes, ne te mets point en peine. Je veux bien par l'amitié que je commence à te porter, employer un Serrurier de mes amis, qui fera des clefs sur ce modéle, si bien que je pourrai entrer de nuit, dans l'appartement que tu habites, & cela étant, je te garantis que je veux t'apprendre à jouer des Instrumens, mieux qu'au Prêtre Jean, ou au Sophi de Perse. Je vois que c'est grand dommage, qu'une voix comme la tienne, ne soit point cultivée & demeure inutile; car il faut que tu saches, que la meilleure voix du monde, perd la moitié de sa beauté & de son prix, quand elle ne s'allie pas au son de quelque Instrument, soit Guitarre, Clavessin, Orgues, ou Harpe. Il faut que tu en choisisse quelqu'un de ceux-là, & si je te puis conseiller, il me semble que celui qui te convient le mieux, est la Guitarre, parce que c'est l'Instrument le plus portatif, & qui coûte le moins. Je le crois, répondit l'Esclave; mais tout ce que tu viens de dire est inutile, parce que les clefs que tu me demandes, ne tombent jamais entre mes mains; mon Maître ne les lâche jamais, elles dorment

ment nuit & jour sous son oreiller. Fais donc autre chose, Maître Louis, dit Loaysa, s'il est vrai que tu ayes envie de devenir parfait Joueur d'Instrumens; car autrement ce seroit en vain que je me romprois la tête à te vouloir donner des conseils. Si j'en ai envie, interrompit Louis! l'envie que j'en ai est si grande, qu'il n'y aura rien que je ne mette en usage, pourvû que ce soient des choses un peu plus possibles, que celles d'arracher les clefs des mains de mon Maitre, on lui auroit plûtôt ôté la vie. Si cela est, poursuivit le bon Compagnon, je te ferai tenir par l'entredeux de la porte & de la muraille, de certaines machines qui feront merveille, pourvû que de ton côté tu ôtes un peu de la pierre, comme la chose est assez facile. Ces machines seront des tenailles & un petit marteau, tu arracheras les cloux de la serrure, quand tout dormira, & nous la remettrons ensuite : ce que nous ferons si proprement, je t'assure qu'on ne s'appercevra jamais qu'elle ait été déclouée. Quand je serai une fois enfermé avec toi, nous ferons merveille, je n'aurai rien de caché pour toi, & je te promets que tu ne te repentiras jamais d'avoir exécuté ce que je te conseille de faire, uniquement pour ton bien & pour te rendre service. Ne perds pas l'occasion, mon cher Louis, tu n'en trouveras jamais une semblable, & je sens bien qu'il faut t'aimer autant que je t'aime, pour m'aller enfermer volontairement avec toi dans un grenier à foin: mais que ne fait-on pas pour un ami? Ne te mets pas au reste, en peine dequoi nous mangerons, j'apporterai des vivres pour tous deux, & j'en apporterai même pour plus de huit jours. J'ai des Disciples & des amis qui ne m'abandonneront pas au besoin, nous ne mourrons pas de faim, j'y mettrai bon ordre. Il n'est pas nécessaire, dit Louis, que tu te mettes en frais de ce côté-là. Nous aurons suffisamment de quoi manger, & nous ferons même assez bonne chére. Ce que mon Maître me donne, & ce que les Esclaves me font tenir sous main, pourroient suffire à en nourrir deux autres encore. Ainsi point de souci à cet égard. Il n'est question à présent que d'avoir ce marteau & ces tenailles, je trouverai bien-tôt un passage pour les faire entrer: je couvrirai avec un peu de mortier l'ouverture que je ferai, & si une fois je les tiens, ne t'embarrasse pas du reste. J'arracherai les cloux de la serrure, le plus adroitement

qu'il

qu'il me sera possible ; & supposé même qu'il soit nécessaire de donner quelques coups un peu forts, mon Maître couche si loin d'ici, que ce seroit le plus grand miracle, ou la plus grande disgrace du monde, si le bruit alloit jusqu'à lui. Voilà qui va bien, dit Loaysa, tu auras dans deux jours d'ici, tout ce qui te sera nécessaire, pour mettre à execution ton vertueux dessein. Je t'avertis cependant, de ne manger rien qui soit flegmatique, parce que tant s'en faut que cela profite, qu'au contraire, il gâte entiérement la voix. Il n'y a rien, répondit l'Esclave, qui rende ma voix plus enrouée que le vin, cependant, je ne le voudrois pas quitter, pour toutes les voix de la terre. Ce n'est pas ce que je veux dire, répondit Loaysa, je n'ai pas une si ridicule pensée. Boi seulement, mon fils Louis, & bien te fasse, le vin qui se boit par mesure ne nuit jamais. Je le boi aussi par mesure, dit le More, j'ai ici un pot, qui tient justement une Quarte, les Esclaves me l'apportent sans que mon Maitre le sache, & le Pourvoyeur même, me donne de tems en tems en secret, quelque bouteille, & cela suplée au défaut du pot. Ma foi, dit Loaysa, ce que tu me dis là est admirable, & tu

en

en sais plus long que je ne croyois, un moins fou que toi n'est point bête, ce que tu fais est de bon sens; car enfin il est impossible à un gosier sec, ni de groigner ni de chanter. Allez en paix, poursuivit le More; mais souvenez-vous que je me reserve, que vous ne laisserez pas de venir chanter ici les nuits, pour entrer céans. Les doigts me démangent déja, tant ils ont envie de pincer les cordes de l'Instrument, sur lequel je vous entens jouer tant de belles choses. Je viendrai, dit Loaysa, & j'apporterai des airs nouveaux. C'est ce que je desire, dit Louis; mais en attendant je vous supplie de chanter encore une petite Chanson, afin que je m'aille coucher avec plus de contentement. Nous payerons tout, n'en soyez point en peine, les pauvres payent quelquefois mieux que les riches. Ce n'est pas dequoi il s'agit, repondit le Maître Musicien, tu seras toûjours maître du payement. Cependant, écoute cette Chanson, il entonna alors un Romance, qui effectivement, étoit si joli, & il le chanta si bien, qu'il sembla au More, tant il en fut content, que l'heure d'ouvrir la porte n'arriveroit jamais.

À peine Loaysa se fut retiré d'auprès
du

du More, qu'il fut avertir ſes confidens de ce qui venoit de lui arriver, des meſures qu'il avoit priſes, & de ce dont il étoit convenu avec cet Eſclave, pour être introduit dans la maiſon de Carizale. Ils mirent d'abord la main à l'œuvre, & dès le lendemain ils eurent des tenailles de ſi bonne trempe, qu'ils en rompoient les cloux, auſſi aiſément que ſi c'eut été du bois. Cependant, Loayſa n'oublia point d'aller chanter & jouer de ſon Inſtrument devant la porte, & il trouva que le More avoit déja fait une ouverture ſuffiſante, & que cette ouverture étoit ſi bien couverte, qu'il étoit impoſſible d'y prendre garde, à moins qu'on n'y regardât de fort près, & même avec quelque ſoupçon. La nuit ſuivante Loayſa porta le marteau & les tenailles, & Louïs ne les eut pas plûtôt entre les mains, qu'il rompit les cloux de la ſerrure, avec la plus grande facilité du monde; il ouvrit la porte en même tems, & fit entrer ſon Orphée. Jamais homme n'a été plus content. Il eſt vrai qu'il fut un peu ſurpris de voir Loayſa, avec ſes deux potences, avec un habillement ſi déchiré, & avec une jambe qui avoit tant de bandes. Il ſavoit néanmoins, que c'étoit un pauvre qui mandioit,

&

& comme Loaysa avoit quitté l'emplâtre qu'il avoit sur l'œil, parce qu'il n'en avoit point besoin, il se consola de voir un visage, qui ne lui parut pas tout-à-fait desagréable. Dès que le Compagnon fut entré, il embrassa son bon Disciple, le baisa au visage, & lui mit incontinent entre les mains une grosse bouteille d'excellent vin, & une boete de Confitures. Il lui fit présent ensuite de plusieurs autres sucreries, qu'il portoit dans ses besaces, qui étoient fort bien fournies. Un moment après il quitta ses bequilles, & se mit à faire trois ou quatre caprioles fort legérement. Le More ne savoit que croire. Ne sois point surpris de ce que tu vois, mon ami Louis, dit alors Loaysa, tu dois savoir, que ce n'est pas de nature que je suis estropié d'une jambe, mais d'industrie. Je gagne ma vie par ce moyen, en demandant l'aumone. Ainsi me servant de cette adresse & de mon Instrument, je mene la plus heureuse vie du monde. Celui qui n'a point d'industrie, court risque de mourir de faim; tu l'éprouveras, je m'assure, pendant le cours de notre nouvelle amitié. J'en suis persuadé, lui dit le More; mais pensons au présent, avant que de penser à l'avenir, mettons-nous en devoir de remettre la serrure en sa premiere place, & raccommodons-la si bien qu'on n'y puisse connoître aucun changement. Je le veux, dit Loaysa, il tira alors des cloux de sa besace, & la serrure fut si bien accommodée un moment après, qu'elle fut de même qu'auparavant. Louis en eut une joye extrême, & Loaysa monta au grenier à foin, où se tenoit l'Esclave, & s'y accommoda le mieux qu'il put. Louis alluma d'abord une bougie, & son nouveau Camarade, tira sa guitarre, qu'il se mit à pincer tout bas, & si mélodieusement, que le pauvre More, qui l'écoutoit, en étoit comme ravi en extase. Après qu'il eut un peu joüé, il tira de nouveau des Confitures pour faire collation, il en donna à son Disciple, & ensuite ils vuidérent leur bouteille fort gaillardement. Cela fait, il voulut que Louis commençât à prendre leçon; mais le More avoit déja tant bû, qu'il ne savoit presque ce qu'il faisoit. Loaysa lui faisoit pourtant accroire, qu'il savoit déja pour le moins deux notes, qu'il avoit la meilleure main du monde, & qu'il n'avoit jamais vû de si bons commencemens; tellement que pendant une bonne partie de la nuit, il ne fit que sonner de la Guittarre desaccordée, &

sans

sans les cordes nécessaires ; ils dormirent fort peu cette nuit-là. Le lendemain sur les six heures, Carizale descendit, il ouvrit la porte du milieu & celle de la ruë. Il attendit le Pourvoyeur, qui arriva peu de tems après, & lui donna par le Tournoir, la viande qu'il portoit. En s'en retournant il appella l'Esclave, afin qu'il descendit pour prendre sa portion, & l'avoine pour la Mule. Cela étant expédié, il sortit & laissa les deux portes fermées, sans qu'il prit garde à ce qu'on avoit fait à la serrure de celle de la ruë, au grand contentement de Loaysa & de Louïs. Carizale n'eut pas plûtôt mis le pied dehors, que le More empoigna la Guitarre, & commença à la toucher, de telle maniére que toutes les Esclaves l'entendirent, & coururent à la porte de la montée. Que signifie ceci, dirent-elles, depuis quand as-tu un tel Instrument, qui est-ce qui t'en a fait part ? Qui m'en a fait part, répondit Louïs, c'est le meilleur Musicien de tout l'Univers, un homme qui en moins de six jours me doit apprendre, plus de six mille Chansons. Et où est donc ce Musicien, dit la Gouvernante. Il n'est guéres loin d'ici, dit le More ; & n'étoit la crainte où je suis, que notre Maître ne vint à nous surprendre,

peut-

peut-être vous le ferois-je voir tout à l'heure, & je vous garantis que vous seriez assez contente de l'avoir vû. Comment le pourrions-nous voir, continua la Gouvernante, puisqu'il n'y a jamais eu d'homme que notre Maître, qui soit entré dans cette maison ? Je n'ai rien à vous dire là-dessus, répondit le More, & je ne vous en dirai pas davantage, que premiérement vous n'ayez vû ce que je sai, & que j'ai apris en si peu de tems. Il faut, ajoûta la Gouvernante, que celui qui t'enseigne soit quelque Lutin ; car il est impossible qu'un homme soit entré ici, & qu'il ait pû en si peu de tems, te rendre aussi habile Maître que tu prétens que nous le croyons. Que ce soit un Lutin, ou non, ne vous en mettez point en souci, vous le verrez & vous l'entendrez quelque jour. Je t'en défie, dit là-dessus une des Esclaves, & en effet, comment cela se pourroit-il faire, puisque nous n'avons aucunes fenêtres qui répondent à la rue, pour pouvoir entendre, ou pour voir quelqu'un ? Il y a remède à tout hors à la mort, dit le More. Si vous vouliez, ou plûtôt si vous saviez vous taire, vous verriez bien d'autres choses. Comment nous taire, répondit une autre des Esclaves, nous serons plus

muet-

muettes que des souches. Je te jure mon cher ami, que nous mourons toutes d'envie d'entendre une belle voix ; car tant s'en faut que depuis que nous sommes ici enfermées, nous ayons ouï chanter quelcun, que même nous n'avons pas entendu le chant des moineaux.

Loaysa écoutoit cet entretien, avec beaucoup de joye, parce qu'il voyoit bien que tout s'acheminoit à son but, & que sa bonne fortune prenoit peine de guider cette affaire elle-même. Sur cela les Esclaves se retirérent, & le More leur promit de les divertir & de les régaler d'un bon Concert, lors qu'elles y penseroient le moins. Il ne voulut pas les entretenir plus long-tems, parce qu'il apprehenda que son Maître ne le surprit, parlant avec elles, ainsi il se retira dans sa demeure. Il eût bien souhaité de prendre leçon ; mais il n'osoit le faire de jour, de peur que Carizale ne l'entendit : en effet il arriva peu de tems après, & ayant fermé les portes, selon sa coûtume, il s'alla enfermer dans le logis. Une des Esclaves ne tarda guéres de venir au Tournoir, pour apporter au More dequoi manger : & ce fut alors qu'il lui dit, qu'elle n'avoit, elle & ses compagnes, qu'à se rendre au même lieu,

dès

dès que leur Maître seroit endormi; & qu'il osoit leur promettre, qu'elles se retireroient contentes. Il lui parla de cette maniére, parce qu'il avoit prié auparavant son joüeur d'Instrumens, de vouloir chanter & joüer, à la porte du Tournoir, pour faire plaisir à ces Esclaves. Loaysa le lui avoit promis, après s'être fait prier assez long-tems, quoi qu'il le souhaitât, avec mille fois plus d'ardeur que le More, qui l'embrassa avec la derniére tendresse, pour témoigner son contentement, & lui faire aussi bonne chére que s'il eût été chez lui. Le jour commença enfin à disparoître : & environ sur le minuit, on commença à chanter à la porte du Tournoir. Louïs s'y étant rendu, vit que c'étoit la bande qui étoit arrivée, il en avertit d'abord Loaysa, & en même tems ils descendirent tous deux du grenier à foin, avec la Guitarre qui étoit fort bien accordée. Loaysa demanda au More, combien il y avoit de personnes qui devoient l'écouter, & il lui répondit, que toutes les femmes du logis s'étoient rendues au lieu de l'assignation, à la reserve de leur Maîtresse, qui étoit couchée avec son époux. Cela ne fut pas trop agréable à Loaysa, il résolut néanmoins d'executer son dessein,

&

& de contenter son Disciple. Il commença dès lors à pincer la Guitarre, & il en joüa si bien, qu'il ravit le More & toute cette troupe de femmes qui l'écoutoient. Il se surmonta lorsqu'il vint à chanter des Chansons passionnées, & finit par la Sarabande, qui étoit alors nouvelle en Espagne : toutes ces Esclaves demeurérent extasiées. Il n'y eut, ni jeune, ni vieille, qui ne fût au desespoir de ne pouvoir danser. Elles se contentérent d'en faire les signes, faisant aussi peu de bruit qu'il leur étoit possible, & mettant des sentinelles qui se relevoient tour à tour, au cas que le Vieillard vint à s'éveiller. Loaysa chanta encore quelques Stances, & elles furent si enchantées de cette harmonie, qu'elles voulurent savoir qui étoit cet admirable Musicien. C'est un pauvre Mendiant, leur dit le More ; mais c'est le plus galant & le plus honnête gueux, qu'il y ait dans Seville. Elle le conjurérent de faire en sorte qu'elles le pussent voir, & de le retenir autant qu'il lui seroit possible, promettant de le bien traiter, & de contribuër de toutes leurs forces, à lui faire faire bonne chére. Elles lui demandérent encore de quelle maniére il avoit pû s'y prendre ; pour l'introduire dans le logis.

logis. C'est ce que je ne vous dirai point, répondit le More, il y a de certaines choses que les femmes ne doivent jamais savoir : tout ce que j'ai à vous dire, c'est que vous fassiez un petit trou à l'entrée du Tournoir, & après vous en être servi, ayez la précaution de le boucher avec un peu de cire. Loaysa leur parla ensuite, & leur offrit ses services de si bonne grace & en si beaux termes, qu'elles eurent toutes les peines du monde, à croire que ce fût un pauvre Mendiant. La conversation s'étant engagée, elles le priérent de se rendre la nuit suivante au même lieu, ajoûtant qu'elles feroient tout ce qu'il leur seroit possible, pour faire que leur Maîtresse s'y trouvât, en dépit du sommeil interrompu de son Epoux, laquelle interruption de sommeil, continuérent-elles, procéde plûtôt de sa grande jalousie que de sa vieillesse. Loaysa leur dit là-dessus pour réponse, que si elles desiroient d'ouïr sa simphonie sans appréhender d'être interrompuës par le Vieillard, il leur donneroit d'une poudre admirable, qu'elles n'auroient qu'à la mettre dans son vin, que cette poudre avoit la vertu de faire dormir plus qu'à l'ordinaire. O ciel, s'écria alors une des Esclaves, si ce que vous dites est véritable,

quel

quel bonheur pourroit être égal au nôtre, & quel changement de fortune. Quelle heureuse poudre pour tous tant que nous sommes dans cette maison, & sur tout pour la pauvre Leonore sa femme notre Maîtresse, qu'il suit comme l'ombre suit le corps, & qu'il ne perd jamais un moment de vûe. Ha ! bon homme, qui que vous soyez, apportez nous de cette poudre, & que tous les biens que vous desirez vous aviennent. Je m'offre de la détremper moi-même dans son breuvage, & de lui servir d'Echanson. Puisse ce bon Vieillard qui a toûjours les yeux ouverts, puisse-t-il dormir trois jours & trois nuits, nous serions au comble de notre joye. Je la donnerai, dit Loaysa, & cette poudre ne fait autre mal à celui à qui on en fait prendre, que de le faire dormir d'un profond sommeil. Toutes enfin le prièrent unanimement de leur en faire tenir le plûtôt qu'il lui seroit possible, & il fut résolu, que la nuit suivante, elles feroient un trou à la porte avec un Vilebrequin, & qu'elles disposeroient leur Maîtresse à le venir voir & à l'entendre. Elles se retirérent alors, & quoi que le jour commençât à paroître, Louïs vous lui prendre leçon, poudre ne perdre point de tems. Loaysa le fit, lui faisant toûjours

jours accroire que de tous ses Disciples, il n'y en avoit pas un qui eût meilleure main & meilleure oreille; quoi que ce pauvre More fût de tous les hommes le plus stupide, & le moins propre à manier un instrument.

A mesure que les affaires s'avançoient, les amis de Loaysa étoient soigneux d'aller écouter toutes les nuits à la porte, afin de savoir s'il ne lui manquoit rien, & s'il avoit quelque chose à leur dire. Ils ne manquérent pas de s'y trouver la nuit suivante. Loaysa leur dit, par un petit trou qu'il avoit fait, de quelle maniére les choses étoient disposées, & les conjura de lui chercher quelque chose qui pût provoquer au sommeil afin d'en donner à Carizale. Il leur dit qu'il avoit ouï parler autrefois d'une certaine poudre qui produisoit cet effet, & qu'il étoit de la derniére conséquence d'en avoir incessamment; qu'après cela ils verroient beau jeu. S'il ne faut que cela, se prirent à dire ses Camarades, vous serez bien-tôt satisfait, nous avons un Médecin de nos amis qui nous en fournira, & vous pouvez compter sur notre parole que vous en aurez demain au soir, ou il ne s'en trouvera pas dans Seville; alors ils se retirérent. La nuit étant venue, toute la troupe

troupe se trouva au rendez-vous ordinaire. La simple & jeune Leonore s'y rendit aussi toute tremblante, dans la crainte où elle étoit que Carizale, qu'elle avoit laissé endormi, ne vint à s'éveiller. On avoit eu même toutes les peines du monde à la faire consentir qu'elle y allât; mais toutes les Esclaves, & particuliérement la Gouvernante, lui dirent tant de merveilles, & du Musicien & de sa Musique, elles la sollicitérent par tant de raisons, qu'elle se laissa vaincre à la fin. La prémiére chose qu'elles firent, fut de faire un trou au Tournoir afin de voir Loaysa; qui n'étoit pas habillé cette nuit-là en Mendiant. Il avoit mis des hauts de chausses de taffetas tanné, un pourpoint de même étoffe enrichi de petits passemens d'or. Il avoit un bonnet de satin de la même couleur, & un rabat de point coupé. Il avoit eu la précaution de porter cet habillement dans ses besaces, comprenant bien qu'il lui faudroit changer de personnage en tems & lieu. Il étoit jeune & de belle taille, il avoit très bonne mine, si bien que ces femmes, qui depuis fort long-tems n'avoient vû que leur Vieillard croyoient de voir un Ange, lors qu'elles le regardoient par le trou. Jamais on n'a vû tant d'empressement

ment, le trou étoit toûjours occupé, & afin qu'elles le puſſent mieux voir, le More marchoit à l'entour de lui avec une bougie allumée. Après qu'elles l'eurent toutes bien contemplé, il prit ſa Guitarre, & il en joüa ſi parfaitement, qu'elles ne ſûrent plus où elles en étoient. Ha ! Louïs, ſe prirent-elles à dire tout d'un coup, ravies & extaſiées, il faut faire en ſorte que cet incomparable Muſicien entre dans la Maiſon, afin que nous le puiſſions ouïr & voir de plus près ; la choſe eſt d'autant plus néceſſaire, ajoûtérent-elles, que nous pourrons jouïr de lui ſans crainte ; car enfin, dans l'endroit où nous ſommes, Carizale nous pourroit ſurprendre, & cela ne ſauroit arriver ſi nous l'avons une fois auprès de nous. Leonore rejetta cette propoſition. Je n'y conſentirai point, leur dit-elle, nous pourrions nous en repentir. Il faut ſe contenter de le voir de la maniére que nous le voyons, ménageons notre réputation, je vous en prie, & ne faiſons nulle brèche à notre honneur. Et de quel honneur parlez-vous, dit la Gouvernante, le Roi n'en a que trop. Vous pouvez, ſi vous le voulez ainſi, vous tenir enfermée avec votre Matuſalem ; mais laiſſez-nous paſſer le tems comme nous pou-

pouvons. Ce charmant Muſicien nous ſemble rempli de tant d'honneur, qu'il ne nous demandera jamais plus que nous ne deſirons. Non, ſans doute, repartit Loayſa, je ne ſuis venu ici que pour vous rendre ſervice, ayant compaſſion de ce que vous êtes ſi étroitement renfermées; car après tout votre deſtin ne ſauroit être guéres plus triſte. Je vous jure par tout ce que j'ai de plus cher au monde, que jamais homme n'a été plus diſcret que je le ſuis, & d'ailleurs j'ai été élevé dans un ſi grand reſpect pour les perſonnes de votre ſexe, que j'ai peur de leur déplaire en les regardant. Je ſerai ſi ſoûmis, ſoyez-en perſuadées, que vous n'aurez jamais ſujet de vous plaindre de m'avoir introduit dans votre logis, je vous obéïrai aveuglément, & il n'y aura rien que je ne mette en œuvre pour me rendre digne de la confiance que vous aurez euë en moi. Si cela eſt ainſi, dit la ſimple Leonore, de quelle manière nous y prendrons-nous pour vous faire entrer? La choſe ne ſera pas difficile, repartit Loayſa. Il faut que vous preniez la peine de graver dans un morceau de Cire les dents de la Clef de cette porte, & je ferai en ſorte que demain nous en aurons une qui pourra ſervir. Ayant cette Clef, dit alors
une

une des Esclaves, nous aurons toutes celles de la maison, car elle ouvre toutes les autres portes. Il est vrai, repartit Leonore, mais il est bon néanmoins, ajoûta-t-elle, que ce Maître Musicien jure prémiérement, qu'il ne fera autre chose lors que nous l'aurons introduit ici, que chanter & joüer des Instrumens quand nous le souhaiterons, qu'il demeurera renfermé jusqu'à ce que nous ayons besoin de lui, & qu'il ne lui arrivera jamais de prendre la moindre privauté avec aucune des Esclaves. Je le jure, dit incontinent Loaysa. Ce serment ne suffit point, repartit Leonore, il faut nous promettre cela d'une maniére un peu moins générale : il faut jurer par la vie de votre pere, & par la Croix en la baisant en présence de tous tant que nous sommes. Je le jure par la vie de mon pere, dit dans le moment Loaysa, je le jure par cette Croix que je baise de ma bouche indigne; sur cela il fit la croix avec deux de ses doigts, & la baisa trois fois de suite. Nous n'en demandons pas davantage, se prit à dire l'une des Esclaves, nous pourrons vous recevoir avec sûreté, entrez le plûtôt qu'il vous sera possible, & souvenez-vous sur tout de la poudre, car tout dépend de là, comme vous le comprenez fort bien.

La

La conversation finit là, & il étoit environ deux heures après minuit, lors que Leonore & ses femmes de service se retirérent. Loaysa & le More se mettoient en devoir d'aller un peu reposer, bien contens des choses qui s'étoient passées, lors qu'ils entendirent sonner du cor dans la rue. Comme c'étoit le signal dont avoit accoûtumé de se servir les amis de Loaysa, le Maître & le Disciple se rendirent d'abord à la porte. Ils leur apprirent en peu de paroles ce qui se passoit; mais ils furent un peu consternés de ce qu'ils n'apportoient pas la poudre qu'il leur avoient demandée, pour faire dormir Carizale. N'en soyez pas en souci, dirent les amis de Loaysa, les choses ne se font pas toûjours aussi aisément qu'on se l'imagine; mais la nuit prochaine, nous vous mettrons entre les mains, dequoi faire reposer ce Vieillard; vous pouvez compter là-dessus. Ce ne sera pas une poudre, ce sera un onguent qui fait merveilles. Vous n'aurez qu'à en oindre les bras, & les temples de celui que vous voulez faire dormir, il dormira deux jours entiers sans s'éveiller, à moins que vous ne frotiez avec du vinaigre les parties qui auront été ointes, alors seulement le charme sera rompu : le reméde est immancable, il est

est éprouvé. Pour la Clef, vous n'avez qu'à nous donner la cire, sur laquelle elle aura été imprimée, nous avons à notre dévotion un Serrurier, qui nous servira sur le champ. Ils se retirérent un moment après, & Loaysa, & le More, dormirent le peu qui leur restoit de la nuit. Il ne se passa rien de nouveau le lendemain, si ce n'est que le jour parut extrêmement long à Loaysa. Mais enfin, le Soleil s'alla précipiter dans la mer, pour aller éclairer d'autres peuples, le Ciel se parsema d'étoiles; & non seulement la nuit arriva, mais cette heure tant desirée où ils avoient accoûtumé de se rendre au Tournoir. Loaysa & son Disciple s'y rendirent, & ils trouvérent que toutes les Esclaves s'y étoient déja rendues, tant elles étoient impatientes de tenir le Musicien dans leur Serrail. Leonore n'y étoit pas, parce que ce soir là Carizale avoit fermé à Clef la Chambre où ils dormoient. Que cela ne vous chagrine pas, dirent les Esclaves à Loaysa, dès que Carizale sera endormi, elle se saisira de la Clef que cet Epoux soupçonneux tient sous son chevet, elle l'imprimera dans de la cire qu'elle a toute prête, & elle nous la donnera par une chatiére, car cet homme si ingénieux à prendre

dre des précautions, n'a point prévû, que cette ouverture lui seroit quelque jour funeste. Loaysa demeuroit surpris des choses qu'il venoit d'entendre, il admiroit les divers mouvemens que se donnoient Carizale, Leonore & ses Esclaves; & dans le tems qu'il y faisoit réflexion, & qu'il ne pouvoit se lasser d'admirer, il entendit le son du cor. Il courut incontinent à la porte, & ses amis lui donnérent enfin une petite boete pleine de la drogue qu'il desiroit. Loaysa la prit, & les pria d'attendre un moment, qu'il alloit leur donner la figure de la Clef qu'il faloit qu'ils fissent faire. Il ne fut pas plûtôt à la porte du Tournoir, qu'il s'adressa à la Gouvernante, qui étoit celle de toutes, qui desiroit avec plus d'ardeur qu'il entrât. Tenez, Marialonse, c'étoit son nom, faites tenir cette boete à votre Maîtresse; apprenez-lui les propriétés du remède, & la manière dont il faut qu'elle s'en serve, & soyez persuadée que si elle l'applique comme il faut, nous aurons sujet, elle & nous d'être satisfaits & contens. La Gouvernante la prit, & on ne sauroit exprimer la joye qu'elle témoigna dans cette rencontre. Elle fut bien-tôt à la porte de la Chambre, où couchoit son Maître & sa Maîtresse, & ayant regardé

regardé par la chatiére, elle trouva que Leonore l'y attendoit étenduë de son long par terre, & ayant le visage sur le trou. La Gouvernante se mit en la même posture, & ayant mis la bouche à l'oreille de sa Maîtresse, elle lui dit tout bas qu'elle avoit un onguent pour faire dormir son mari, & lui dit de quelle maniére il falloit qu'elle s'en servît. Leonore prit la boete, & dit à la Gouvernante qu'il ne lui avoit pas été possible de prendre la clef à son époux, car, ajoûta-t-elle, il ne la tient plus derriére son chevet, comme il avoit accoûtumé, il la met entre les deux matelats, & presque sous la moitié de son corps. Cependant, continua-t-elle, vous n'avez qu'à dire à notre Musicien, que si son reméde a les propriétés que vous me dites, on pourra aisément avoir la clef toutes les fois qu'on en aura besoin, & qu'ainsi il n'est pas nécessaire de l'imprimer sur de la cire; je vais faire l'épreuve de la drogue, & si ceux qui sont à la porte de la ruë, pour attendre l'empreinte de la clef s'impatientent, on n'a qu'à leur donner congé, nous n'avons point besoin d'eux à cet égard.

Leonore trembloit, & n'osoit presque respirer, lors qu'elle commença à froter
les

les bras de son mari, qui dormoit déjà d'un profond sommeil, car ce fut par là qu'elle crut qu'il étoit nécessaire qu'elle commençât. Elle acheva enfin de l'oindre dans tous les endroits, où il étoit nécessaire, & cela fut presque autant que si on l'eût embaumé pour le mettre dans le sépulcre. La drogue ne tarda guéres à produire l'effet qu'on en attendoit, le Vieillard commença à ronfler avec tant de bruit, qu'on eût pû l'entendre de la ruë. Cette Musique faisoit autant de plaisir à Leonore que celle du Maitre de son Esclave. Néanmoins, n'étant pas encore bien assurée de ce qu'elle croyoit, elle le remua un peu, elle le remua un instant après un peu davantage, & enfin elle s'enhardit tellement, qu'elle le tourna d'un côté & d'autre; Carizale n'en sentit rien. Des qu'elle eut vû que l'onguent opéroit, & qu'elle ne pouvoit plus douter que son Mari ne fût entiérement enseveli dans le sommeil, elle alla au trou de la porte, d'où elle appella la Gouvernante qui l'y attendoit. Carizale dort, s'écria-t-elle assez haut, & il dort si bien, que je ne pense pas qu'il s'éveille, que nous ne mettions en usage le vinaigre. Et à quoi donc tient-il, repartit la Gouvernante, que vous ne vous saisissiez de la clef; il y a déja plus d'une heure que notre joüeur d'Instrumens se morfond à attendre. Patience, dit Leonore, je vais la chercher, ayant dit cela, elle retourna vers le lit, mit la main entre les deux Matelas, & tira la clef sans que Carizale s'éveillât le moins du monde. Elle ne fut pas plûtôt Maitresse de la clef, qu'elle fut ouvrir la porte, ce qu'elle fit avec des transports de joye qui éclatoient dans ses yeux, & sur tout son visage. Elle donna ensuite la clef à la Gouvernante, & lui ordonna d'aller ouvrir au Musicien, & de le conduire à la Galerie ; parce qu'elle n'osoit se tirer de là, à cause des inconveniens qu'il y avoit à craindre ; on ne sauroit, ajoûta-t-elle, assez prendre ses sûretés. Elle lui recommanda au même tems, de faire ratifier à Loaysa le serment qu'il avoit déja fait, de ne prétendre à rien qu'à ce qu'elles desireroient. S'il refuse de jurer de nouveau, continua-t-elle, & de confirmer son serment, ne lui ouvrez en aucune maniére, je vous en supplie. Je le ferai, repartit la Gouvernante, ce sera à moi qu'il aura à faire, & je vous promets qu'il sera bien fin, s'il entre, que premiérement il n'ait juré & rejuré, & baisé la Croix six fois pour le moins.

Ne

Ne le bornez pas là-dessus, dit Leonore, qu'il la baise autant de fois qu'il voudra; j'ai ouï dire mille fois à Carizale, que quand un homme promet quelque chose, on ne sauroit exiger de lui trop de sermens. Qu'il baise donc la Croix autant de fois qu'il le voudra faire, il ne la sauroit baiser trop souvent; mais souvenez-vous sur tout de le faire jurer par la vie de son pere & de sa mere, & par tous les biens auxquels il peut prétendre; car par ce moyen nous serons assurées, & nous jouïrons sans aucune crainte de la douce simphonie de sa Guitarre : il en joue admirablement. Allez donc sans plus tarder, & ne passons pas la nuit en vaines paroles. La Gouvernante troussa sa robe, & se rendit à la porte du Tournoir, où toute la troupe l'attendoit. Elle n'eut pas plûtôt fait voir la clef qu'elle tenoit à la main, qu'elles s'écriérent: *Vive Marialonse*; elles la soûlevérent en haut, & lui firent faire ainsi quelques tours en la portant comme en triomphe: la joye redoubla quand elles apprirent qu'il n'étoit pas besoin de fausses clefs, puis qu'on pouvoit se servir de celle-là toutes les fois qu'il seroit nécessaire. Or sus, notre bonne amie, dit alors une de la troupe, qu'on ouvre donc cette te porte : il y a long-tems que notre Muſicien attend, il faut que nous prenions un bon repas de Muſique, & ne nous mettons en peine de rien plus. Il y a encore quelque choſe dont nous nous devons ſoucier, repliqua la Gouvernante, il faut pour notre entiére ſûreté, qu'il jure comme il a déja fait. Il eſt ſi homme de bien, dit une autre des Eſclaves, qu'il ne ſe parjurera jamais. Sur ces entrefaites, la Gouvernante ouvrit la porte, & la tenant à demi ouverte, elle appella Loayſa, qui avoit tout entendu par le trou du Tournoir. Il voulut entrer de plein ſaut ; mais la Gouvernante lui ayant mis la main ſur l'eſtomac, lui dit, tout beau, notre cher ami, il vous faut faire une petite alte. Ecoutez. Vous devez ſavoir, & en être pleinement perſuadé, que moi & toutes celles qui ſommes ici, ſommes Vierges comme les meres qui nous ont mis au monde, excepté Leonore notre Maîtreſſe. Regardez-moi, je vous en prie, je parois être une femme de quarante ans, cependant, je n'en ai pas encore trente, & je n'ai jamais connu d'homme, moi chétive & pauvre péchereſſe. Si je parois plus âgée que je ne ſuis, c'eſt que les chagrins & les ſoucis envieilliſſent, & j'en ai eu ma bonne part, pendant tout le tems de ma vie. Ce que je viens de vous dire, continua-t-elle, étant la pure vérité, il ne seroit pas raisonnable, que pour entendre deux ou trois Chansons, nous vinssions à perdre l'honorable virginité qui est enfermée dans ce logis, nous ne sommes pas si folles que vous pourriez vous imaginer ; ni si dépourvûes de sens. Il faut donc, notre cher ami, qu'avant qu'il vous soit permis d'entrer, vous fassiez un serment solemnel, que vous n'outrepasserez pas nos commandemens. Si vos intentions sont bonnes & droites, un serment ne vous doit point faire de la peine ; un bon payeur ne se soucie point de donner des gages. Marialonse a fort bien parlé, dit là-dessus l'une des filles. Si vous n'avez pas fait dessein de jurer, ajoûta-t-elle, en s'adressant à Loaysa, il faut se résoudre à ne point entrer. Je me soucie fort peu qu'il jure, ou qu'il ne jure pas, dit une des Moresques, dont le nom étoit Guiomar, qu'il entre, qu'il jure & qu'il rejure, je sai bien que si une fois il est avec nous, il se moquera bien-tôt de ses sermens & de ses promesses. Vous me prenez pour une innocente, mais tant innocente qu'il vous plaira, j'ai pourtant ouï dire toute ma vie, que qui dit un homme, me, dit un menteur. Loaysa écouta tout paisiblement, & répondit gravement de cette maniére : Vous devez être persuadées, mes sœurs & chéres compagnes, que je n'ai jamais eu de mauvaise intention à votre égard, & que je n'en aurai de ma vie, dussai-je demeurer au milieu de vous jusqu'à la fin du monde, mon dessein a été, & sera toujours de vous donner le plaisir, & le divertissement dont je pourrai être capable ; c'est-là toutes les vûes que j'ai, & je suis prêt à vous le protester, & jurer de nouveau en la maniére la plus solemnelle que faire se pourra. J'avouë que j'eusse bien souhaité qu'on eût voulu se confier à moi, après la promesse que j'avois faite, car le bœuf se prend par les cornes, & l'homme par la parole ; mais puis que tant est que mon prémier serment n'a de rien servi, & qu'il faut que je le réitére, je veux bien le réitérer, & vous donner plus encore que vous ne sauriez jamais exiger de moi. Je jure donc en bon Catholique, & en homme de bien, je jure par la vie de tous mes Ancêtres, depuis Don Japhet d'Arménie jusques à nous, par les entrées & les issues du Mont Liban, par le Labirinthe de Crete, par les flammes du Mont Etna, par tous les Dervis de

l'Eml'Empire Ottoman, & par tout ce qui est contenu dans la Préface de la véritable Histoire de Charlemagne, & de la mort du Géant Ficrabras, de n'outrepasser en façon quelconque le serment que j'ai déja fait, & moins encore les commandemens, que la moindre & la plus chétive de la troupe daignera me faire, sur peine, si j'y contreviens, que dès à présent, comme pour lors, & dès-lors comme à présent, je le tiens pour nul & de nulle valeur, & comme chose non avenuë.

A peine Loaysa avoit achevé son serment, qu'une des filles de la troupe qui l'avoit écouté attentivement, se prit à dire en criant à haute voix : C'est cela vrayement qui s'appelle jurer, ce serment est capable de fendre les pierres. Maudite sois-je, ajoûta-t-elle, si j'exige que tu jures davantage, puis qu'avec ce serment que tu viens de faire, tu pourrois entrer dans la Caverne de Cabra : à mesure qu'elle achevoit de parler, elle le prit par les basques de son pourpoint & le mit dedans.

D'abord toutes l'environnérent en forme de Couronne, & une d'elles courut en avertir leur Maîtresse, qui étoit près du lit de son mari. Lors qu'elle apprit que

Loaysa la venoit joindre, elle fut également remplie de joye & de crainte. Elle ne manqua pas de demander si on lui avoit fait faire un nouveau serment. Il en a fait un si étrange, lui répondit cette Esclave, que je n'ai rien ouï de semblable en toute ma vie, tout ce que je vous puis dire, c'est que nous en devons être toutes contentes. Puis qu'il a juré, repartit Leonore, nous le tenons attaché, avoué que je fus extrémement prudente, lors que je m'avisai qu'il falloit qu'il jurât encore. Toute la bande arriva alors. Le Musicien étoit au milieu, & le More & Guiomar les éclairoient. Sitôt que Loaysa apperçût Leonore, il se jetta à ses pieds pour la saluer, il lui dit deux ou trois paroles seulement, & Leonore sans lui répondre un seul mot, lui fit signe de se lever, ce qu'il fit. Les Esclaves n'étoient pas moins muettes que leur Maîtresse, elles gardoient toutes un profond silence, dans l'appréhension où elles étoient que Carizale ne s'éveillât. Il ne s'éveillera point, leur dit Loaysa, qui connut bien ce qui en étoit, vous pouvez parler, & parler même aussi haut qu'il vous plaira, je puis vous répondre de la vertu de la drogue. Je n'en doute quasi plus, repartit Leonore, si cet onguent avec lequel
je

je viens de le froter n'avoit pas la vertu que vous dites, il se fût éveillé déja plus de vingt fois à cause de ses indispositions; mais je vous assure qu'il ronfle maintenant comme il faut. Si cela est, dit la Gouvernante, allons donc dans la Salle qui touche, il est tems de s'aller réjouir un peu. Allons, repliqua Leonore, & que cependant Guiomar se tienne ici pour nous avertir si Carizale s'éveille. Comment, repartit Guiomar, il faudra donc, parce que je suis noire, que je demeure ici en sentinelle, & que les autres aillent se donner au cœur joye? aye quelque pitié de moi. La Moresque demeura pourtant, les autres se rendirent à la Salle, & s'étant assises sur un riche tapis de pied, elles mirent Loaysa au milieu d'elles: Elles faillirent à le manger des yeux, & il n'y en eut aucune qui à mesure qu'elle le contemploit ne lui donnât quelque loüange; la seule Leonore ne disoit mot. Elle regardoit pourtant le Musicien de même que les autres, & il lui sembloit qu'il avoit meilleur air que son Vieillard. Cependant, comme on étoit encore dans l'inaction, la Gouvernante prit la Guitarre, que le More tenoit, & elle la mit entre les mains de Loaysa, le priant d'en joüer, & de chanter les couplets d'une Vilanelle, qui étoit depuis assez long-tems en grande vogue à Seville. Toutes se levérent pour danser, & la Gouvernante, qui savoit les couplets de la Chanson, voulut bien chanter aussi elle-même, quoi qu'elle n'eût pas la voix fort bonne; Voici ce qu'elle contenoit en substance.

Que vous sert-il, ma bonne mere,
De m'enfermer dans une Tour,
Et qu'en une prison austére
Les Gardes veillent nuit & jour?
Il n'est ni garde, ni clôture
Qui puisse empêcher la nature,
Lors qu'elle veut faire l'amour.
Si je ne me garde moi-même,
Vainement me garderez-vous:
Amour croit & devient extrême;
Il brise portes & verroux
Dès qu'on l'enferme dans des bornes;
C'est de là que naissent les cornes
Que portent les maris jaloux.

Comme cette bande avec la Gouvernante, qui menoit le branle, dansoit au refrein de la Chanson, Guiomar parut, & on s'apperçut qu'elle étoit toute épouvantée. Vous n'avez qu'à vous retirer, nous sommes perdues, Carizale est éveillé, lé, il se léve, il vient vous surprendre; ce fut ce que dit la Moresque d'une voix basse & enrouée, & ne sachant presque où elle en étoit. Jamais on n'a vû tant de consternation, & une confusion pareille. L'une passa d'un côté, l'autre d'un autre. Leonore tordoit ses belles mains, Loaysa étoit immobile, & Marialonse se souffletoit de chagrin & de désespoir. Cependant, comme elle étoit la plus rusée de toutes, elle fit entrer Loaysa dans sa chambre, & elle demeura dans la Salle avec sa Maîtresse. Nous inventerons quelque excuse, dit-elle à Leonore, ne nous déconcertons pas, je vous en conjure, & attendons avec patience ce qui nous arrivera de ceci.

Loaysa se cacha le mieux qu'il pût, & Marialonse s'approcha de la chambre de Carizale, pour voir s'il venoit. Comme elle n'entendit point de bruit, elle reprit un peu courage, & peu à peu étant entrée dans la chambre, elle l'entendit ronfler comme auparavant. Etant donc assurée qu'il dormoit, elle courut à sa Maîtresse. Peste soit de la bête de Guiomar, dit-elle, jamais votre mari n'a dormi d'un meilleur somme, la pauvre Moresque doit une belle chandelle à Saint Mathurin; mais graces à notre bonne étoile, nous voilà quittes pour la peur. La Gouvernante, qui avoit bon appétit, & qui trouvoit le Musicien fort à son goût, ne voulut pas laisser perdre l'occasion de jouïr la prémière avec lui d'un tête à tête. Elle dit alors à Leonore qu'elle l'attendît à la Salle, & qu'elle alloit tirer de peine le Maître Joüeur d'Instrumens. Elle alla d'abord dans l'endroit où Loaysa s'étoit caché, fort mal satisfait de son avanture, maudissant l'onguent qu'on lui avoit envoyé, & se plaignant de la crédulité & de l'imprudence de ses amis, qui devoient avoir eu la précaution d'en faire auparavant l'épreuve. La Gouvernante l'assura en même tems, que le Vieillard dormoit mieux qu'il n'avoit fait de toute sa vie. Cela le remit entiérement, & il ne fut pas plûtôt revenu de son trouble, qu'il s'apperçut que Marialonse lui disoit des paroles fort tendres. Ceci ne va pas mal, dit Loaysa à part soi, je viens peu à peu à mon but, tout s'achemine pour me rendre heureux, & je prendrai soin de profiter de ce qui se passe. Vous me dites des douceurs, Marialonse, dit-il, après avoir gardé un moment le silence. J'entens ce que vous voulez dire, & vous devez bien comprendre que je vous répondrai favorablement:

mais

mais j'espére aussi que je n'aurai pas à faire à une ingrate, & que vous m'aiderez à faire réussir une entreprise que j'ai en vûe, & dont le succès dépend de vous. Vous pouvez disposer de moi comme de vous-même, répondit la Gouvernante, il n'y a rien que je vous puisse refuser, & il ne tiendra qu'à vous d'en voir incessamment des marques ; elle disoit toutes ces choses en lui serrant les mains, & en l'embrassant de tems en tems avec des emportemens épouvantables. Dans le tems que Loaysa & Marialonse étoient en conversation, les autres Esclaves qui étoient cachées en divers endroits de la maison, revinrent pour savoir s'il étoit véritable que leur Maître fût éveillé. Leonore leur dit qu'il dormoit encore, & qu'elles avoient eu une fausse allarme. Et qu'est devenu le Musicien & la Gouvernante, dirent-elles toutes ensemble ? Marialonse l'est allé chercher, répondit Leonore, & elle est encore avec lui dans sa chambre, bien empêchée, peut-être, à le faire revenir de sa peur. Allons lui confirmer, dirent-elles, que ce que la Gouvernante lui dit est véritable, & qu'il n'a plus rien à appréhender ; plusieurs témoins en vallent plus qu'un. Elles se rendirent alors à la porte

porte de la chambre de Marialonfe, fans faire bruit, & fe mirent à écouter l'entretien, qui étoit des plus paffionnés, au moins du côté de la Gouvernante. Guiomar ne manqua pas de fe joindre à elles; mais pour le More il n'en fut point, il s'étoit allé cacher dans fon appartement, & étoit enfoncé fous la couverture de fon lit, où il fuoit à groffes goutes, & trembloit de peur. Il ne laiffoit pas pourtant de remuer les cordes de la Guitarre, de laquelle il s'étoit faifi, tant cette paffion d'être Joüeur d'Inftrumens le poffédoit. Il n'y eut aucune des Efclaves qui ne parût indignée des difcours de la vieille Marialonfe, & qui ne lui donnât un coup de dent : mais ce qu'en difoit la Morefque étoit admirable. Elle étoit Portugaife & fort naïve, fi bien que ce qu'elle proféroit étoit fi plaifant, que les autres ne pouvoient s'empêcher de rire tout indignées qu'elles étoient. Enfin la concluſion de l'entretien de Marialonfe & de Loayfa fut, qu'il accompliroit les defirs de cette Gouvernante, pourvû que prémiérement elle lui fit obtenir les derniéres faveurs de fa Maîtreffe. C'étoit, ce femble promettre une chofe bien difficile, cependant, pour tâcher d'affouvir fa paffion, Marialonfe eût promis des chofes

beau-

beaucoup plus difficiles encore. Elle le laissa après ce marché fait, & sortit pour parler à sa Maîtresse. Quand elle apperçût sa porte environnée des Esclaves, elle demeura un peu surprise, cependant, sans se déconcerter, elle leur dit, que chacune eût à se retirer dans sa chambre, & que la nuit suivante on auroit moyen de joüir paisiblement du Musicien, qui pour la peur qu'il avoit euë, n'étoit nullement en état de faire autre chose que reposer. La troupe comprit bien que la Vieille vouloit demeurer seule, & aucune des Esclaves n'osa désobéir, car elle commandoit sur toutes.

Du moment que les Esclaves se furent retirées, Marialonse s'en alla à la Salle pour persuader à Leonore qu'elle devoit écouter les soûpirs de Loaysa. Elle lui fit une longue & belle harangue, & si bien suivie, qu'on eût dit qu'elle l'avoit étudiée auparavant. La fausse Matrone commença à loüer toutes les qualités du Musicien; autant celles qu'il avoit, que celles qu'il n'avoit pas, car enfin elle ne le connoissoit point, elle fit le portrait d'un homme accompli. Elle lui représenta ensuite combien les caresses d'un jeune Amant devoient être préférables à celles d'un vieux Epoux. Elle l'assura

que

que la chose seroit secrette, qu'elle ne se repentiroit jamais des plaisirs qu'elle auroit goûtés, que c'étoit ainsi qu'en usoient la plûpart des femmes qui avoient des maris de l'âge du sien, au moins lorsqu'elles avoient quelque esprit. Elle dit mille autres choses de cette nature, & elle les dit d'une maniere si patétique, qu'elle eût tenté une femme qui eût été aussi inflexible & aussi rusée, que Leonore étoit simple & imprudente. En un mot, elle sût si bien s'y prendre, que Leonore succomba malgré toutes les précautions qu'avoit pû prendre le pauvre Carizale, qui dormoit encore profondément. Marialonse prit d'abord par la main sa trop crédule Maîtresse, qui avoit les yeux tout couvers de larmes, & la conduisit comme par force dans la chambre où étoit Loaysa. Elle se retira un moment après, & les ayant enfermez, elle s'alla jetter sur un lit, en attendant que son tour vint. Voilà Carizale, à quoi ont abouti toutes les mesures que tu avois prises, toutes tes défiances, & tant de sermons que tu faisois à tout bout de champ à ton Epouse & à tes Esclaves. A quoi t'ont servi ces hautes murailles de ta maison, où nul mâle, non pas même en peinture, n'eut jamais le crédit d'entrer? Quel profit as-tu tu retiré de ce Tournoir, de ces fenêtres que tu avois fait murer, de tant d'avantages que tu avois faits à ta femme lors que tu l'époufas, & de tant de biens dont tu comblois dans toutes les occafions tes fervantes & tes Efclaves? Demeurez-en d'accord, toutes les précautions font inutiles, lors qu'on a une femme innocente. Cependant, ce qu'il y a ici de fingulier, Leonore ne fut pas infidelle : Elle fut feule avec Loayfa pendant affez long-tems, Loayfa étoit fin & adroit, il n'y eut rien qu'il ne mît en œuvre pour obtenir les derniéres faveurs de cette jeune femme, qu'il tenoit entre fes bras, il la follicita, il la preffa, il fit des efforts, & il ne lui fut pas toutefois poffible de parvenir à fes fins. Il vint mille fois à la charge, toutes fes tentatives furent vaines, & l'un & l'autre fe lafférent fi fort dans ce combat, qu'il s'endormirent à la fin.

Dans ces entrefaites Carizale s'éveilla, malgré la force de l'ongent. Il fe mit d'abord à tâter de tous côtés, fuivant fa coûtume, & ne trouvant pas Leonore, il fauta du lit, effrayé, avec une agilité extraordinaire. Il la chercha par toute la chambre, & voyant que la porte en étoit ouverte, il faillit à mourir de défefpoir.

Cet

Cet événement imprévû, auquel il n'avoit garde de s'attendre, le mit entiérement hors de soi-même. Néanmoins reprenant un peu ses esprits, il s'avança jusqu'à la Galerie, & se rendit doucement à la Salle, où la Gouvernante s'étoit endormie. Lors qu'il vit que Marialonse étoit seule, il alla tout droit à sa Chambre, & ayant ouvert la porte sans faire bruit, il apperçût Leonore entre les bras de Loaysa, qui étoient si fort endormis, qu'on eût dit que c'étoit sur eux que la vertu de la drogue opéroit.

Ce spectacle frappa Carizale, il n'est pas difficile de le concevoir. Il ne sût s'il veilloit, ou s'il dormoit encore, il devint sans mouvement & sans voix : & quoi que la colére fît son office naturel, la douleur qu'il ressentit fut si grande, qu'à peine pouvoit-il respirer. Lors qu'il revenoit un peu à soi même, il formoit mille desseins dans son esprit, & celui qu'il résolut enfin d'exécuter, fut d'égorger cette femme infidélle, & l'Amant qu'elle tenoit embrassé. Il sortit sur cela de la Chambre de Marialonse pour aller chercher un poignard dans la sienne ; mais à peine y étoit-il arrivé que ne pouvant résister à sa douleur, il tomba évanouï sur son lit. Cependant, le jour parut, &

surprit Leonore & Loaysa, qui se tenoient toûjours embrassés. Marialonse fut les éveiller, & ayant pris Leonore, elles se rendirent toutes tremblantes à la Chambre de Carizale, & comme elles le virent sur le lit, elles ne doutérent nullement que l'ongent n'opérât encore. Leonore s'approcha de lui, elle le tourna d'un côté & d'autre, pour voir s'il ne se réveilleroit point, sans qu'il fût besoin de le froter avec du vinaigre; mais dans le tems qu'elle le remuoit ainsi, Carizale reprit ses esprits, & poussant un profond soûpir, il dit d'une voix foible & lamentable, qu'il étoit l'homme le plus infortuné qu'il y eût au monde. Leonore, qui n'entendit pas bien ce que venoit de dire son Epoux, & qui le vit éveillé, fut surprise de ce que la vertu de l'onguent ne duroit pas autant que le Musicien l'avoit dit. Toutefois elle s'approcha de lui, & commença à le baiser & à l'embrasser tendrement. Qu'avez-vous Carizale, lui dit elle en même tems, il me semble que vous vous plaignez ? Le malheureux Vieillard ouvrant alors les yeux, les jetta sur Leonore, & la regardant fixement, il ne lui répondit autre chose sinon, qu'il la prioit d'envoyer chercher incessamment son pere & sa mere. J'ai quel-

quelque chose sur le cœur qui me cause une peine extrême, ajoûta-t-il un instant après, je crains de n'etre guéres plus long-tems au monde, & je quitterois la vie avec un regret sensible, si je mourois sans les voir encore une fois. Leonore, qui crut que ce que son mari lui disoit étoit véritable, répondit qu'il alloit être obéi. En effet, elle fit donner ordre au More d'aller sans perdre tems chez son pere, & comme elle appréhenda que l'incommodité que Carizale sentoit, ne procédât de la force de l'onguent, elle en fut fâchée dans son cœur. Cela même l'attendrit si fort, qu'elle lui fit plus de caresses qu'elle n'avoit fait de sa vie, jamais elle n'avoit paru si empressée auprès de cet infortuné Vieillard. Carizale la consideroit avec étonnement, & faisoit mille réflexions lugubres, qui lui arrachoient des soûpirs de moment à autre. Déja la Gouvernante avoit apris à Loaysa la maladie de son Maître, & elle lui avoit fait sentir, qu'il falloit qu'il fût extrêmement malade, puis qu'il avoit oublié de recommander qu'on fermât les portes de la ruë lors que le More étoit sorti. Le Pere & la Mére de Leonore furent fors surpris de se voir mandés, car enfin il ne leur avoit pas été permis encore

core de voir leur fille dans son logis : mais ils furent bien surpris davantage, lors qu'ils virent en arrivant chez leur Gendre, que la porte de la rue, & celle de la Cour étoient ouvertes, que la maison étoit ensevelie dans le silence, & comme deserte. Ils montérent tout pensifs à sa Chambre, & ils le trouvérent ayant les yeux attachés sur son Epouse, qui versoit des larmes aussi bien que lui. Dès qu'ils furent entrés, Carizale fit sortir toutes les Esclaves, excepté Marialouse, & en même tems essuyant ses yeux, il les fit asseoir, & leur parla en ces termes, d'une maniére fort posée, & avec le dernier sens froid. Vous n'avez pas oublié sans doute, mon Beau-Pere & ma Belle-Mere, la franchise avec laquelle je vous demandai l'honneur de votre alliance, & l'affection extraordinaire que je vous témoignai, il y a aujourd'hui un an, lors que vous me donnâtes votre fille pour ma légitime Epouse. Vous vous souvenez de la libéralité que je fis paroître lors que je l'épousai, & des maniéres honnêtes dont j'usai envers elle à tous égards. Elle étoit à moi, vous me la donnâtes, & comme je l'aimois avec la derniére tendresse, il n'y eut point de précautions que je ne prisse pour me conserver ce précieux Joyau: car

car enfin, une longue expérience m'a fait connoître que les hommes font artificieux, & que les femmes font extrêmement foibles. Pour ne l'exposer pas donc à la tentation, je fis hausser les murailles de ce logis ; j'ôtai la vûë aux fenêtres de la ruë, je renforçai les serrures des portes, je fis faire un Tournoir comme on le pratique dans les Monastéres, je n'exposai jamais à ses yeux rien qui eût nom, ou figure d'homme, je lui donnai des servantes & des esclaves, elle n'avoit qu'à souhaiter quelque chose pour l'obtenir dans le moment, elle & celles qui la servoient. En un mot, je la fis mon égale, je lui communiquai mes plus secrettes pensées, je lui mis tous mes biens entre les mains. De la maniére dont je m'y étois pris, il semble que je n'avois rien à craindre, & que je pouvois posséder sans jalousie, l'épouse que j'avois recherchée, & qui m'étoit échuë en partage par un effet de votre bonté. Mais comme la prudence la plus consommée ne sauroit prévenir les maux que le Ciel nous envoye pour nous châtier, je n'ai pû prévenir les miens, quelques mouvemens que j'aye pû me donner, & j'ai préparé moi-même le poison qui me donne la mort. Vous êtes surpris & étonnés, & vous ne savez je m'assure fure où doit aboutir ce préambule. Je vais dire, en un mot, ce que j'ai à dire, je ne vous tiendrai plus en fufpens: j'ai trouvé ce matin votre fille entre les bras d'un jeune Amant, ce n'eft ni une vifion, ni un fonge, le jeune homme eft encore enfermé dans la chambre de cette pernicieufe Gouvernante. A peine Carizale achevoit ces derniéres paroles, que Leonore tomba évanouïe à fes genoux. Marialonfe fut entiérement déconcertée, elle devint pâle comme la mort, & le pere & la mére de Leonore furent fi confus & fi interdits, qu'ils ne pûrent prononcer une feule parole. Carizale qui avoit été obligé d'interrompre fon difcours le reprit tout d'un coup. La vangeance que j'ai fait deffein de prendre de cet affront, leur dit-il, n'eft pas de la nature de celles qu'on prend ordinairement dans des occafions femblables. Comme j'ai été fingulier dans toutes mes actions, je le veux être encore en celle-ci, je veux que la vangeance tombe fur moi, parce qu'au fonds, à bien confidérer la chofe, c'eft moi qui fuis coupable de ce crime: qu'avois-je à faire à l'âge où j'étois, d'époufer une fille de quinze ans. Ces fortes de mariages font toûjours mal affortis, & ce n'eft qu'à moi feul que je m'en dois

pren-

prendre. Je mérite sans doute une telle destinée, & je puis être comparé justement à ces Insectes qui bâtissent des maisons qui leur servent de tombeau. Je ne crois nullement coupable, ma chére Leonore, s'écria-t-il, en l'embrassant, & la baisant avec une tendresse extraordinaire, je n'accuse que Marialonse qui t'a séduite, & qui a abusé méchamment de ta simplicité, & de ton peu d'expérience. Je ne t'accablerai point de reproches, & bien loin qu'il me reste quelque ressentiment dans le cœur, je veux que tu éprouves que je t'aime encore ; car comme je l'ai déja dit, je te rends cette justice que tu ne m'as trompé, que parce que tu as prêté l'oreille aux discours trompeurs, & interressés de la plus méchante de toutes les femmes. Qu'on fasse venir un Notaire, ajoûta-t-il, en s'adressant au pere & à la mere de Leonore, je veux faire mon Testament, & donner encore vingt mille Ducats à votre fille, à laquelle je recommanderai de se marier après ma mort, avec ce jeune homme que j'ai trouvé avec elle : car comme je l'ai aimée tendrement pendant ma vie, je desire qu'elle soit contente, lors que je ne vivrai plus. Pour vous, mon cher Beau-Pere & ma chére Belle-Mere, je ne vous oublierai

oublierai point, je vous laisserai dequoi vivre honorablement le reste de vos jours, & quant à mes autres biens, je les destine à des œuvres de piété. Voilà quelle est ma derniére volonté; mais continua-t-il qu'on ne tarde pas à faire venir un Notaire, je sens que je ne vivrai pas long-tems. En achevant ces mots, il tomba évanoui sur le visage de Leonore, qui n'étoit pas revenuë encore de sa pâmoison. Dans ce tems-là, Marialonse sortit de la chambre, & fut avertir Loaysa de ce qui se passoit. Elle lui conseilla en même tems de se retirer, & lui promit de lui donner avis de tout ce qui arriveroit dans la suite; car, ajoûta-t-elle, maintenant les portes de notre maison sont ouvertes, & il ne me sera pas difficile de vous envoyer l'Esclave More toutes les fois qu'il en sera besoin. Loaysa fut surpris du recit que lui fit la Gouvernante, & ayant repris ses habits de Mendiant, il alla faire part à ses amis de cette surprenante avanture. Le Notaire entra dans le moment que Leonore & Carizale revenoient de leur évanouïssement, c'étoit un des amis du Beau-Pere, qui se mit d'abord en devoir d'écrire. L'infortuné & généreux Vieillard fit son Testament de la maniére qu'il avoit projet-té té de le faire, fans dire un feul mot de la faute où étoit tombée fon Epoufe. Il déclaroit feulement qu'il la prioit pour de bonnes & légitimes raifons, de fe marier dès qu'il feroit mort, avec le jeune homme qu'il lui avoit dit en fecret. Leonore, qui ne s'attendoit guéres à cela, fe jetta aux pieds de Carizale. Vivez, Seigneur, lui dit-elle en fondant en larmes, c'eft moi qui mérite de mourir, & je fuis indigne de tous vos bienfaits. Cependant, écoutez, Carizale, & ajoûtez foi à ce que je vais dire. Je vous ai offencé, je me condamne moi-même, & je mérite tous vos mépris, mais j'attefte le Ciel, que je ne vous ai pourtant offenfé que de la penfée. Elle en alloit dire davantage, mais il lui prit un fi grand faififfement de cœur, qu'elle tomba une feconde fois évanouie. Le malheureux Carizale l'embraffa en pleurant, & lui donna mille marques d'une véritable tendreffe. Il figna enfin fon Teftament, par lequel il donna au More, & à toutes les Efclaves dequoi pouvoir fubfifter toute leur vie, il n'y eut que Marialonfe, à laquelle il ne donna rien. Le pere & la mere de Leonore tâchérent de divertir fa douleur, autant que la chofe leur fut poffible; mais la bleffure étoit trop profonde,

tous

tous les soins qu'on prit furent inutiles : sept ou huit jours après, Carizale paya le tribut à la nature, & fut porté dans le tombeau. Leonore demeura veuve, dolente & riche, mais Loaysa n'en fut pas plus heureux, car dans le tems qu'il se promettoit comme il avoit lieu de l'attendre, qu'elle accompliroit ce que son mari lui avoit recommandé par son Testament, il aprit qu'elle s'étoit renduë Religieuse, dans un Couvent des plus austéres de la Ville, ce qui le rendit si chagrin, & si honteux, qu'il s'en alla aux Indes. Le pere & la mere de Leonore furent tristes du parti que venoit de prendre leur fille ; mais ils se consolérent enfin, parce que Carizale leur avoit laissé de grandes richesses. Il en fut de même du More, & des Esclaves qui furent libres, & qui eurent dequoi subsister ; mais pour la perfide Marialonse, elle demeura pauvre, & n'osa plus même se montrer. Voilà quelle fut la fin de cette avanture, la plus singuliére, peut-être, qu'il y ait jamais eu au monde, de quelque côté qu'on la considére; avanture, où l'on voit un exemple de la fragilité des femmes, de la bizarrerie des Vieillards, des artifices des jeunes gens, & du peu de fonds qu'on doit faire sur les précautions les plus sages, & les mesures les mieux concertées. Je ne sai au reste, d'où vient que Leonore n'acheva pas de se justifier; mais il y a apparence que le trouble où elle étoit, lui lia la langue, & que la mort précipitée de son mari l'en empêcha; peut-être s'imagina-t-elle que sa justification seroit inutile, en effet, ce qu'elle avoit à dire étoit une chose fort incroyable, quelque véritable qu'elle fût.

T. Folkema del.   F.A. Aveline sculp.

LE CURIEUX IMPERTINENT.

NOUVELLE VIII.

Ans Florence Ville riche & fameuse d'Italie, Capitale de la Province de Toscane, vivoient Anselme & Lotaire, deux Gentils-hommes opulens, & des principaux du Païs; liés l'un & l'autre par une si forte amitié, que tous ceux qui les connoissoient, les appelloient par excellence les deux amis. Ils étoient jeunes, d'un même âge, avec les mêmes inclinations, & sans femmes. Une uniformité si complete, suffisoit pour entretenir leur amitié réciproque. Il est vrai qu'Anselme montroit plus de penchant pour l'amour que Lotaire, qui, en revanche, aimoit la chasse avec plus de passion que son ami. Cependant, lorsque l'occasion s'en présentoit, Anselme négligeoit ses propres plaisirs, pour suivre ceux de Lotaire, & Lotaire à son tour sacrifioit les siens, pour ceux d'Anselme. Ils étoient de cette maniére si unis, que jamais Montre n'a marché avec plus de justesse. Anselme aimoit passionément une Demoiselle, des prémiéres & des plus belles de la Ville, bien apparentée, & douée d'un si bon naturel, qu'après avoir pris le conseil de son ami Lotaire, sans lequel il ne faisoit rien, il résolut de la demander en mariage à ses Parens; ce qu'il fit, Lotaire fut le porteur de la parole, & conclut l'affaire si bien au gré de son ami, qu'en peu de tems, il eut dans sa disposition l'objet charmant dont il étoit amoureux. Camille étoit si contente d'avoir Anselme pour époux, qu'elle ne cessoit à ce sujet, de rendre graces au Ciel, & à Lotaire, par l'entremise duquel elle jouïssoit de ce bonheur. Pendant les prémiers jours de la Nôce, qui sont ordinairement remplis de joye, Lotaire continua selon sa coûtume, de venir chez Anselme, & ne menagea rien de ce qui lui étoit possible pour lui faire honneur, le réjouïr, & lui procurer toute sorte de plaisirs; le tems des nòces étant passé, aussi bien que celui des visites, & des complimens usités en pareil cas, Lotaire s'abstint par prudence, d'aller si souvent chez Anselme;

me; persuadé, comme toutes personnes prudentes le pensent ordinairement, qu'il étoit de la bienséance de ne pas fréquenter la maison d'un ami marié, avec la même familiarité, & si souvent, qu'on avoit coutume de le faire, lorsqu'il n'avoit point de femme; la véritable amitié, ne peut ni ne doit jamais être soupçonneuse en rien, cependant, l'honneur & la réputation d'un homme marié, sont des points si délicats, qu'il semble qu'on peut même avoir pour suspects ses propres fréres, & à plus forte raison ses amis. Anselme remarqua la discretion de Lotaire, & lui en fit de fortes plaintes; il lui dit, que s'il avoit sû, qu'en se mariant, son ami eût discontinué de lui rendre les mêmes visites qu'auparavant, il ne l'auroit jamais fait, & que la bonne correspondance qui les avoit unis tous deux, lorsqu'il n'étoit pas marié, leur ayant aquis un nom aussi flateur que celui *des deux amis*, il ne devoit pas permettre, pour vouloir en user avec trop de circonspection, sans y avoir donné lieu, qu'ils perdissent un titre si illustre & si gracieux; qu'il le supplioit, si entr'eux il pouvoit se servir de ce terme, de se regarder toûjours comme le maître de sa maison, d'y entrer, & d'en sortir comme auparavant. Il l'assura que Camille son épouse n'avoit d'autre plaisir, & d'autre volonté que la sienne, & qu'ayant apris combien ils s'aimoient, elle étoit mortifiée de ce qu'il faisoit paroître tant d'indifférence. Lotaire répondit avec tant de prudence, de discretion & d'Esprit à toutes les raisons dont se servoit Anselme, pour lui persuader de venir chez lui comme de coutume, qu'Anselme demeura satisfait de la bonne intention de son ami, & qu'ils convinrent ensemble que Lotaire viendroit toutes les fêtes, & deux fois la Semaine, manger avec lui; mais quoi qu'ils eussent fait cet accord, Lotaire se proposa de ne rien faire, qui put altérer la réputation de son ami, dont il préféroit l'intérêt au sien propre. Il disoit, & avec raison, qu'un époux à qui le Ciel avoit accordé une aimable femme, devoit prendre garde aux amis qu'il introduisoit dans sa maison, autant qu'aux amies de sa femme; parce que ce qui ne se pouvoit concerter dans les places publiques, dans les Temples, dans les divertissemens, & dans les processions, satisfaction qu'un mari ne pouvoit pas toûjours refuser à sa femme; se concertoit souvent avec plus de facilité chez une amie, ou chez une parente. Il disoit aussi

aussi que les gens mariés, devoient avoir un véritable & sincére ami, qui les reprît de leurs foiblesses, parce qu'il arrivoit souvent qu'un mari adorant son épouse, ne l'avertissoit pas de certaines négligences, de peur de la mortifier, ce qui, quelque fois, lui attiroit le blame des honnêtes gens, & même du deshonneur, au lieu qu'étant averti par un ami, il étoit en état d'y remédier; mais où trouver un ami aussi discret, aussi fidèle, & aussi sincére que le demandoit Lotaire ? Je l'ignore entiérement; Lotaire étoit le seul capable de rechercher l'honneur de son ami, avec tant de prudence, & tant de soin; il prenoit toutes les mesures imaginables, pour se dispenser d'aller chez lui aussi souvent qu'ils en étoient convenus, de peur de scandaliser le vulgaire oisif & malin, qui ne pouvoit, sans penser à mal, voir entrer fréquemment un jeune Gentil-homme, riche & bien né, dans la maison d'une Dame aussi belle que l'étoit Camille, & où il étoit si familier; & quoi que sa conduite & sa valeur dut, & put refrener la langue des Calomniateurs, il ne vouloit cependant pas mettre sa réputation, ni celle de son ami en compromis; & dans cette idée, il cherchoit des pretextes, spécieux & indispensables, fables en apparence, qui lui permettoient de ne point aller chez son ami les jours dont ils étoient tombés d'accord, d'autant que la plus grande partie des autres visites qu'il lui rendoit, se passoit en des plaintes d'un côté, & des excuses de l'autre. Un jour qu'ils se promenoient tous deux dans une prairie hors de la ville, Anselme parla à Lotaire en ces termes.

Je sai bien, mon cher ami Lotaire, que Dieu m'ayant fait la grace de me faire naitre de Parens comme les miens, & de me donner autant de biens que j'en posséde, soit du côté de la fortune, soit du côté de la nature, je ne peux trop lui en témoigner ma juste reconnoissance; sur tout pour m'avoir donné un ami comme toi, & une épouse comme Camille, deux présens que j'estime, non pas peut-être autant que je le devrois, mais du moins autant que j'en suis capable : cependant, malgré de si grands avantages, qui ont coutume de rendre tous les hommes contens & heureux, je suis le plus malheureux, & le plus chagrin qu'il y ait au monde. Depuis quelques jours, je me sens tourmenté & pressé par une idée si ridicule, & si extraordinaire, que je m'en étonne moi-même, que je m'en veux mal, que je me querelle lorsque je
suis

suis seul, & que je fais mes efforts pour la cacher, & l'absorber dans d'autres idées; jusqu'ici j'ai pu garder ce secret, mais il me semble que je ne pourrai dans la suite m'empêcher de le publier, ainsi, puisqu'il doit sortir de ma bouche, je ne peux mieux faire que de t'en rendre le fidèle dépositaire, dans la juste confiance où je suis que le sachant, & tâchant d'apporter le reméde à ma peine, en véritable ami, je me verrai bien-tôt délivré du mal qui m'accable, & que ma tranquillité reviendra par tes bons soins, au point où par ma folie, m'a mis la tristesse & la mélancholie.

Les raisons d'Anselme tenoient Lotaire en suspens; il ne savoit où devoit aboutir ce long préambule. Il avoit beau chercher dans son imagination, quel étoit le dessein qui agitoit si violemment son ami, il se trouvoit toûjours bien éloigné du but de la vérité. Pour sortir plus vite de l'inquiétude que lui causoit cette suspension, il lui témoigna qu'il faisoit un grand tort à l'amitié dont il l'honoroit, en se servant de tant de détours, pour lui déclarer ses plus étroites pensées, puis qu'il devoit être assuré qu'il pouvoit attendre de lui, ou des conseils pour combattre son dessein, ou un reméde pour les mettre en exécution. Je le crois certainement, répondit Anselme, & dans cette confiance, mon ami Lotaire, apprends que l'idée qui m'accable, est de savoir si Camille mon épouse, est aussi bonne & aussi parfaite que je le pense; je ne peux me pénétrer de cette vérité qu'en l'éprouvant, de manière que l'épreuve manifeste les degrés de sa bonté, comme le feu découvre les carats de l'or. Je m'imagine mon ami, qu'une femme n'est vertueuse qu'autant qu'elle est, ou qu'elle n'est pas recherchée; & que celle là seule mérite le nom de femme forte, qui ne se laisse point séduire par les promesses, par les présens, par les larmes, & par les continuelles poursuites des amans les plus pressans. Pourquoi doit on avoir des considérations pour une femme qui est bonne, lorsque personne ne la sollicite à être mauvaise, ajoûtoit-il? Est-il surprenant qu'elle soit retenue & craintive, lors qu'elle n'a aucune occasion de tenir une autre conduite, & qu'elle est assurée qu'au prémier faux pas, son Mari lui ôteroit la vie? Ainsi celle qui n'est vertueuse que par crainte, ou faute d'occasion, ne doit pas mériter l'estime & la considération, que je dois avoir pour celle qui a résisté aux sollicitations

& aux persécutions, & est sortie victorieuse du combat. En conséquence des raisons que je viens d'alléguer, & de plusieurs autres que je pourois rapporter pour autoriser mon oppinion, je souhaite que Camille mon épouse passe par ces difficultés, se purifie, & se rafine dans le feu de se voir recherchée, & pressée par un homme capable de la tenter; & si elle sort, comme je le pense, victorieuse du combat, je croirai mon bonheur sans égal; je pourrai me flatter alors d'être venu au comble de mes souhaits. Je dirai que j'aurai trouvé celle dont le Sage parle quand il dit. *Qui la trouvera?* Et quand même la chose tourneroit au rebours de ce dont je me flatte, content d'être venu à bout de mon dessein, je supporterai sans peine, le chagrin que pourroit me coûter une si chére expérience. Toutes les raisons que tu serois capable de m'alléguer contre le desir que j'ai conçû, ne serviront jamais de rien, pour me faire désister de mon dessein. Ce que j'attens de ton amitié, mon cher Lotaire, est que tu consentes à être l'instrument qui doit me procurer cette satisfaction; je te faciliterai tous les moyens pour y réüssir, & je te donnerai tout ce que je croirai nécessaire pour solliciter une

femme

femme honnête, vertueuse, retirée & désinterressée. Ce qui m'engage à avoir recours à toi dans cette difficile entreprise, est que je suis persuadé, que si tu as le bonheur de vaincre Camille, ton triomphe n'ira pas à la derniére extrêmité ; mais qu'il tiendra seulement pour fait & accompli, ce que tu ne laissera imparfait qu'à ma considération ; ainsi je ne serai offensé que par la volonté, & mon affront restera enseveli sous le voile de ta discretion ; sachant que ton silence, lorsqu'il s'agira de mon honneur, sera aussi éternel que celui de la mort. Si tu veux me conserver la vie, il ne tient qu'à toi; entre dès ce moment dans cet amoureux combat, non pas avec timidité & avec nonchalance ; mais avec toute l'ardeur, & la vivacité que le requiert mon pressant desir, & avec toute la confiance que notre amitié l'exige.

Ce furent là les raisons qu'Anselme allégua à Lotaire, qui les écouta attentivement sans ouvrir la bouche, jusqu'à ce qu'Anselme eut achevé ; voyant qu'il ne disoit plus rien, il le considéra un peu de tems, comme s'il ne l'avoit jamais vû, & comme on considére un objet qui nous cause de l'admiration & de l'étonnement. Il lui dit : je ne puis me persuader, mon cher Anselme,

selme, que ce que tu viens de me dire, ne soit pour badiner ; & si je croiois que cela fut à la lettre, je ne te laisserois pas aller plus loin; si je n'ai pas interrompu ta longue harangue, & si je l'ai écoutée jusqu'au bout, c'est que je m'imagine, ou que tu ne me connois pas, ou que je ne te connois pas moi-même. Cependant, je sais que tu es Anselme, & tu sais que je suis Lotaire, le mal que j'y trouve, est que tu n'es pas l'Anselme que tu étois autrefois, & que tu as jugé, que je ne suis plus le même Lotaire ; parce que tes discours ne conviennent ni à Anselme mon ami, ni tes propositions à Lotaire que tu connois. Tu sais que les véritables amis ne peuvent éprouver leurs amis, & se prévaloir d'eux, comme le dit un Poëte, que, *jusqu'aux Autels*, ce qui veut dire, qu'ils ne doivent jamais se servir de leurs amis dans des choses qui offensent la divinité. Et si un Payen a parlé de cette maniére de l'amitié, un Chrétien doit être persuadé de cette vérité, lui qui sait que pour tous les respects humains, il ne doit jamais perdre l'amitié de son Dieu ; & si un ami est capable de s'aveugler, de s'écarter des considérations qu'il est obligé d'avoir pour sa Religion en faveur de son ami, ce ne
peut

être pour des choses legéres, frivoles, & de peu d'importance; mais pour celles qui regardent l'honneur & la vie de cet ami. Dis-moi, Anselme, qu'elle est celle de ces deux choses que tu risques aujourd'hui, pour que je me hazarde de t'obliger, & de faire une action aussi noire que celle que tu me demandes? Aucune certainement, au contraire, tu veux, à ce que je puis comprendre, que je te quitte l'honneur & la vie, & que je me les quitte à moi-même. Il est clair que si je fais mes efforts pour te quitter l'honneur, je te quitte la vie, puis qu'un homme sans honneur, est pire qu'un homme mort; & devenant l'instrument qui te fera mourir, comme tu le prétens, & qui te causera tant de mal, n'en serai-je pas deshonoré, & plus à plaindre que si je m'arrachois la vie? Ecoute, mon cher Anselme, ne m'interromps point jusqu'à ce que j'aye achevé de te parler touchant ce que tu exige de moi, tu auras assez de tems pour me répliquer, & j'aurai celui de t'écouter. Fort bien, dit Anselme, dis-m[oi] ce que tu voudras. Il me paroit Anselme, que tu ressembles parfaitement aux Mores, qu'on ne peut convaincre touchant l'erreur de leur secte, ni par les témoignages de la Sainte Ecriture, ni par les

les raisons qui derivent de la spéculation de l'entendement, ni par celles qui sont fondées sur la foi, mais auxquels il faut donner des exemples palpables, faciles, intelligibles, démonstratifs, indubitables, avec des démonstrations mathématiques qui ne se peuvent nier, comme quand on dit, si on ôte à des parties égales, d'autres parties égales, celles qui resteront seront égales, & quand ils ne veulent pas croire les paroles qu'ils ne comprennent pas, il faut les convaincre avec les mains, & leur mettre les autorités sous les yeux, & malgré toutes ces preuves, personne n'est encore en état de leur persuader les vérités de notre sainte Religion. Il faudra que je me serve du même chemin, de la même façon d'agir avec toi : le dessein que tu as formé est si extravagant, & si déraisonnable, qu'il me semble que ce seroit tems perdu, de vouloir te démontrer ta simplicité, nom que je crois devoir donner pour ce moment, à ton dessein, & même je ne sais si je ne dois pas te laisser dans ton extravagance, pour te châtier d'avoir conçu une si mauvaise idée.

L'amitié que je t'ai vouée, m'empêche seule d'user de cette rigueur envers toi, elle ne me permet pas de t'abandonner dans un péril si éminent. Pour commencer

mencer à te le faire connoître clairement, dis-moi Anſelme, ne m'as-tu pas propoſé de ſolliciter au crime une femme retirée, de corrompre une honnête femme, de faire des offres à une femme déſinterreſſée, de ſéduire une femme prudente? c'eſt ce que tu m'as dit. Si tu ſais que tu as une époufe retirée, honnête, déſinterreſſée & prudente, que déſires-tu de plus? Si tu es perſuadé qu'elle doit vaincre toutes mes pourſuites, comme elle les vaincra, quels noms plus honnorables veux-tu lui donner, que ceux qu'elle poſſéde maintenant? Que fera-t-elle de plus que ce qu'elle eſt? où tu ne la connois pas pour ce qu'elle eſt, ou tu ne ſais ce que tu demandes? Si tu ne la connois pas pour ce que tu dis, tu dois la regarder en général comme toutes les autres femmes, & faire d'elle ce qui te plaira? mais ſi tu es perſuadé qu'elle eſt bonne, c'eſt une choſe abſurde de vouloir faire l'expérience d'une vérité dont tu es convaincu, puis qu'après cette expérience faite, tu ne l'eſtimeras pas davantage qu'auparavant; une concluſion certaine, eſt que vouloir tenter des choſes qui tourneroient plûtôt à notre déſavantage, qu'à notre profit, eſt d'un homme téméraire, & d'un eſprit ſans jugement, ſurtout lorſqu'il n'y a aucune néceſſité

nécessité de faire cette épreuve ; qu'on n'y est point forcé, & que c'est même une pure folie que d'y songer. Les choses difficiles ne se doivent rechercher que pour Dieu, ou pour le monde, ou pour tous les deux. Celles où nous nous exposons pour Dieu, sont celles que les Saints ont éprouvées, tâchant de vivre comme des Anges quoi que revêtus de l'humanité ; celles où nous nous exposons pour le monde, sont celles qui engagent les hommes à passer les mers, à parcourir les différens climats, à voyager parmi les Nations étrangéres, dans la vûë d'aquérir ce qu'on appelle, des biens de la Fortune. Enfin les choses que nous entreprenons pour Dieu & pour le monde en même tems, sont celles qu'entreprennent de vaillans Soldats, quand ils vont assaillir une courtine qui n'a pas plus d'ouverture, que celle que pourroit faire un boulet de canon ; lorsque sans crainte, sans discourir, ni faire réflexion sur le péril évident qui les menace, animés du desir ardent de se sacrifier pour sa Religion, pour sa Patrie, & pour son Prince, ils se jettent avec autant d'intrépidité, que de précipitation au milieu de mille morts qui les attendent. Ce sont là les choses qui ont coutume de nous animer ; & c'est un honneur,

neur, une gloire & un avantage, de les rechercher, quoi qu'elles nous exposent à tant d'inconvéniens, & à tant de dangers. Mais pour celle dont tu m'as parlé, que tu veux tenter, & mettre en exécution, elle ne te peut procurer ni mérite envers Dieu, ni biens de la Fortune, ni réputation parmi les hommes; parce que, supposé que tu voyes combler tes desirs, tu ne te verras ni plus honoré, ni plus riche, ni plus content que tu l'étois auparavant; & si tes espérances se voyoient trompées, tu tomberois dans la plus grande misére que tu puisses imaginer; quoi que tu te persuades que personne ne saura ta disgrace, tu n'en sera pas plus consolé, il suffira qu'elle soit sans cesse présente à ton esprit, pour que tu devienne inconsolable. Pour mieux appuyer mes raisons, je veux te dire un couplet que fit le fameux Poëte Louis Tansilo, & qui se trouve à la fin de la prémiére partie de son Poëme qui a pour titre, les Larmes de St. Pierre, voici comme il s'explique,

A peine le Soleil entre dans sa Carriére,
PIERRE sent augmenter sa honte & sa
   douleur:

Tout

Tout ignore sa faute, & même la lumière;
N'importe, cent remords tirannisent son cœur.

Pour un crime secret, une ame Magnanime
N'en est pas moins confuse, & n'en souffre
  pas moins;
Coupable, incessamment elle pleure son cri-
  me
N'eut-elle eû que la Terre, & le Ciel pour
  témoins.

Ainsi le secret ne diminuera point ta douleur, au contraire tu auras un juste sujet de pleurer continuellement, & si ce n'est pas des larmes des yeux, ce sera des larmes de sang qui découleront de ton cœur, comme les pleuroit ce simple Docteur dont notre Poëte fait mention, au sujet de la preuve qu'il fit d'un Vase; preuve que, (guidé par plus de discernement,) refusa de faire le prudent Reynaud; & qui, quand ce ne seroit qu'une fixion poëtique, renferme assez de saine Morale pour devoir être admirée, louée, & imitée. En vérité, si tu étois pénétré de tout ce que je pourrois te dire maintenant, & de tout ce que je pense à ton sujet, tu reviendrois facilement de l'erreur grossiére dans laquelle tu veux te plonger. Dis-moi Anselme, si par ha-
                                zard,

zard, ou par un coup du Ciel, tu te trouvois maître & légitime possesseur, d'un très beau diamant, dont les Lapidaires t'assureroient unanimement du prix & de la bonté, & qu'ils te jurassent d'une commune voix, que ce diamant égale en beauté & en perfection, tout ce que la nature peut former, & produire de plus parfait en ce genre; que même tu en fusses persuadé, sans qu'aucun soupçon te dit intérieurement le contraire; seroit-il raisonnable qu'il te vint dans la pensée de prendre ce diamant, de le mettre entre le marteau & l'enclume, & d'éprouver à force de bras, & de coups, s'il est aussi dur, & aussi fin comme on le dit? & si tu en venois à cette extrèmité, & que cette pierre précieuse résistât à une si folle épreuve, en aquiereroit-elle plus de beauté ou plus de valeur? si elle venoit à se rompre, ce qui ne seroit pas impossible, ne perdrois-tu pas le tout? oui certainement. Le maître du diamant passeroit outre cela pour un imbécile, & pour un insensé par tout le monde: Eh bien, fais compte, mon cher Anselme, que Camille est un Diamant très fin, aussi estimé de ceux qui la connoissent que de toi-même, & qu'il n'est pas raisonnable de la mettre en risque de se rompre, puis que quand même elle surmonteroit le péril où tu l'expoſes, elle n'auroit pas plus de valeur, ni plus de mérite qu'elle en a maintenant, & ſi, ne pouvant y réſiſter, elle y ſuccomboit, refléchis mûrement ſur ce que tu ferois ſans elle, & péſes les raiſons qui te forceroient à te plaindre de toi-mème, pour avoir cauſé ſa perte & la tienne : Conſidéres qu'il n'y a pas de joyau au monde comparable à une femme chaſte & vertueuſe, & que tout l'honneur des femmes conſiſte à la bonne opinion qu'on a de leur vertu. Celle de Camille ton épouſe, eſt au plus haut degré de bonté où elle puiſſe arriver ; tu ne l'ignores pas, pourquoi donc veux-tu mettre en doute une vérité ſi éclatante ? Conſidéres, mon ami, que la femme eſt un animal imparfait, & que bien loin de lui tendre des piéges pour la faire trébucher & tomber, il faut au contraire les éloigner d'elle, & nétoyer le chemin de tous les obſtacles qui pourroient l'embaraſſer, afin que ſans aucun empèchement, elle puiſſe courir à la legére, pour acquerir la perfection qui lui manque, & qui ne conſiſte qu'à être vertueuſe.

Les Naturaliſtes racontent que l'Hermine eſt un petit animal, couvert d'une peau très blanche, & que quand les chaſſeurs veulent la prendre, ils ſe ſervent de cet artifice.

Ils

Ils examinent les endroits par où elle doit passer, ils les salissent avec de la bouë, puis guètant cet animal, ils le suivent jusques là ; dès que l'Hermine se voit à la bouë, elle s'arrète, & se laisse prendre plûtôt que de passer par ce lieu bourbeux, & de perdre, ou de tacher sa blancheur qu'elle estime plus que sa liberté, & que sa vie. La femme chaste & vertueuse est une Hermine, & la vertu de la chasteté est plus blanche & plus nette que la nege. Celui qui veut que sa femme, bien loin de perdre ou de tacher sa vertu, la garde & la conserve, doit se servir de moyens tout différens de ceux dont les Chasseurs se servent à l'égard de l'Hermine, il ne doit pas mettre devant elle, la bouë des attentions & des services des amans importuns, parce que peut-être & sans peut-être, elle n'auroit pas assez de vertu, ni de force naturelle pour pouvoir surmonter & vaincre de pareils dangers. Il faut donc les écarter d'elle, & lui mettre devant les yeux la pureté de la vertu, & les attraits qui sont les suites d'une bonne renommée.

On peut comparer une bonne femme à une glace de miroir pure, & transparente qui se ternit & s'obscurcit par le moindre souffle ; on doit en user avec une honnête femme comme avec les Réliques qu'on qu'on vénère sans les toucher. On doit conserver & garder une bonne femme comme on garde & on conserve un jardin curieux, rempli de fleurs & de roses, & dont le maître ne permèt à personne d'y entrer, ni d'y rien toucher, mais bien de le considérer de loin, de jouïr de sa beauté, & de l'odeur agréable qu'il exhale au travers d'un treillis de fer. Enfin je veux te rapporter certains vers dont je me ressouviens, & que j'ai lus dans une Comédie moderne. Ils viennent ici fort à propos. Un Vieillard prudent conseilloit au Pere d'une Demoiselle de la tenir de court, de la garder de près, & de ne lui donner aucune liberté ; & entr'autres raisons qu'il lui alléguoit, étoient celles-ci.

Les femmes sont comme le verre ;
Il ne faut jamais éprouver
S'il se rompt, en tombant par terre ;
Ce qui doit souvent arriver :

S'il casse, selon l'apparence,
Il est d'un fol de hazarder
Une semblable expérience
Sur un corps qu'on ne peut sonder.

Ce fait sur la Raison se fonde ;
On pourroit alléguer encor
Qu'une Danaé dans le monde,
Voit, sans peine, pleuvoir de l'or.

Tout ce que je t'ai dit jusqu'ici, Anselme, te regarde personnellement, il est juste que je te parles maintenant pour mon intérêt particulier, si je te parois trop long, pardonne-moi d'autant plus volontiers, que l'exige le Labirinte où tu t'ès engagé, & d'où tu veux que je te retire. Tu crois que je suis ton ami, & tu m'exposes à perdre l'honneur, ce qui est contre toute amitié, & non seulement tu veux m'oter l'honneur, mais tu veux encore que je te l'ote à toi-même. Que tu veuilles me l'oter, cela est clair, puis que quand Camille verra que je la sollicite, comme tu le prétens, il est certain qu'elle me regardera comme un homme sans honneur, & sans foi ; & en effet, j'entreprendrois, & je ferois une manœuvre bien éloignée de ce que mon caractére, & l'amitié que je te professe demandent de moi. Que tu veuilles m'obliger à te deshonorer, il n'y a pas de doute, parce que Camille voyant que je conduite, qui m'aura donné la hardiesse de lui découvrir mon mauvais dessein, & se croyant deshonorée, tu l'es aussi, puis que le deshonneur de ton épouse retombe sur toi-même. Tu n'ignore pas ce qui se pratique dans le monde. Le mari d'une femme adultére quoi qu'il ne sache point, & qu'il n'ait point occasionné ses crimes; quoi qu'il n'ait pas été en son pouvoir de détourner sa disgrace, ne laisse pas d'aquérir un nom infame; & ceux qui connoissent le mauvais commerce de sa femme, le regardent avec mépris, lors qu'ils devroient le regarder avec pitié, tout le mal ne procédant ni de sa faute, ni de son deffaut d'attention, ou de sentimens, mais seulement de l'inclination perverse & luxurieuse de son infidéle Compagne.

Je veux te dire la raison pourquoi le mari d'une femme adultére, quoi qu'il ignore sa mauvaise conduite; qu'il n'y ait rien de sa faute; qu'il n'y ait ni consenti, ni donné occasion, est justement deshonoré; ne te lasses point de m'écouter, puis que tu en dois retirer du profit. Lors que Dieu créa notre prémier Pére dans le paradis terrestre, la Sainte Ecriture nous rapporte, que Dieu envoya un profond sommeil à Adam, & qu'étant endormi, il lui tira une côte du côté gauche, dont il forma notre mere Eve, & que lors qu'Adam se reveilla, il la regarda, & dit, celle là est la chair de ma chair, & l'os de mes os : & Dieu lui dit, c'est pour cela que l'homme quittera son Pere & sa Mere, & ils seront deux dans une même chair. Ce fut alors qu'il institua le saint Sacrement du Mariage, avec des liens si forts, qu'ils ne peuvent être rompus que par la mort. Ce Sacrement miraculeux a tant de force & de vertu, qu'il fait que deux personnes différentes deviennent une même chair. Il fait plus à l'égard des personnes mariées qui sont bien unies, quoi qu'elles ayent deux ames séparées, elles n'ont qu'une même volonté ; delà vient que comme la chair de l'épouse devient une avec celle de son époux, les taches ou les défauts qu'elle contracte souillent également celle de son mari, quoi que comme nous l'avons déja dit, il n'ait donné aucune occasion à sa turpitude.

Et de même que la moindre douleur de pied ou de quelqu'autre membre du corps humain se fait sentir à tout le corps, parce que c'est le même tout, & de même que la tête ressent le mal qui afflige la cheville du pied, sans qu'elle y ait donné lieu,

lieu, ainsi le Mari participe au deshonneur de sa femme, parce qu'il forme un même tout avec elle ; & comme l'honneur & le deshonneur de ce monde sont tous, & naissent tous de la chair & du sang, ceux de la femme sont de ce genre, il est nécessaire que le mari y participe, & soit deshonoré, quoi qu'il ne connoisse pas lui-même son deshonneur.

Fais donc réflexion Anselme, sur le danger où tu t'exposes, en voulant troubler la tranquillité dans laquelle ta femme se trouve. Fais réflexion sur la vaine & imprudente curiosité, qui te fait agiter des humeurs qui sont tranquilles dans le cœur de ton épouse. Considéres que ce que tu peux gagner est peu de chose, & que ce que tu peux perdre, est si considérable, que je ne t'en parlerai pas, parce qu'il me manque des expressions pour te le faire comprendre. Cependant, si ce que je viens de te représenter ne suffit pas pour t'empêcher de suivre ton mauvais dessein, tu peux chercher un autre instrument de ton deshonneur & de ton infortune ; pour moi, je ne songe pas à le devenir, quand je devrois perdre ton amitié, qui est pour moi la plus grande perte que je crois pouvoir faire.

Lotaire achevant ce discours si rempli de juge-

jugement & de prudence, se tût ; Anselme se trouva si confus & si rêveur, que pendant un peu de tems, il ne pût lui répondre un seul mot. Enfin il lui dit, j'ai écouté mon cher ami Lotaire, avec toute l'attention possible, tout ce que tu as bien voulu me représenter, & par la force de tes raisons, de tes comparaisons, & de tes exemples, j'ai connu l'étendue de ta discretion, & de l'amitié sincére que tu daignes avoir pour moi ; je vois clairement & je confesse, que si je ne suis pas tes bons conseils, & que je m'attache à mes idées, je m'éloigne du bien pour courir après le mal. Cela suposé, tu peux considérer que je suis attaqué de la même maladie qui tourmente ces femmes, que rien ne peut empêcher de manger de la terre, du plâtre, du charbon, & d'autres choses pires encore, d'autant plus désagréables & dégoutantes à la bouche, qu'elles le sont aux yeux : ainsi il faut avoir recours à quelqu'industrie pour me guérir, ce qui se peut faire aisément. Commence seulement à faire semblant de solliciter Camille, dont l'honneur n'est pas assez foible pour céder à la prémiére poursuite ; ce seul pas, me contentera, & fera pour moi une preuve manifeste de ce que tu me dois

dois comme mon véritable ami ; non seulement en me donnan la vie, mais en me persuadant que je ne vis pas sans honneur.

Une raison plus que suffisante, t'oblige à me rendre ce service, c'est que dans la situation d'Esprit où je me trouve, résolu de venir à mon but, tu ne dois pas permettre que je découvre ma folie à d'autre personne qu'à toi, ce qui me feroit perdre la réputation qui te tient si fort à cœur. Et quand même Camille douteroit dans son esprit si tu es honnête homme, parce que tu la solliciterois, cela te doit importer fort peu, ou point du tout, puisque quelques jours après, lorsque nous serons sûrs de sa vertu, tu pourras lui découvrir l'artifice dont nous nous serons servi ; & alors elle ne t'estimera pas moins qu'auparavant. Enfin tu risques si peu, & avec ce peu de risque, tu me procures une si grande satisfaction, que tu ne devrois pas même laisser de me la procurer, quand même tu rencontrerois en chemin de plus grands obstacles ; & puis, comme je te l'ai dit, commence seulement l'intrigue, & je regarderai l'affaire comme faite. Lotaire voyant qu'Anselme n'en vouloit pas démordre, qu'il n'avoit plus ni exemples, ni raisons à lui donner pour le détourner de son entreprise, de plus qu'il le menaçoit d'avoir dans cette occasion épineuse recours à un autre, auquel il dévoileroit sa manie ; pour éviter un si grand mal, il se détermina à le contenter, & à faire ce qu'il exigeoit de lui, de maniére à satisfaire & à tranquilliser l'Esprit d'Anselme, sans se perdre dans celui de Camille : il lui répondit donc, qu'il se gardât bien de communiquer son envie à personne, qu'il prenoit sur lui la réussite de l'entreprise, qu'il entameroit aussitôt qu'il le souhaiteroit. Anselme l'embrassa tendrement & amoureusement, en lui faisant mille remerciemens sur l'offre qu'il lui faisoit, comme s'il lui avoit rendu un service très considérable ; ils demeurérent tous deux d'accord que dès le jour suivant, ils mettroient la main à l'œuvre ; que lui Anselme, prendroit des mesures afin que Lotaire put parler long tems tête à tête à Camille, & qu'il lui donneroit de l'argent, & des Joyaux pour lui faire des présens.

Il lui conseilla de lui donner des sérénades, de composer des vers à sa loüange ; & que s'il ne vouloit pas prendre la peine de les faire lui-même, il s'en chargeroit volontiers. Lotaire consentit à tout, mais pensant bien différemment qu'Anselme. Après avoir pris

ces

ces mesures, ils retournèrent à la maison d'Anselme où ils trouvèrent Camille qui attendoit impatiemment son époux, parce qu'ordinairement il n'avoit pas coutume de rentrer si tard. Lotaire s'en fut chez lui, & Anselme demeura dans sa maison aussi gai & aussi content que Lotaire étoit inquiet & embarrassé, pour trouver le moyen de sortir avec honneur d'une si ridicule entreprise. Il passa toute la nuit à imaginer un milieu pour tromper Anselme sans offenser la vertu de Camille. Il vint le lendemain diner avec son ami. Camille le reçût parfaitement bien, mais cette gracieuse réception, & les politesses dont elle le combloit, n'avoient d'autre origine que l'amitié mutuelle de son mari & de Lotaire. Le diné fini, on leva la nape, & alors Anselme dit à Lotaire de faire compagnie à son épouse jusqu'à son retour; qu'il sortoit pour un affaire importante qui le retiendroit environ une heure & demie. Camille pria son époux de ne point sortir, & Lotaire lui offrit de l'accompagner; ces prières & ces offres ne firent aucun effet sur l'esprit d'Anselme, qui obligea Lotaire à rester avec Camille, & à l'attendre chez lui, parce que disoit-il, il avoit quelque chose de conséquence à lui communiquer. Il recommanda à sa femme de ne point laisser Lotaire seul jusqu'à-ce qu'il revînt. Il sut si bien dissimuler le prétexte, ou plûtôt la sotise qui le faisoit sortir, que personne ne se seroit imaginé que ce fut une feinte. Anselme partit, & Camille avec Lotaire restérent seuls à table, parce que les Domestiques s'en étoient allez pour diner.

Lotaire se trouva dans le champ de bataille où son ami le desiroit, en présence de son ennemi, qui à l'aide de sa beauté pouvoit venir à bout d'un Escadron de Cavalliers, armés de pied en cap. On doit juger si la peur de Lotaire étoit bien fondée. Le parti qu'il prit, fut d'appuyer son coude sur le bras d'un fauteuil, de mettre sa main ouverte sur sa joüe, & en demandant pardon à Camille de son incivilité, il lui dit qu'il avoit besoin de se reposer un peu, en attendant le retour d'Anselme : Camille lui répondit, qu'il seroit mieux sur un lit de repos que sur un fauteuil, & le pria d'entrer dans un appartement. Lotaire la remercia, & resta sur le fauteuil en faisant semblant de dormir jusqu'à l'arrivée d'Anselme, qui trouvant Camille dans sa chambre, & Lotaire comme endormi d'un autre côté, crut que comme il avoit resté trop long-tems dehors, ils avoient
eu

eu le tems de s'expliquer, & celui de dormir ; il bruloit d'impatience de voir Lotaire éveillé, & d'aller dehors s'informer de ce qui s'étoit passé. Lotaire paroissant s'éveiller, Anselme fut content, ils sortirent tous deux, le dernier demanda à son ami où il en étoit. Lotaire lui répondit, qu'il n'avoit pas jugé à propos de se découvrir tout-à-fait pour la prémiére fois, & qu'il n'avoit fait que la loüer sur sa beauté, en lui témoignant qu'on publioit dans toute la Ville qu'elle étoit la plus belle, la plus prudente, & la plus accomplie de toutes les Dames ; que ce chemin lui avoit paru le plus sûr, & le plus droit pour commencer à gagner sa bienveillance, & la disposer à l'écouter favorablement une seconde fois, se servant à cette occasion du même artifice dont le Démon se sert pour tromper quelquun qui se tient toûjours sur ses gardes contre ses embuches ; il se transforme en Ange de lumiére, quoi qu'il ne soit que celui des ténèbres, il commence par des déhors trompeurs, mais à la fin, il découvre ce qu'il est, & vient à bout de ses desseins, si dès le commencement on ne s'aperçoit point de ses finesses.

Anselme demeura extrèmement satisfait, & dit à son ami que chaque jour, il lui procureroit le tems d'entretenir son épouse, quoi qu'il ne sortit point de sa maison, s'y occupant à des choses qui ne donneroient pas lieu à Camille de soupçonner leur artifice. Lotaire pendant plusieurs jours conversa tête à tête avec Camille, sans lui parler néanmoins, de sa prétendue passion. Il disoit à Anselme, qu'il n'en pouvoit tirer aucune parole, qui eut l'air de mauvaise inclination, ni qui put lui donner le moindre espoir; il lui raportoit au contraire qu'elle le menaçoit que s'il continuoit dans ses mauvais projets, elle en avertiroit son époux. Fort bien, répondit Anselme, Camille a pû résister jusqu'ici aux paroles, il faut voir maintenant comment elle résistera aux effets; je te donnerai demain deux mille écus d'or pour que tu les lui présentes, & même que tu les lui donnes, & une pareille somme pour acheter des joyaux pour l'amorcer, les femmes les aimant beaucoup, & si chastes qu'elles soient, se piquant, surtout lors qu'elles sont belles, d'être magnifiques & habillées de bon goût. Si elle résiste à cet appas, je serai content, & je ne te donnerai plus d'embarras. Lotaire répondit, que puisqu'il avoit tant fait de commencer, il acheveroit, quoi qu'il ne crut sortir que maltraitraité & vaincu, d'une pareille entreprise.

Il reçut le lendemain les quatre mille écus, & avec eux quatre mille sujets de confusion, parce qu'il ne savoit plus où aller chercher de nouveaux mensonges, il résolut de lui dire, que Camille étoit si entière contre les présens, les promesses, & les belles paroles, qu'il étoit inutile de se tourmenter davantage, & que c'étoit perdre du tems inutilement; mais le hazard qui en disposoit autrement, voulut qu'Anselme, ayant laissé seuls un jour Lotaire & Camille, selon la coutume, s'enferma dans un appartemens contigu, & se mit à regarder par le trou de la serrure, & à écouter leur conversation. Il remarqua que Lotaire fut plus de demi heure sans parler à Camille, & qu'il ne se disposoit pas à lui parler quand il auroit demeuré un Siécle avec elle. Il comprit aisément que tout ce que lui avoit rapporté son ami touchant ses sollicitations, & les réponses de Camille, étoit autant de fixions & de mensonges: pour s'en éclaircir, il sortit de l'appartement, & prenant Lotaire à part, il lui demanda ce qu'il y avoit de nouveau, & dans quelle situation il avoit trouvé son épouse; Lotaire répondit, qu'il ne songeoit plus à la surprendre,

dre, parce qu'elle lui parloit avec tant de hauteur & tant d'aigreur, qu'il n'avoit pas le courage de l'éprouver dans la suite. Ha, dit alors Anselme, Lotaire, Lotaire, que tu répons mal à ce que tu me dois, & à la confiance que j'ai eu en toi? Je viens dans ce moment de regarder par le trou de la ferrure de cette porte ce qui se passoit entre toi & elle, & j'ai vû que tu n'as pas dit un mot à Camille, ce qui me fait juger qu'il n'y a rien de véritable dans ce que tu m'as conté de ses réponses précédentes. Si cela est ainsi comme il n'y a pas lieu d'en douter, pourquoi me trompes-tu? pourquoi veux-tu par ton adresse me frustrer des moyens que je pourrois rencontrer pour couronner mes desirs? Anselme n'en dit pas davantage, mais il en dit assez pour laisser honteux & confus Lotaire, qui au désespoir d'avoir été pris dans un mensonge, il jura à Anselme, que dès lors, il faisoit son affaire de le contenter, & de lui dire la vérité, comme il le pourroit éprouver lui-même, s'il se donnoit la peine de l'épier; quoi qu'il n'eut pas besoin de prendre tant de mesures, celles qu'il prendroit lui-même pour le satisfaire ne lui permettant pas dans la suite de douter un moment de sa sincérité.

An-

Anselme ajoûta foi aux paroles de son ami, & pour lui fournir un champ plus facile & plus commode, il voulut aller passer huit jours chez un de ses amis, qui avoit une maison dans un Village peu éloigné de la Ville. Il tomba d'accord avec cet ami qu'il l'enverroit chercher, afin que Camille n'eut aucun soupçon sur son départ. Malheureux, & imprudent Anselme, que fais-tu ? quel dessein as-tu ? que prépares tu ? considére que tu travailles à te deshonorer, & que tu projetes ta perte ! Camille ton épouse est vertueuse & tranquille, & tu la posséde sans aucune contradiction ; personne ne trouble tes plaisirs ; le but de ses pensées ne va pas plus loin que les Murs de ta maison : Tu es son paradis sur la terre, le point de ses souhaits, le complement de ses plaisirs, la règle qui mesure sa volonté est la tienne, & celle du Ciel. Si la mine précieuse qui renferme tant d'honneur, de beauté, de chasteté, & de recueillement, te prodigue sans peine toutes les richesses que tu en peux attendre, pourquoi vas-tu fouiller la terre plus avant, & chercher de nouvelles veines d'un Tréfor que tu n'es pas sûr de rencontrer, risquant que le tout ne vienne à fondre sur ta tête, & ce Tréfor n'ayant

d'autre

d'autre soutien que les foibles piliers d'une nature fragile? Saches que quiconque cherche l'impossible, ne mérite pas d'avoir même le possible, comme le dit mieux que je ne peux dire, un Poëte qui parle ainsi:

Dans la mort je cherche la vie,
La santé dans la maladie,
Dans la prison la liberté,
Dans l'Esclavage la sortie,
Dans le Traitre la loyauté:

Contre moi le destin terrible
Et le Ciel sans cesse inflexible,
Veulent que je sois abusé,
En leur demandant l'impossible
Le possible m'est refusé.

Anselme le lendemain partit pour la Campagne, après avoir dit à Camille, que pendant son absence Lotaire viendroit pour avoir soin de sa maison, & pour y manger avec elle; & qu'il la prioit d'avoir pour lui tous les égards qu'elle auroit pour lui-même. Camille comme une femme prudente & vertueuse, reçut avec douleur les ordres de son Epoux, & lui représenta qu'il ne convenoit pas qu'un autre en son absence, occupa sa place:

place à sa table, & que s'il en agissoit ainsi de crainte qu'elle ne fut pas gouverner sa maison, qu'il lui en laissât le soin pour cette fois, & qu'il verroit par expérience qu'elle étoit capable de quelque chose de plus de conséquence. Anselme lui repliqua que tel étoit son plaisir, & qu'elle devoit se conformer à sa volonté & lui obéir. Camille lui dit, qu'elle feroit tout ce qu'il lui commanderoit, quoi que contre son gré.

Anselme partit, & le jour suivant, Lotaire se rendit à sa maison, où Camille le reçut avec l'accueil le plus gracieux & le plus honnête. Elle prit si bien ses mesures, que Lotaire ne put jamais l'entretenir seule, elle étoit toûjours entourée de ses Domestiques & de ses femmes, & particuliérement d'une fille nommée Leonelle qu'elle aimoit beaucoup, parce qu'elles avoient été élevées ensemble dans la maison du Pére de Camille, & qu'elle l'amena avec elle lors qu'elle avoit épousé Anselme. Lotaire fut trois jours sans lui parler, quoi qu'il eut pû le faire, dans le tems qu'après le diné ses Domestiques alloient manger à la hâte, selon l'ordre que leur avoit donné Camille. Léonelle même devoit manger avant Camille, afin de ne la point quitter; mais elle ne suivoit

suivoit pas toûjours en cela la volonté de sa Maîtresse, pretextant souvent pour son plaisir, d'avoir des affaires, & elle la laissoit souvent seule avec Lotaire, comme si on le lui avoit ordonné. Lotaire se trouvoit muet, lors qu'il envisageoit, le maintien honnête, l'air grave, & toutes les qualités respectables qui composoient la personne de Camille. Ce silence que l'assemblage des vertus de Camile imposoit à Lotaire, fut funeste à tous les deux, parce que si la langue se taisoit, l'entendement discouroit, & avoit lieu de contempler à l'aise toute l'étendue de la bonté & de la beauté de Camille; ce qui étoit capable de rendre sensible non un cœur de chair, mais une statue du marbre le plus dur. Lotaire la regardoit dans le tems qu'il auroit dû lui parler, & considéroit combien elle étoit digne d'être aimée. Cette considération fréquente commença insensiblement à entamer les égards qu'il devoit avoir pour Anselme. Il eut mille fois la pensée d'abandonner la Ville, & de s'en aller dans des lieux où jamais Anselme ne le put voir, & où il ne pourroit lui-même jamais voir Camille; mais la satisfaction secrette, & le plaisir infini qu'il goûtoit en l'admirant, interrompit son dessein.

Il s'efforçoit & combattoit dans son interieur, pour reprimer, & ne pas sentir le contentement qui l'entrainoit à la considérer. Il blâmoit lui-même sa témérité lors qu'il étoit en particulier. Il se taxoit d'être mauvais ami, & encore plus mauvais Chrétien; il faisoit des comparaisons continuelles entre son procédé, & celui d'Anselme, & il concluoit toujours en disant, que la folie & la confiance d'Anselme, étoient infiniment plus grandes que son manque de fidélité; & que s'il pouvoit se disculper aussi aisément envers Dieu, qu'envers les hommes, de ce qu'il vouloit faire, il ne craindroit aucunement d'être puni pour une semblable faute.

En effet la beauté, & la bonté de Camille aussi bien que la fidélité de Lotaire, s'évanouirent en fumée, par l'occasion indiscrette, que leur avoit donnée son imprudent Epoux. Lotaire ne songeant plus qu'à sa passion, trois jours après qu'Anselme fut absent, &, pendant lesquels il avoit toûjours combattu pour résister à ses desirs, commença à presser Camille avec tant de force & de raisons, que lui dictoit son amour, qu'elle en resta étonnée, & sans lui répondre, elle se leva de son Siége & passa dans son appartement. Cette indifférence ne fut pas capable d'abattre l'espérance de Lotaire, son amour nourissoit son espoir, & la conduite de Camille ne fit qu'augmenter son ardeur. Camille de son côté, ne savoit quel parti prendre, voyant Lotaire capable d'un dessein dont elle n'auroit jamais pu le soupçonner. Elle crut qu'il n'étoit ni sûr ni honnête pour elle, de lui donner l'occasion de lui parler davantage, & elle résolut d'envoyer cette même nuit, comme elle le fit en effet, un Domestique à Anselme, avec un billet qu'elle lui écrivit, & qui contenoit ces paroles.

„De même qu'on a coutume de dire,
„qu'une Armée n'est jamais en sûreté sans
„son Général, ni une Place de guerre sans
„son Gouverneur; il convient encore moins
„à une femme mariée, & jeune, de se trou-
„ver sans son mari, à moins que des affai-
„res de la derniére importance ne causent
„cet éloignement. Je me trouve si mal
„sans vous, & votre absence m'est si in-
„suportable, que si vous ne venez prompt-
„tement, je serai obligée de m'en aller chez
„mes parens, quand même votre maison
„devroit rester seule, & sans être gardée.
„Le gardien que vous y avez laissé, cher-
„che plûtôt ses plaisirs que vos intérêts;
„soyez discret, je n'ai rien à vous dire de
plus,

„ plus, & il ne me convient pas de vous
„ en dire davantage.

A la réception de cette lettre, Anselme comprit que Lotaire avoit commencé son jeu, & que Camille lui avoit répondu comme lui Anselme le souhaitoit : content de cette nouvelle, il répondit à Camille, qu'elle ne changea aucunement de sa maniére de vivre dans sa maison, & qu'il seroit bientôt de retour. Camille resta interdite, & la réponse d'Anselme la troubla plus qu'elle ne l'étoit auparavant, parce qu'elle n'osoit ni demeurer chez elle, ni s'en aller chez ses Parens. En restant à sa maison, son honneur se trouvoit en un grand danger, & en prenant le parti de se refugier chez son Pére, elle désobéissoit formellement aux ordres de son Epoux. Enfin, elle prit le plus mauvais parti, qui fut de demeurer chez elle, & de ne point éviter la présence de Lotaire, pour ne point donner à parler à ses Domestiques ; elle étoit mortifiée d'avoir écrit comme elle l'avoit fait à son Epoux, de peur qu'il ne se mit en tête que Lotaire avoit sans doute remarqué en elle trop de liberté, qui lui avoit donné la hardiesse de lui manquer de respect. Se reposant sur sa vertu, elle se mit entre les mains de Dieu, & elle s'imagina pouvoir par son silence, résister à toutes les sollicitations de Lotaire, sans en vouloir avertir son mari, qui pouvoit en tirer vengeance, & s'en chagriner. Elle cherchoit même dans son esprit, comment elle pourroit disculper Lotaire auprès d'Anselme; quand celui-ci lui demanderoit l'occasion qui l'avoit déterminée à lui écrire le billet en question. Dans ces résolutions plus honnêtes que prudentes ni profitables, elle écouta le lendemain Lotaire, qui la pressa avec tant de force, que la fermeté de Camille commença à chanceler; sa vertu put à peine secourir ses yeux, pour qu'ils ne donnassent aucun signe de l'amoureuse compassion, que les larmes & les discours de Lotaire avoient excitée dans son cœur. Lotaire le connoissoit, & n'épargnoit rien pour l'enflammer encore davantage, enfin il lui parut à propos de presser vivement le Siége de cette forteresse, & de mettre à profit le tems que lui procuroit l'absence d'Anselme; il n'écouta plus que sa passion, il commença par élever jusqu'au Ciel la beauté de Camille, parce que rien n'est plus capable de faire triompher de la vanité des belles, que la même vanité mise dans la bouche de la flatterie.

En effet, Lotaire sût miner avec
tant

Nouvelle VIII.

tant d'attention, & de diligence le rocher de son intégrité, & la pressa avec une si vive batterie, que Camille ne pouvoit manquer de tomber, quand même elle auroit été de bronze. Il pleura, il pria, il offrit, il flata, il contesta, il feignit, en tant de maniéres, & avec une si grande apparence de sincérité, qu'il poussa à bout toute la prudence de Camille, & qu'il en triompha, lors qu'il y pensoit, & qu'il le desiroit le moins. Camille se rendit, Camille succomba, & comme elle, l'amitié de Lotaire pour Anselme. Exemple autentique qui nous fait connoître que l'amour est une passion, qu'on ne peut vaincre qu'en le fuyant, & que personne ne doit s'exposer à venir aux mains avec un ennemi si formidable & si puissant. Les forces humaines ne peuvent être vaincuës que par des forces divines. Léonelle fut la seule qui sut la foiblesse de sa Maîtresse; il n'étoit pas possible aux deux mauvais amis, aux deux nouveaux amans de la lui cacher. Lotaire ne voulut pas découvrir à Camille la manie d'Anselme, ni qu'il lui avoit donné lieu d'en venir à ce point, de crainte qu'elle ne lui sut pas si bon gré de son amour, & qu'elle ne crut que ce n'avoit été que par un pur hazard, sans y penser, & non pas par inclination, qu'il l'avoit aimée, & follicitée.

Anfelme revint à fa maifon au bout de quelques jours. Il ne s'apperçut aucunement de ce qui y manquoit ; c'étoit ce qu'il craignoit, & ce qu'il eftimoit davantage. Il courut fur le champ vers Lotaire, il le trouva dans fa maifon, & après s'être embraffés réciproquement, il lui demanda des nouvelles qui lui devoient caufer ou la mort, ou la vie. Les nouvelles que je te peux donner, mon cher ami Anfelme, lui dit Lotaire, font, que tu poffède une femme qui peut fervir d'Exemple, & être confidérée comme la perle des bonnes femmes ; l'air a emporté toutes les paroles que je lui ai adreffées ; elle n'a fait aucun cas des offres que je lui ai faites, elle n'a point voulu entendre parler des préfens dont je l'ai voulu régaler ; elle s'eft moquée des pleurs feintes que j'ai verfées en fa préfence ; en un mot, de même que Camille eft l'affemblage de toutes les perfections de la beauté, elle eft auffi le dépôt où fe trouvent l'honnêteté, la pureté, le recueillement, & toutes les autres vertus qui peuvent rendre une femme vertueufe, heureufe & recommandable. Reprens ton argent, mon ami, le voici, je n'ai pas eu lieu de l'employer. L'intégrité de Camille ne fe rend point

point à des choses si viles, telles que sont les présens & les promesses. Tranquillise-toi, Anselme, ne songe plus à de pareilles épreuves. Tu as passé à pied sec, la mer des difficultés & des soupçons que les femmes peuvent & ont coutume de causer; ne cherche point à entrer de nouveau dans les profonds abimes, de nouveaux inconvéniens, & garde-toi d'éprouver sous la conduite d'un nouveau Pilote, la force & la bonté du navire, que Dieu t'a destiné pour passer la Mer orageuse de ce Monde. Tu es dans un port assuré; maintien-t-y fortement sur les ancres de la considération, & restes-y jusqu'à-ce que tu sois obligé d'aller payer le tribut dont toute la puissance humaine ne peut s'exempter. Ce discours de Lotaire satisfit pleinement Anselme, qui y ajoûta foi, comme s'il avoit été prononcé par un Oracle. Il le pria néanmoins de vouloir bien continuer son jeu, quand ce ne seroit que par forme de curiosité, & de passe tems, quoi qu'il n'y eut pas lieu de croire, que dorenavant ses nouvelles sollicitations eussent un meilleur succès que les prémiéres. Il desiroit aussi que Lotaire envoyât à Camille quelques Vers à sa loüange, sous le nom de Cloris, parce qu'il lui feroit entendre qu'il étoit amoureux d'une Dame qu'elle nommoit ainsi, pour pouvoir lui donner des loüanges avec toute la circonspection que méritoit sa vertu ; & que si Lotaire ne vouloit pas composer ces Vers, qu'il s'en chargeoit volontiers lui-même. Vous n'avez pas besoin de prendre cette peine, répondit Lotaire, les Muses ne me sont pas si contraires qu'elles ne daignent me rendre quelques visites. Préviens Camille sur mes feintes amours, comme tu viens de le dire, je composerai les Vers qui ne seront pas aussi bons que l'exige un si beau Sujet; mais cependant auxquels je donnerai toute l'attention dont je suis capable. Telle fut la résolution de l'Impertinent, & du traître Ami. Aussi-tôt qu'Anselme fut de retour chez lui il demanda à sa femme ce dont elle s'étonnoit, qu'il ne lui eut pas demandé encore pour quelle occasion elle lui avoit envoyé le billet qu'elle lui avoit écrit. Camille lui répondit, qu'il lui avoit paru que Lotaire la regardoit avec un peu plus de hardiesse, que lors que son époux étoit à la maison; mais que la suite l'avoit détrompée, & qu'elle croioit que ce n'étoit qu'une fausse idée de son imagination, puis que Lotaire la fuyoit, & évitoit l'occasion de se trouver tête à tête

avec

avec elle. Anselme lui dit, qu'elle pouvoit bien se guérir d'un pareil soupçon, parce qu'il savoit que Lotaire étoit amoureux d'une des plus jolies filles de la Ville, à laquelle il donnoit des loüanges sous le nom de Cloris, & que quand même il ne le seroit pas, elle ne devoit pas douter de la sincérité de Lotaire, & de l'amitié qu'ils avoient l'un pour l'autre. Si Lotaire n'eut pas eu la précaution d'avertir Camille que ses amours pour Cloris étoient feintes, & qu'il n'avoit fait cette confidence à Anselme, que pour pouvoir s'occuper quelques momens à loüer Camille, elle n'auroit pas manqué de tomber dans les filets de la jalousie; mais étant avertie, cette scène se passa sans inquiétude.

Anselme étant le lendemain à table avec Lotaire, le pria de reciter quelque chose de ce qu'il avoit composé en faveur de Cloris sa Maîtresse, que Camille ne la connoissoit pas, Il pouvoit dire ce qu'il jugeroit à propos. Quand même elle la connoîtroit, répondit Lotaire, je ne déguiserois rien, puisque lors qu'un amant loüe sa maitresse sur sa beauté, & la taxe de cruelle, il ne fait aucun tort à sa réputation; mais soit ce qu'il vous plaira, tout ce que je puis vous dire, est que
j'a-

j'adressai hier à l'ingrate Cloris le Sonnet suivant.

SONNET.

Tandis que le sommeil dans un profond silence,
Répend sur les mortels ses paisibles pavôts,
Je me plains à Cloris de son indiférence,
Puis j'implore le Ciel sans trouver de repos.

Au lever du Soleil, ma plainte recommence,
Et je ressens encor mille tourmens nouveaux,
Je passe tout le jour dans la même souffrance,
Attendant vainement la fin de tant de maux.

La nuit revient hélas! & je me plains de même,
Tout jouit du repos quand mon mal est extrême,
Je passe, jour & nuit, à me plaindre, à souffrir;

Quel doit être le prix de ma persévérance?
Et le Ciel & Cloris m'otent toute espérance;
Faut-il me contenter d'aimer & de mourir?

Camil-

Camille ne trouva pas le Sonnet mauvais, mais Anselme le trouva excellent. Il le loüa fort, & dit que la Dame qui ne correspondoit pas à de pareils sentimens étoit ingratte & cruelle. Camille dit alors, quoi, doit on ajoûter foi à tous les Sermens des Amans comme à des vérités réelles? Comme Poëtes ils ne disent pas toûjours des vérités, mais comme amans ils en disent moins qu'il n'y en a; mais ce qu'ils disent est toûjours véritable, répondit Lotaire. Celà est ainsi repliqua Anselme, pour appuyer ce que Lotaire venoit de dire à Camille, aussi éloignée de penser au piége que lui tendoit Anselme, qu'éperduement amoureuse de Lotaire. Charmée dans son interieur, de ce qui se passoit entr'elle & lui, & persuadée que tous ses desirs comme ses écris s'adressoient à elle, & qu'elle étoit la véritable Cloris, elle le pria de lui reciter un autre Sonnet, ou d'autres Vers s'il en savoit; j'en fai un autre, répondit Lotaire; mais je ne le crois pas meilleur que le prémier, vous en pourrez juger, le voici.

SONNET.

Je me meurs, & ma mort est sûre inévitable,
Pour le croire, Cloris, à quoi bon tant d'effort ?
Belle ingratte, en mourant, j'estime mieux mon sort,
Que de cesser d'aimer, ce que je trouve aimable.

Mon amour est constant, sincére, inaltérable
Rien pour le diminuer, ne peut être assez fort;
Il brave les mépris, les rigueurs, & la mort ;
Son caractére forme un Amant véritable.

Malheur à l'Imprudent qui parcourt au hazard,
Sans Pilote, sans Port, sans Boussole, sans Art,
Une Mer inconnuë, & sujette à l'orage.

Mais pourquoi murmurer ? s'il faut mourir un jour !
Qu'il est beau de mourir par les mains de l'Amour !
Et mourir pour Cloris, quel plus heureux Naufrage !

Ansel-

Anselme ne manqua pas de loüer le second Sonnet comme il avoit fait le premier, & de cette sorte, il ajoûtoit maille sur maille, à la chaîne dont il se chargeoit, & qui augmentoit son deshonneur. Plus Lotaire le déshonoroit, plus il se croyoit honoré ; & plus Camille fortifioit le mépris qu'elle commençoit à ressentir pour son époux, plus son époux avoit bonne opinion d'elle, il la croyoit au comble de la vertu & de la réputation.

Camille se trouvant un jour seule avec sa Demoiselle, elle lui dit, je suis confuse, ma chére Léonelle, lors que je fais réflexion que je n'ai pas sû me faire valoir ; je devois laisser passer plus de tems, & faire acheter plus chérement les faveurs que j'ai accordées si promptement à Lotaire. Je crains qu'il ne m'accuse de trop d'empressement, & de trop de légéreté, sans s'embarasser si je pouvois résister à la violence avec laquelle il m'a persécutée. Ne vous faites point de chimére Madame, répondit Leonelle ; vous ne devez pas vous repentir, ni craindre de perdre l'estime de Lotaire, pour lui avoir accordé un bien qui fait tout son bonheur. On dit communément, que quiconque donne promptement, donne deux fois. On dit aussi, reprit Camille, qu'on estime moins ce qui coute peu à aquérir. Ce proverbe ne vous regarde pas, répondit Léonelle, parce que l'amour selon ce que j'ai entendu dire, nous conduit à sa fantaisie; il vole pour les uns, il va à pas de tortuë pour les autres; il refroidit les uns, il embrase les autres; il blesse celui-ci, il tuë celui-là. Un même moment voit commencer, & triompher ses desirs. Il assiége une Place le matin, & le soir il en est le maître, il n'y a point de force qui lui résiste. De quoi donc vous étonnez-vous? & que craignez-vous? L'Amour s'est servi de l'absence de Monsieur pour nous livrer. Il avoit limité le tems de notre défaite, nous ne pouvions pas tenir davantage, parce que le retour d'Anselme auroit rendu imparfait l'ouvrage que l'amour avoit tramé. Ce Dieu n'a pas de meilleur Ministre pour l'exécution de ses desseins que l'occasion. Il s'en sert dans toutes ses entreprises, & sur tout dès leur commencement. Je sai tout cela parfaitement bien, & plus par expérience que pour l'avoir entendu dire. Je m'expliquerai quelque jour plus clairement avec vous, Madame, quoi que jeune, je ne suis pas moins de chair & de sang que les autres. Comment, ma chére Maîtresse, pouviez-vous ne ne pas vous livrer entiérement à Lotaire, après avoir lu dans ses yeux, & connu par ses soûpirs, ses discours, ses promesses, & ses présens, l'ardeur qu'il avoit pour vos charmes; & combien par ses belles qualités, il étoit digne d'être aimé ? Pourquoi donc vous allez-vous mettre dans l'esprit de vains scrupules, & de fâcheuses chiméres ? assurez-vous que Lotaire vous aime, & vous estime autant que vous l'aimez, & que vous l'estimez. Vivez tranquille & contente, puisqu'étant tombée dans les piéges de l'amour, vous avez la consolation d'avoir pour vainqueur le plus galant des hommes, & celui qui vous chérit le plus. Non seulement il posséde les quatre qualités que l'on requiert dans les amans de bonne trempe sous l'emblême de quatre SS, on peut dire même qu'il en posséde tout un A. B. C. daignez m'écouter, & vous verrez si je me trompe. Il est à mes yeux aimable, bon, courtois, désinterressé ; éperdu d'amour, ferme, gaillard, honnête, illustre, libéral, modeste, naturel, opulent, patient, raisonnable, & ce que signifient les deux S. S. tendre, vrai, pour la lettre X. ne lui convient pas, pour être trop rude. L'Y va avec l'I qui est déja passé ; enfin, zèlé pour vo-

tre

re honneur. Camille se mit à rire de l'A.B.C. de sa suivante, & la trouva encore plus habile en intrigues amoureuses qu'elle ne le disoit. Cette fille avoüa franchement à sa Maîtresse le commerce qu'elle avoit avec un jeune homme de condition de la Ville. Camille fut troublée de cet aveu, considérant que l'amour de sa Suivante, étoit capable de lui faire un grand tort. Elle voulut savoir s'il n'y avoit entr'eux que des paroles, la fille lui répondit hardiment, & effrontement, que la chose alloit plus loin.

Il est sûr que la foiblesse des Maîtresses donne de l'effronterie à leurs Suivantes, qui, appercevant que leurs Dames font un faux pas, s'embarrassent fort peu de paroître boiteuses. Tout ce que put faire Camille dans l'embarras où elle se trouvoit, fut de prier Léonelle de ne pas parler à son amant de ce qu'elle savoit, & de se conduire avec tant de prudence, qu'Anselme ni Lotaire n'en pussent avoir connoissance. Léonelle promit tout, mais elle s'aquitta si mal de sa promesse, que Camille eut bien-tôt sujet de s'assurer que sa crainte n'avoit pas été mal fondée. La mauvaise & téméraire Léonelle, voyant les suites du commerce de Camille, fut assez hardie que d'introduire son Amant

dans

dans la Maison d'Anfelme, perſuadée que Camille n'oſeroit pas l'inquiéter à ce ſujet, quand même elle le verroit chez elle. C'eſt là le fruit ordinaire des foibleſſes des Maîtreſſes, qui ſe rendent Eſclaves de leurs propres Servantes; & ſe voyent obligées de couvrir leur turpitude, & leur infamie, ce que Camille éprouva. Elle vit pluſieurs fois dans ſa maiſon Léonelle avec ſon Amant, ſans oſer la reprendre, contrainte même de ſervir ſa paſſion, & de lui aider à cacher ce jeune homme, de peur que ſon Mari ne le découvrit. Cela n'empêcha pas qu'un matin à la pointe du jour, Lotaire ne vit ſortir de chez Anſelme l'amant de Léonelle. Ne pouvant croire ce qu'il voyoit, Lotaire le prit d'abord pour un phantôme, mais le voiant marcher, s'envelopper de ſon manteau, & ſe cacher dedans avec beaucoup de ſoin, il revint de ſa prémiére erreur, & donna dans une autre, qui les auroient tous perdus ſans l'induſtrie de Camille.

Il s'imagina que cet homme qu'il avoit vû ſortir à une heure induë de chez Anſelme, n'y étoit pas entré pour Léonelle, il ne ſongea pas même à Léonelle, plus que ſi jamais elle n'avoit été au monde; il crut que Camille avoit été auſſi facile envers un autre, qu'elle l'avoit fait paroître à son égard : autres suites qui procédent de la mauvaise conduite des femmes, qui se voyent méprisées par ceux mêmes qui les ont recherchées & suppliées, avant de les séduire. Ceux-ci se persuadent qu'elles sont encore plus favorables à d'autres qu'à eux, & le moindre soupçon les mêt en campagne. Il semble que Lotaire perdit l'esprit dans cette occasion, & que ces prudens discours, dont il se servoit ordinairement, s'étoient échappés de sa mémoire. Sans aucune considération, transporté de fureur, aveuglé par la jalousie qui le déchiroit intérieurement, ne respirant que de se venger de Camille qui ne l'avoit point offensé, sans attendre qu'Anselme fut levé, il entra brusquement chez lui.

Anselme lui dit-il, il y a déja plusieurs jours, que je me fais violence pour ne te pas découvrir une chose, qu'il ne m'est plus possible de te céler. Saches donc, que la vertu de Camille est poussée à bout, & qu'elle est à ma disposition ; si je ne t'en ai pas averti plûtôt, ça été pour voir si ce n'étoit pas une pure fantaisie de sa part, ou une ruse pour m'éprouver, & découvrir si les sollicitations que je ne lui ai faites que par ton ordre, étoient réelles. Je m'attendois que suivant son devoir,,

voir, & ce que nous pensions d'elle, elle t'auroit fait part de tout ce qui se passoit ; mais voyant qu'elle ne te communique rien, je connois que les promesses qu'elle m'a faites, sont effectives, & qu'elle les mettra en exécution, la première fois que tu iras en campagne, dans le Cabinet où tu as tes joyaux, (c'étoit l'endroit précisément où Camille avoit coutume de l'entretenir,) mais je ne veux pas que tu te vanges avec trop de précipitation. Tu n'es encore offensé que par la pensée, & il se pourroit faire qu'avant de réaliser l'offense, Camille ne changeât de sentiment, & ne se repentît de m'avoir fait de semblables promesses. Puisque tu t'es bien trouvé jusqu'ici de mes conseils, sers-toi de celui que je vais te donner, afin que tu puisses te convaincre par toi-même, & prendre les mesures qui te conviendront, avec la prudence nécessaire en pareil cas. Fais croire à Camille que tu vas en campagne, selon ta coutume & trouves le moyen de te cacher dans le Cabinet où les tapis, & les autres meubles t'en fournissent l'occasion, tu verras alors par tes propres yeux, comme moi par les miens, ce que pense Camille ; & si elle se prête à l'infamie que nous devons plûtôt craindre

dre que desirer, tu pourras venger ton honneur avec tout le secret, le silence & la discretion possible. Anselme demeura étonné, interdit, & confus à une nouvelle si désagréable, d'autant plus, que, bien loin de s'y attendre, il se flattoit déja de la victoire de son épouse sur les sollicitations prétendues de Lotaire. Il demeura un peu de tems, tout éperdu, les yeux baissés en terre, comme un homme sans sentiment ; à la fin, tu as fait, lui dit-il, tout ce que je devois attendre de ton amitié ; je suivrai tes conseils de point en point, fais ce que tu voudras, & garde-moi le secret qui convient dans une affaire de cette importance. Lotaire le lui promit, mais à peine eut-il quitté Anselme, qu'il se repentit de ce qu'il venoit de faire si inconsidérement, ayant en main un chemin moins barbare, & moins deshonorable pour pouvoir se venger de Camille. Il maudissoit son jugement, il blâmoit son imprudence, & il ignoroit quel reméde il apporteroit au mal, & comment il se tireroit de ce mauvais pas.

Il se détermina à faire part à Camille de ce qui s'étoit passé, & comme il pouvoit la voir à toute heure, ce jour-là même il la trouva seule. Dès qu'il fut arri-

arrivé chez elle, ah, mon cher Lotaire, lui dit-elle, j'ai sur le cœur une chose qui me tourmente si fort, que j'ai lieu d'en appréhender les funestes suites. Léonelle a l'effronterie de faire venir toutes les nuits, un Amant dans sa chambre, où il demeure jusqu'au jour. Jugez à quel point ma réputation y est interressée, & ce que pourront penser ceux qui verront sortir cet homme de ma maison à une telle heure ? ce qui me chagrine le plus, c'est de me voir obligée de dissimuler, & de ne pouvoir ni la châtier, ni la gronder. Depuis qu'elle est devenuë la confidente de nos secrets, j'ai à la bouche un frein qui m'empêche de divulguer les siens, & je crains qu'il ne m'arrive quelque fatale avanture.

Lotaire crut d'abord que ce qu'il venoit d'entendre, étoit un artifice dont se servoit Camille, pour lui faire croire que celui qu'il avoit vû sortir le matin, étoit l'amant de Léonelle, & non le sien ; mais la voyant pleurer, s'affliger, & lui demander conseil, il ne douta plus de sa sincérité. Sa confusion égala son repentir, il la consola, & lui promit de reprimer l'insolence de Léonelle. Il lui apprit en suite tout ce que la fureur & la jalousie lui avoit fait dire à Anselme, & la résolution que celui-ci avoit prise, de se cacher dans son Cabinet, pour le rendre témoin de l'infidélité de son Epouse. Il lui demanda mille pardons de sa folie, & la pria de lui donner le conseil dont il avoit besoin, pour sortir du Labirinte où l'avoit fouré son imprudence.

Camille accablée d'entendre ce que lui disoit Lotaire, s'emporta contre lui, lui fit les reproches les plus sanglans, & les plus raisonnables, & condamna comme elle le méritoit, la conduite extravagante, & si peu mesurée, qu'il avoit tenuë. Mais, comme les femmes possèdent naturellement un génie plus alerte, & plus fécond que les hommes, soit pour le bien, soit pour le mal, ce qui vient à leur manquer lors qu'elles veulent réflèchir mûrement; Camille trouva dans son esprit de quoi reparer l'indiscretion presqu'irréparable de Lotaire, & lui dit, qu'il conseillât à Anselme de se cacher le lendemain, comme il l'avoit prémédité, & qu'elle espéroit de ce Stratagème, l'avantage de se pouvoir voir dans la suite sans embarras, & sans crainte; elle se contenta pour lors, de l'avertir qu'il eut soin lors qu'Anselme se seroit caché, de venir quand Léonelle l'appelleroit, & de répondre à tout ce qu'elle lui diroit, comme

me s'il ne croioit pas qu'Anselme l'écoutât. Lotaire voulut savoir tout au long qu'elle étoit son intention, pour pouvoir garder de plus justes mesures; mais Camille lui dit, qu'il n'y avoit d'autres mesure à prendre, que de répondre directement à ses interrogations. Elle ne vouloit pas lui découvrir son dessein, de crainte qu'il n'y trouvât à redire, ou qu'il en cherchât d'autres qui ne pouvoient jamais être meilleurs. Lotaire la quitta.

Anselme partit le lendemain sous prétexte d'aller à la maison de Campagne de son Ami, il revint, & se cacha aisément, parce que Camille & Léonelle lui en facilitoient les moyens. On peut s'imaginer son inquiétude & son trouble, s'attendant à tout moment à voir par ses propres yeux, les tristes circonstances de la perte de son honneur, & du bien inestimable qu'il croyoit posséder dans sa chére Camille. Camille & Léonelle surent qu'Anselme étoit caché, entrérent dans le Cabinet, & à peine Camille y eut elle mis le pied, qu'elle poussa un profond soûpir, & dit à Léonelle, hélas! ma chére Léonelle, ne vaudroit-il pas mieux avant que j'en vienne à l'extrêmité que je médite, & que je veux te cacher, de peur que tu ne m'en empê-

empêches, que tu pris le poignard d'Anselme que je t'ai demandé, & que tu m'en perçasses le cœur ? mais non, il n'est pas juste que je porte la peine d'un mal, quand je ne suis point coupable ? Je suis bien aise de savoir auparavant, qu'elle foiblesse les yeux hardis & malhonnètes de Lotaire ont pu remarquer en moi, pour avoir l'insolence de me faire une déclaration aussi criminelle comme est celle qu'il m'a faite au mépris de son Ami, & à mon deshonneur. Regarde par cette fnêtre s'il ne paroit point dans la ruë, & appelle-le : il doit y ètre, voici l'heure qu'il croit trouver favorable pour couronner sa malheureuse intention ; mais il se trompera, je lui ferai connoître que la mienne est aussi honorable, que la sienne est téméraire. Mais, Madame, au nom de Dieu, répondit la rusée, & la fourbe Léonelle, dites-moi, je vous prie, ce que vous voulez faire de ce Poignard ? Avez-vous envie de vous tuer, ou de tuer Lotaire ? L'une & l'autre extrèmité, sont également contraires à votre honneur, & à votre réputation ; il vaut mieux dissimuler, & faire en sorte que cet homme n'entre point dans la maison, ou du moins, qu'il puisse nous y trouver seules. Considérez, Madame, que

que nous ne sommes que des femmes, naturellement foibles, & que lui, est un homme, & un homme résolu, aveuglé, & emporté par sa passion ; que sait-on, si avant que vous puissiez exécuter votre dessein, il n'en viendra pas à quelqu'extrèmité plus fâcheuses, que s'il vous ôtoit la vie ? Enfin, Madame, supposez que vous l'ayez tué, comme je crois que c'est votre intention, que ferons-nous de son Corps après sa mort ? Anselme, répondit Camille, aura soin de l'enterrer ; n'est-il pas juste qu'il se fasse un plaisir d'ensévelir sous la terre sa propre infâmie. Appelle-le, finissons, il me semble que plus je tarde à me venger, plus je manque à la fidélité que je dois à mon Epoux, & à reparer son honneur & le mien.

Anselme écoutoit tout ce discours avec une grande attention, & à chaque parole de Camille, il changeoit de sentimens. Mais, lors qu'il la vit déterminée à tuer Lotaire, il fut sur le point de se découvrir, pour empêcher une si funeste Catastrophe ; il voulut cependant voir jusqu'où iroit une si fiére & si loüable résolution, se réservant de sortir du lieu où il étoit caché, lors qu'il en seroit tems, pour rompre le coup. Il prit alors à Camille une grande foiblesse. Elle tomba sur un lit qui

qui se trouvoit proche, ce qu'appercevant Léonelle, elle commença à pleurer amérement & à s'écrier, ah, malheureuse que je suis ! serois-je assez infortunée, pour voir mourir dans mes bras, la fleur & la couronne des femmes vertueuses, l'exemple de la chasteté ? Enfin, elle fit des lamentations si touchantes, qu'on l'eût prise pour la fille du monde la plus affligée, & la plus fidéle ; & sa Maîtresse pour une nouvelle Pénélope. Camille ne fut pas long-tems à revenir de son feint évanouïssement, & dit aussi-tôt à Léonelle, pourquoi Léonelle ne vas-tu pas me chercher le plus infidéle ami que le Soleil ait pu voir, & que les Ténèbres de la nuit on put cacher ? Achève, cours, hâte-toi, marche, que le retardement n'éteigne pas le feu de ma juste colére, & ne fasse pas évaporer en menaces & en injures, la vengeance légitime que j'ai lieu d'en attendre. Je vais sur le champ l'appeller, Madame, répondit Léonelle, mais auparavant je vous prie de me donner ce Poignard, de peur qu'en mon absence, vous ne vous en serviez de maniére à faire répandre des larmes éternelles à tous ceux qui vous aiment. Va sans crainte, ma chére Léonelle, lui dit Camille, quoi que je sois résolue de

venger

venger mon honneur & ma réputation, je ne serai pas assez simple d'imiter Lucrèce, qui à ce qu'on rapporte, se tua elle-même sans avoir commis de crime, & sans avoir ôté la vie à son Ravisseur. Je mourrai volontiers, mais ce ne sera qu'après avoir assouvi ma vengeance, dans le sang de celui qui m'oblige à pleurer ses crimes & non pas les miens. Léonelle se fit prier & presser avant d'aller appeller Lotaire; elle sortit enfin, & laissa seule Camille, qui commença à parler ainsi : helas ! n'aurois-je pas mieux fait de congédier Lotaire selon ma coutume, que de l'exposer à penser mal de moi, jusqu'à-ce que j'aye eu lieu de le détromper? Oui, sans doute; mais je ne serois pas vengée, & l'honneur de mon Epoux ne seroit pas satisfait s'il lui en coutoit si peu : que le traitre paye avec la vie un attentat si honteux. Que tout le monde approuve, si jamais mon malheur vient à sa connoissance, que Camille non seulement a gardé à son Epoux une fidélité inviolable, mais qu'elle a encore sû tirer vengeance de celui qui a eu la témérité de l'offencer. Cependant je crois qu'il seroit plus à propos d'informer Anselme de ce qui se passe; mais ne le lui ai-je pas déja fait savoir par la lettre que je lui ai écrite

écrite à la Campagne? Quel reméde apportera-t-il au mal, sa trop grande bonté, & son aveugle confiance pour son ami, n'ont jamais pû lui laisser croire qu'il en vouloit à son honneur. Combien de tems ai-je moi-même passé, sans y ajoûter foi, & je ne le croirois pas encore, s'il n'eut pas porté l'insolence au dernier point, & si ses présens, ses promesses, & ses larmes continuelles, me permettoient d'en douter? Mais à quoi bon ces vains discours? Une résolution hardie a-t-elle besoin de conseil? non sans doute. Allons traître, la vengeance est toute prête; entre, faussaire, viens, meurs, & achève une vie criminelle, & qu'il arrive tout ce qui pourra arriver. Pure, je suis entrée au pouvoir de mon Epoux, j'en sortirai grace au Ciel de même, quand j'en devrois sortir baignée dans mon sang, qui n'a point encore été souillé, & dans celui du plus faux ami, qui ait paru dans le monde. Camille en proférant ces paroles, se promenoit dans la Chambre le Poignard nud à la main, marchant à grands pas, & faisant des contorsions si effroyables qu'elle paroissoit folle; son maintien n'étoit point d'une Dame délicate & bien élevée; mais d'un Coquin au désespoir.

Anselme

Anselme de dessous les tapis où il s'étoit caché, contemploit son Epouse avec admiration, & il lui paroissoit qu'il n'en devoit pas voir davantage, pour le guérir de tous les soupçons imaginables. Il souhaitoit que Lotaire ne vint pas, craignant qu'il ne résultât quelque triste avanture de cette visite. Il alloit sortir pour embrasser, & désabuser Camille ; mais il se retint, lors qu'il vit entrer Léonelle tenant Lotaire par la main. Dès que Camille l'eut apperçu, elle fit avec son Poignard une grande raye sur le plancher, & lui dit : fais une sérieuse attention, Lotaire, à ce que je te vais dire, si par malheur tu avois l'audace de passer cette raye, & même d'en approcher, je me donnerai sur le champ de ce Poignard dans le sein, & avant de me répondre, écoute-moi, & tu me répondras ensuite comme tu le jugeras à propos. Dis-moi prémiérement, si tu connois Anselme mon Epoux, & pour qui tu le connois ? Secondement, je veux savoir aussi si je suis bien connuë de toi ? Réponds-moi juste, sans te troubler, & sans penser trop à ce que tu dois me répondre ; mes interrogations sont claires, & ne contiennent aucune difficulté.

Lotaire étoit trop éclairé pour ne s'être

tre pas douté du deſſein de Camille, lorsqu'elle lui avoit dit de faire cacher ſon Mari; il lui répondit avec tant de prudence & de juſteſſe, que Camille & lui donnérent tant de couleurs à leur artifice, qu'il pouvoit paſſer pour une vérité inconteſtable. Je ne penſois pas, dit-il, aimable Camille, que vous me fiſſiez appeller pour me demander des choſes ſi éloignées de mon attente, ſi vous le faites pour différer la grace que vous m'avez promiſe, vous deviez vous y prendre de plus loin, parce que plus l'eſpérance de poſſéder un bien eſt proche, plus celui qui le deſire eſt tourmenté, quand cette poſſeſſion s'éloigne; mais pour que vous ne puiſſiez pas vous plaindre, que je ne réponds point à vos demandes; je vous dis, que je connois parfaitement bien Anſelme votre Epoux, & que nous nous connoiſſons dès notre enfance. Je ne vous parlerai point de notre amitié; vous ſavez ce qui en eſt; & ſi j'ai des ſentimens qui ſemblent la trahir, c'eſt à l'Amour qu'il s'en faut prendre; lui qui rend excuſables de plus grands Crimes. Pour vous, je vous connois, & je vous eſtime autant qu'il le fait; ſi cela n'étoit pas, & que vous euſſiez moins de mérite, je n'aurois point été capable

de

de rompre les liens sacrés de la plus étroite amitié, & de faire des actions indignes de moi, comme celles que l'amour le plus violent me fait faire. Si cela est, reprit Camille, injuste & perfide ami, avec quel front, ôses-tu paroitre devant moi, après une lâcheté qui ne deshonore pas moins Anselme que moi-même? Peut-être, malheureuse que je suis, pour en venir à une déclaration indigne de ta naissance, auras-tu pris le prétexte de quelques libertés sans conséquence, auxquelles je n'aurai jamais fait réflexion, où je peux être tombée par inadvertence, comme cela arrive à toutes les femmes, & que tu auras mal interprêtées. Mais, dis-moi, traître, quand m'as-tu vû répondre à tes desirs, ou de parole, ou de quelqu'autre maniére, qui t'ait pû donner le plus leger espoir de contenter ton infâme passion? Quand n'ai-je pas rejetté avec mépris, & avec rigueur tes discours passionnés? Tes promesses, tes présens m'ont-ils jamais ébranlée, ou rendue sensible? Mais, parce que je ne crois pas qu'une passion amoureuse puisse longtems se maintenir sans espoir, je veux bien m'attribuer la faute de ton effronterie; sans doute que quelque manque d'attention de ma part, aura nourri tes mauvais desirs, & ainsi je prétens me châtier, & porter la peine que mérite ton crime. Et afin que tu te persuades qu'étant si cruelle envers moi-même, je ne pouvois pas manquer de l'être à ton égard, j'ai voulu que tu fusse témoin du Sacrifice que je dois à l'honneur d'un mari si galant homme, que tu as outragé autant qu'il t'a été possible, & que j'ai offensé de même par le peu de précaution que j'ai eû, (si j'en ai manqué,) de fuir toutes les occasions qui pouvoient favoriser, ou nourir ta mauvaise intention. Je te répéte encore, que le soupçon de n'avoir pas fait tout ce que je pouvois, & devois faire, pour t'empêcher d'avoir des sentimens si extravagans, est ce qui me tourmente, & ce que je veux châtier par mes propres mains : si un autre Boureau me châtioit, ma faute en deviendroit plus éclatante; néanmoins avant de mourir, je veux arracher la vie à celui qui peut satisfaire ma juste vengeance, & que j'ai en mon pouvoir, lui voulant faire souffrir la peine à laquelle une justice intègre & désinteressée, doit condamner une personne qui m'a réduite à de pareilles extrèmités.

Camille se jetta alors avec une impétuosité, & une force incroyable sur Lotaire,

taire, le Poignard à la main, feignant si bien qu'elle desiroit le lui enfoncer dans le cœur, qu'il étoit impossible de connoître si son dessein étoit feint, ou réel. Lotaire eut besoin de toute sa force, & de toute son adresse pour se garantir du coup que lui porta Camille, qui joüa si naturellement son rôle, que pour mieux colorer son prétendu désespoir, elle voulut teindre le Poignard de son propre sang. Voyant donc qu'elle ne pouvoit, ou feignant de ne pouvoir blesser Lotaire, elle s'écria, puisque le sort injuste ne me permêt pas de me satisfaire en tout, du moins il ne sera pas assez puissant pour m'empêcher de me contenter en partie; en même tems, faisant un effort pour débarrasser sa main qui tenoit le Poignard, & que Lotaire avoit saisi, elle la retira, & choisissant un endroit qui ne fut pas dangereux; elle se frappa du Poignard au dessus de la mamelle, en tirant vers l'épaule gauche, & se laissa tomber à terre comme évanouïe. Léonelle & Lotaire étonnés de voir couler le sang de Camille étenduë par terre, ne savoient que penser. Lotaire tout blême & tout effrayé, retira promptement le Poignard, & trouvant la blessure fort legére, cessa de craindre pour Camille, & admira le jugement, la finesse, & la

péné-

pénétration de cette aimable femme. Pour joüer aussi son personnage, il se jetta sur le corps de Camille en poussant des gemissemens, & en faisant des cris qui excitoient la compassion, comme s'il elle eut été morte : Il se donna mille malédictions à lui même, & à celui qui l'avoit mis dans un si déplorable embarras; sachant qu'Anselme l'écoutoit, il s'exprimoit de maniére que quiconque l'auroit entendu, auroit dit qu'il étoit plus à plaindre que Camille, quand même elle eut perdu la vie. Léonelle prit sa Maîtresse entre ses bras, & la mit sur un lit, priant Lotaire d'aller chercher un Chirurgien qui put la pancer secrètement. Elle le supplia aussi de lui conseiller ce qu'elle devoit dire à Anselme, touchant la blessure de sa Maîtresse, s'il revenoit de la Campagne avant qu'elle en fut guérie. Dites tout ce qu'il vous plaira, répondit Lotaire, je ne suis point en état de vous donner aucun conseil, tâchez seulement d'arrêter le sang de votre Maîtresse; pour moi, je m'en vais dans un endroit où je ne serai jamais vû de personne. Il sortit aussi-tôt de la maison avec des marques de la plus vive douleur.

Dès qu'il se vit seul, & où qui que ce fut ne pouvoit l'apercevoir; il fit mille signes

gnes de croix en admirant l'induſtrie de Camille, & la conduite ſi bien feinte de Léonelle: il ſe perſuadoit que le bon Anſelme ſe figuroit d'avoir pour femme une autre Porcia, & il attendoit avec impatience le moment qu'il le trouveroit, pour loüer l'un le menſonge, l'autre la vérité; mais la mieux déguiſée qu'on puiſſe imaginer. Léonelle étancha le ſang de ſa Maitreſſe, dont la playe n'étoit pas plus grande qu'elle devoit l'être pour appuyer ſa fourberie; elle la lava avec un peu de vin chaud, & la banda le mieux qu'elle pût, diſant des choſes ſi admirables en la panſant, qu'elle devoit faire croire à Anſelme, qu'il avoit en Camille un temple de chaſteté. Camille de ſon côté, fortifioit les paroles de Léonelle. Elle ſe traitoit de lâche & de peu de cœur; le courage lui ayant manqué, diſoit-elle, lors qu'elle en avoit le plus de beſoin pour s'arracher une vie qu'elle avoit en horreur. Elle demandoit conſeil à ſa Suivante, ſavoir ſi elle avoüeroit à ſon cher Epoux, ce qui venoit de ſe paſſer. Léonelle lui répondit, qu'elle n'en devoit rien dire à Anſelme, parce qu'autrement il ſe verroit obligé de tirer vengeance de Lotaire, ce qui ne pouvoit ſe faire ſans ſe riſquer; & qu'une femme vertueuſe, non seulement ne devoit point exposer son mari, mais qu'elle ne devoit jamais même lui donner la moindre occasion d'en venir à de semblables extrèmités.

Ton conseil me paroit bon, & je le suivrai, dit Camille; mais il faut bien chercher quelque défaite pour le satisfaire, lors qu'il voudra savoir d'où m'est venu cette blessure dont il ne manquera pas de s'appercevoir; que voulez-vous que je vous conseille, Madame, moi, qui ne peut dire un mensonge, même en badinant? & moi, ma chére amie, répliqua Camille, que puis-je inventer, lors que je ne serois pas capable de forger une défaite pour me sauver la vie? Helas! puis que nous ne pouvons cacher cette avanture, il vaudra mieux l'avouer ingénûment, que nous faire passer pour avoir falsifié la vérité? Ne vous mettez pas en peine, répondit Léonelle, d'ici à demain, j'ai le tems de penser à ce que nous dirons à votre mari; la playe, étant dans le lieu où elle est, pourra peut-être se cacher sans qu'Anselme la puisse découvtir, & le Ciel daignera favoriser nos justes & vertueux sentimens. Tranquillisez-vous, Madame, & faites en sorte de modérer votre émotion, afin que Monsieur ne vous trouve pas si troublée. Je me charge

charge du reste, & Dieu ne nous abandonnera pas.

Anselme avoit écouté avec beaucoup d'attention ces merveilleux discours, & avoit vû représenter la tragédie de la mort de son honneur, qui avoit été exécutée si bien, & si naturellement, par nos hypocrites personnages, que leur feinte représentation paroissoit la vérité même. Il aspiroit après la nuit, pour pouvoir sortir de sa maison, & aller s'entretenir avec Lotaire son bon ami, sur ce qu'il avoit vû de la vertu de son épouse, & lui faire part de la joye qu'il avoit de posséder une perle si précieuse, de la beauté de laquelle il avoit fait l'épreuve. Camille & Léonelle eurent soin de lui donner les moyens de sortir, & lui sur le champ, fut chez Lotaire qu'il rencontra. Il l'embrassa mille fois, & pénétré de joye, il s'étendit sur les loüanges de Camille, dont il élevoit la vertu jusqu'aux nuës. Lotaire l'écouta sans paroître participer à sa satisfaction; il avoit toûjours devant les yeux combien son ami prenoit le change, & avec quelle noirceur lui-même aidoit à le tromper. Anselme s'appercevoit bien de la froideur de Lotaire, mais il l'attribuoit à la blessure de Camille, dont il pouvoit se croire coupable. Il

lui

lui dit pour le consoler, qu'il ne devoit pas s'affliger de cet accident, que la playe n'étoit point considérable, puis que Camille & Léonelle étoient tombées d'accord de ne lui en point parler; qu'il n'avoit donc aucun sujet de craindre, mais qu'il devoit se réjouïr avec lui, puis que par son moyen, il jouïssoit du bonheur le plus parfait qu'il eut pu desirer; & que dorénavant il vouloit que tous ses soins, fussent de faire des Vers à la loüange de Camille, pour éterniser la mémoire de son nom, & de sa vertu dans les Siécles les plus reculés. Lotaire loüa l'idée de son ami, & lui promit d'y travailler de tout son pouvoir. Voilà de quelle maniére Anselme demeura l'homme du monde le plus gracieusement leuré. Il croyoit mener dans sa maison un ami qui cimentoit sa gloire, tandis qu'il le deshonoroit & le perdoit de réputation. Camille recevoit Lotaire de mauvaise grace, quoi qu'elle l'adorât dans le cœur. Cette fourberie dura quelques tems, mais au bout de peu de mois, ce jeu si bien concerté, fit l'entretien de tout le monde, & l'impertinente curiosité d'Anselme, lui couta la vie, après la perte de son honneur.

Anselme se croyant très assuré de la vertu

vertu de sa femme, étoit dans une joye extrême, sans la moindre inquiétude, & vivoit le plus content des hommes. Camille faisoit à dessein mauvais visage à Lotaire, pour mieux tromper Anselme; & Lotaire pour donner un nouveau crédit à la fourberie, prioit tous les jours son ami de le dispenser de venir chez lui, puis que Camille le recevoit si mal. Anselme dans la bonne foi, lui répondit, qu'il ne lui donnât pas ce déplaisir; de sorte, qu'Anselme croyant qu'il ne manquoit à sa félicité, que de voir sa femme en bonne intelligence avec Lotaire, étoit lui même l'architecte de son deshonneur. Pendant ce tems là, Léonelle voyant qu'elle avoit si bien réussi dans les amours de sa Maîtresse, ne garda plus de mesures pour contenter sa propre passion; elle se persuada que sa Maîtresse étoit interressée à la couvrir, & même à lui donner les moyens de la mettre en exécution sans danger. Comme elle passoit les nuits avec son amant, Anselme entendit du bruit dans la chambre de cette fille, & voulant y entrer pour savoir qui en étoit l'auteur; il sentit qu'on appuyoit la porte par derrière. Cette résistance augmenta sa curiosité; il fit tant qu'il l'ouvrit, & qu'il y entra. Il apperçut un homme qui par la fenêtre descendoit dans la rüe. Il courut promptement pour l'arrêter, ou du moins pour le reconnoître ; mais il ne put faire ni l'un ni l'autre, parce que Léonelle en l'embrassant lui disoit, demeurez tranquille, Monsieur, ne vous inquiétez-point, & ne cherchez point à connoître celui qui vient de s'évader ; c'est une chose qui me regarde, & de si près que c'est mon mari ? Anselme, bien loin d'ajoûter foi à ces paroles, & transporté de colère, tira son Poignard, & faisant semblant d'en vouloir percer Léonelle, la menaça de la tuer si elle ne lui confessoit la vérité.

Léonelle effrayée, sans savoir ce qu'elle vouloit dire, lui répondit, ne me tuez pas, Monsieur, je vous dirai des choses de plus grande importance. Dis-les sur le champ, reprit Anselme, ou tu ès morte. Je suis si troublée, lui dit Léonelle, qu'il m'est impossible de vous les révéler maintenant ; attendez à demain, je satisferai votre curiosité ; mais je vous proteste que celui que vous avez vû sauter par la fenêtre, est un jeune homme de la Ville, qui m'a promis de m'épouser. Anselme se tranquillisa, & voulut bien lui accorder le tems qu'elle avoit demandé, bien éloigné de penser que ce qu'elle qu'elle avoit à lui dire, interressât l'honneur de Camille dont il se croyoit assuré; il sortit de la chambre de Léonelle, où il l'enferma à clef, en l'assurant qu'elle ne sortiroit point de là, qu'elle ne lui eut avoué ce qu'elle lui avoit promis de lui dire. Il s'en fut droit rapporter à Camille tout ce qui venoit de lui arriver avec Léonelle, & qu'elle devoit lui apprendre le lendemain des choses de la derniére importance. Il étoit naturel que Camille se troubla au discours d'Anselme; elle en fut si fort épouvantée, ne doutant point que ces choses importantes que devoit révéler Léonelle, ne la regardassent, qu'elle n'eut pas le courage d'en courir le risque; aussi-tôt qu'elle se fut apperçuë que son époux étoit endormi, elle prit tous ses joyaux, & autant d'argent qu'elle rencontra, sortit de sa maison sans qu'on l'entendit, & se rendit à celle de Lotaire, auquel elle apprit ce qui se passoit, lui demandant en grace de la mettre en lieu de sûreté, ou de s'enfuir avec elle dans un lieu où ils seroient à l'abri des poursuites d'Anselme. Lotaire resta interdit en écoutant Camille, il ne sut ni lui répondre, ni le parti qu'ils avoient à prendre. Enfin, il se détermina à conduire Camille dans un Couvent où une de ses

Sœurs étoit Prieure. Camille y consentit, & Lotaire, avec la précipitation qu'un pareil cas exigeoit, la mena, & la laissa dans le Couvent, & sortit en suite de la Ville, sans donner part de son absence à personne.

Dès le point du jour, Anselme sans prendre garde que Camille n'étoit plus à ses côtés, impatient d'apprendre ce que Léonelle devoit lui dire, fut à la chambre où il l'avoit laissée enfermée. Il ouvrit, entra dans la chambre; mais il n'y trouva pas Léonelle, il vit seulement des draps de lit attachés à la fenêtre; indices certains que Léonelle s'en étoit servie pour descendre dans la rue. Il retourna promptement fort triste pour en avertir Camille, mais il fut bien plus surpris de ne la trouver ni dans le lit, ni dans toute la maison. Il demanda à ses Domestiques s'ils ne savoient pas ce qu'elle étoit devenuë, mais tous l'ignoroient, & ne purent lui en donner aucune nouvelle. En cherchant son épouse, il apperçut ses coffres ouverts, & qu'on avoit pris les pierreries qui y étoient renfermées, ce qui lui fit juger que son honneur étoit en compromis, & que Léonelle n'étoit pas la seule cause du désordre, & de son malheur. Sans achever de s'habiller, plein des plus funestes pensées, il courut chez Lotaire pour lui faire part de sa disgrace ; mais ne le trouvant point, & apprenant des Domestiques, que Lotaire cette nuit même étoit monté à cheval, emportant tout l'argent qu'il avoit ; il pensa perdre l'esprit. Enfin, pour comble de malheur, lors qu'il retourna chez lui, il n'y rencontra ni Valets ni Servantes, la maison étant vuide, & abandonnée comme une solitude ; il ne sut plus que penser, que dire, ni que faire, & peu à peu, il perdoit le jugement.

Plus il contemploit son état, plus il étoit interdit de se voir dans un même instant sans femme, sans ami, sans Domestiques, abandonné du Ciel, & surtout sans honneur ; l'absence de sa femme lui faisoit connoître son infâmie. Il se détermina enfin, après avoir fait beaucoup de réflexions, d'aller à la maison de Campagne de l'ami, où il avoit été, lors qu'il donna lieu à cette malheureuse avanture. Il ferma les portes de sa maison, & monta à cheval à demi mort ; à peine eut-il fait la moitié du chemin, qu'agité de mille funestes pensées, il fut contraint de mettre pied à terre, d'attacher son cheval à un arbre, & de s'appuyer couché contre le tronc, en poussant des soûpirs, & des gémissemens continuels,

nuels; il resta de la sorte jusqu'à l'entrée de la nuit. Un homme à cheval qui venoit de la Ville passa alors près de lui, Anselme le salua, & lui demanda quelle nouvelle il y avoit à Florence? Le Bourgeois lui répondit, les plus étranges dont on ait entendu parler depuis long-tems; on dit par toute la Ville, que Lotaire, ce grand ami d'Anselme, qui est si riche, & qui demeure auprès de St. Jean, lui a enlevé sa femme la nuit derniére, & on ne sait pas non plus ce qu'Anselme est devenu. On a su cette nouvelle d'une Servante de Camille, que le Gouverneur en passant par hazard, a trouvée lors qu'elle se couloit dans la ruë avec des draps de lit, qu'elle avoit attachés à une des fenêtres de la maison d'Anselme. On ne sait pas positivement comment la chose s'est passée; ce qui est vrai, c'est que toute la Ville en est étonnée, parce qu'on ne pouvoit voir d'amitié plus parfaite, que celle qui étoit entre Anselme & Lotaire, puis quelle leur avoit fait donner le nom *des deux amis* par excellence. Ne sauroit-on pas le chemin qu'ont pris Lotaire & Camille, dit Anselme? on n'en sait pas la moindre chose, répondit le Bourgeois, malgré toutes les diligences qu'ait put faire le Gouverneur. Adieu,

Nouvelle VIII.

Adieu, Monsieur, dit Anselme au Bourgeois qui s'en fut.

De si fâcheuses nouvelles achevérent non seulement de troubler l'esprit du malheureux Anselme, mais de lui ôter même la vie. Il se leva comme il pût, & arriva à la maison de son ami, qui ne savoit encore rien de sa disgrace; mais le voyant venir dans un état pitoyable, il comprit aisément qu'il lui étoit arrivé un grand malheur. Anselme demanda d'abord un lit, & qu'on lui apportât un écritoire & du papier. On le contenta, on le laissa seul selon ses ordres, & on ferma même à clef les portes de sa Chambre. Dès qu'il se vit seul, les tristes idées de son malheur se présentérent si vivement à son esprit, qu'il connut clairement qu'elles lui causeroient la mort. Il voulut avant de mourir, faire savoir à tout le monde le sujet étrange de sa mort, il commença à l'écrire; mais avant de finir sa rélation, la force lui manqua, & il mourut opprimé par la douleur que lui avoit causé son impertinente curiosité. Le maitre de la maison voyant qu'il étoit déja tard, & qu'Anselme n'appelloit point, voulut entrer dans sa chambre, pour savoir s'il n'avoit besoin de rien, & comment il se portoit; il le trouva la moitié du corps dans le lit, &

l'autre moitié sur la table, étendu, le visage en bas, la plume encore à la main, & appuyé sur une feuille de papier écrite & ouverte. Son ami s'approcha de lui, l'appella, le prit par la main, & sentant qu'il étoit froid, il s'apperçut qu'il étoit mort. Il resta interdit, s'affligea beaucoup, & fit venir les gens de sa maison, pour qu'ils fussent témoins du cruel sort d'Anselme. Enfin, il lut le papier qu'il reconnut pour être écrit de sa main, & il y trouva ces raisons.

Une folle & impertinente curiosité m'a coûté la vie. Si la nouvelle de ma mort va jusqu'aux oreilles de Camille, qu'elle sache que je lui pardonne, parce qu'elle n'étoit pas obligée de faire des miracles, & que je n'avois point de raisons pour en exiger d'elle; & puis que j'ai été moi-même la cause de mon deshonneur, il n'y a pas lieu de . . . . .

Anselme n'en écrivit pas davantage, ce qui prouve qu'il rendit l'esprit sans avoir pu achever la phrase. Le lendemain son ami apprit la mort d'Anselme à ses parens, qui savoient déja son malheur. Camille en fut aussi informée dans son Couvent; elle parut si affligée qu'elle étoit prête de suivre son époux dans le tombeau, non que sa douleur extrême vint de la mort funeste de son époux; mais de l'absence de Lotaire son amant.

amant. Quoi qu'elle se trouva veuve, elle ne voulut point sortir de son Monastére, ni se faire religieuse jusqu'à-ce qu'elle eut appris que Lotaire avoit été tué dans une bataille, que Monsieur de Lautrec donna alors au fameux Capitaine Gonçales Ferdinand de Cordouë, dans le Royaume de Naples où s'étoit refugié l'ami Lotaire, qui s'étoit repenti, mais trop tard, d'avoir trompé son ami. Camille à cette nouvelle fit profession, & traina depuis ce tems là, une vie triste & languissante, qu'elle acheva en peu de jours. Voilà la fin des principaux de ceux qui avoient eu part à cette malheureuse avanture; fin qui venoit naturellement d'un principe si extraordinaire & si ridicule.

L'ILLUSTRE FREGONNE.

NOUVELLE IX.

EN la fameuse Ville de Burgos vivoient, il n'y a pas long tems, deux Chevaliers qui étoient très-riches, l'un appellé D. Diégo Carriasse, & l'autre D. Juan d'Avendagne. D. Diégo eut un fils. D. Juan en eut un autre. Nous les appellerons du nom de leurs peres.

Carriasse n'avoit que treize ans, qu'il lui prit une si grande envie de gueuser, qu'il se déroba de la maison de son pere, & alla courir le monde, si content de la vie libre dont il jouïssoit, qu'il se faisoit un plaisir des incommodités & des miseres que traîne après soi cette vie indigne. Endurci à toutes sortes de fatigues, insensible au froid & au chaud, impénétrable à la douleur, il devint si habile dans le métier qu'il avoit entrepris de faire, qu'il eût pû donner des leçons au fameux

J. Folkema del.   *F. A. Avoline Sculp.*

fameux Gusman d'Alfarache. On peut dire néanmoins que Carriasse n'avoit pas oublié entiérement ce qu'il étoit. Il se distinguoit par une générosité, qui le rendoit respectable à ses Camarades. Il étoit sur tout extrêmement sobre, & lors qu'il ne pouvoit se défendre de se trouver dans des lieux où il faloit boire, il savoit prendre un si juste milieu, qu'il n'y perdoit jamais la raison. Pour le dire tout en un mot, le monde vit en Carriasse, ce qui ne s'étoit peut-être jamais vû, un Gueux vertueux & honorable, un Gueux qui avoit de la politesse, & qui, sans qu'il y parût de l'affectation, gardoit jusques dans les moindres actions, toutes les bienséances qu'ont accoûtumé de garder les personnes les mieux élevées. Il passa par tous les degrés de la gueuserie, & prit ses Licences à la Pêche des Thons, qui en est le comble. Misérables Estropiés qui bordez les portes des Villes & des Eglises, qui courez à demi nûds sur vos bequilles chancellantes; sans craindre ni les ardeurs de la Canicule, ni les frimats des plus rudes hivers, comme si vous étiez tout visage; chétifs Embrions, qui paroissez n'avoir rien de l'homme, tant vous êtes contrefaits & informes, tant vous êtes disgraciez de la nature; pauvres

Culs de Jatte, qui rampez plûtôt que vous ne traînés la partie du corps qui vous reste ; Coupeurs de bourse de la Place de Madrid ; Faiseurs de Paniers de Seville, en un mot, toute la troupe innombrable de ceux qu'on comprend sous le nom de Gueux, n'osez jamais vous vanter de l'avoir été, ou de l'être, si vous n'avez passé deux Carriéres dans cette fameuse Pêche. C'est-là, où comme dans un même centre, l'oisiveté se rencontre avec le travail, la disette avec l'abondance, l'esclavage avec la liberté. C'est-là où l'on sait l'art de ne reflèchir jamais sur les chagrins, quelque cuisans qu'ils puissent être ; où, les soucis ne rongent point, où la fatigue a des attraits, & où les desagrémens de la servitude sont absorbés par les douceurs du libertinage. C'est-là où le vice n'a rien de honteux, où le mensonge, & les tours malins sont des traits d'esprit, où le vol est habileté & adresse. C'est là où le jeu & les danses, où les Chansons folâtres, les Momeries, & une foule d'autres divertissemens qu'on ne sauroit décrire, renaissent régulièrement tous les soirs, dès que le Soleil se précipite dans les ondes améres de l'Océan, & généralement tous les jours qui sont consacrés aux Saints, ou qui

me-

Nouvelle IX.

menacent de quelque tempête. Jamais vie n'a été plus heureuſe, lors qu'on veut vivre ſans ambition & ſans gloire, lors qu'on foule aux pieds la vertu, & ce que les hommes appellent honneur.

Cette vie cependant toute douce & voluptueuſe que je l'ai repréſentée, ne laiſſe pas d'avoir des amertumes, comme je l'ai inſinué aſſez. Mais ce qu'elle a de plus deſagréable, c'eſt que ceux qui ſont aſſez aveuglez pour la choiſir volontairement, & la préférer à toute autre, ne dorment jamais en aſſurance; car il eſt certain, qu'ils ſont dans des apprehenſions perpétuelles d'être enlevez & d'être menez captifs en Barbarie. Il eſt bien vrai que pendant la nuit ils ſe retirent en de certaines Tours qui ſont ſur le rivage de la mer: ils poſent aux portes, & aux principales avenuës des Plages, des Sentinelles, qui veillent & qui font le guet tandis qu'ils dorment. Mais il eſt arrivé néanmoins plus d'une fois, que Gardes & Gueux, que Barques & Filets, ont été la capture des Infidelles, & que ceux qui s'étoient couchés le ſoir à Zahara, qui eſt le lieu de cette Pêche, ſe ſont levés le lendemain matin à Tetuan. Ces craintes ne furent pas capables de dégoûter Carriaſſe. Il fut trois ans dans cette Ecole,

où

où entre autres qualitez qu'il aquit, il devint si habile Joüeur, qu'il se vit au bout de ce tems avec sept ou huit cens Réales qu'il avoit gagnées au jeu. Cette somme si considérable, par raport à l'état de vie qu'il avoit bien voulu choisir, lui fit faire des réflexions. Il crut qu'il devoit retourner à Burgos, puis qu'il le pouvoit faire avec honneur: il crut qu'il étoit tems d'aller surprendre agréablement son pere, qu'il faloit enfin par son retour l'aller dédommager des allarmes que sa fuite lui avoit causées, aller sécher les pleurs qu'il pouvoit verser encore, & le tirer des cruelles incertitudes où il pouvoit être, s'il étoit ou mort, ou vivant, ou chargé de chaînes chez les Maures.

Cette résolution ne fut pas plûtôt prise, qu'il travailla à l'executer. Il prit congé de ses amis dans le tems qu'ils s'y attendoient le moins, il les embrassa avec la derniére tendresse, & leur dit en versant des larmes, qu'il ne les quittoit pas pour toûjours, qu'il laissoit son cœur à Zahara, & qu'il les reverroit le Printems suivant, qu'il n'y auroit que la mort seule, qui pût empêcher son dessein, qu'il surmonteroit tous les autres obstacles quels qu'ils pussent être. Il partit à pied, & il se rendit à Valladolid, où il fut environ

quin-

quinze jours pour se réparer & pour faire un petit équipage. Il se fit faire deux habits assez propres, il prit un Valet, & s'étant mis en chemin assez bien monté, il arriva peu de jours après chez son pere, qui ne ressentit jamais de joye plus vive, que celle qu'il eut de voir un fils qu'il tenoit depuis long-tems pour perdu.

Carriasse, qui certainement avoit de l'esprit, entretint d'abord D. Diégo Carriasse son pere de ses Voyages; il lui dit, que pour n'ètre pas découvert, il avoit pris le nom d'Urdial, il lui raconta mille avantures surprenantes, qu'il disoit lui être arrivées, auxquelles il n'avoit nulle part, mais c'étoient des fictions si agréables, si circonstanciées, & dites avec un si grand air de sincérité, que D. Diégo y eût ajoûté foi, quand même il n'eût pas été pere. Il lui parla de mille lieux différens, où il ne s'étoit jamais trouvé, mais il n'eut garde de lui dire un seul mot de Zahara, quoi que ce fût celui, qui étoit le plus présent à son esprit, & où son cœur étoit entiérement attaché, sur tout lors qu'il vit approcher le tems, où il avoit promis à ses amis de les aller rejoindre. La Chasse, où ses parens le menoient souvent n'avoit rien de divertissant pour lui, il s'ennuyoit dans les festins,

festins, à la promenade, aux Spectacles, dans toutes les parties de plaisir. Rien ne lui paroissoit comparable à la douceur de la vie qu'il avoit quittée. Burgos n'avoit rien qui le pût contenter, rien qui lui pût faire oublier pour un seul moment ces charmes trompeurs dont il étoit enchanté, & qu'il regardoit comme le seul bien qui le pouvoit rendre véritablement heureux. C'est ainsi que l'homme se laisse séduire, qu'il devient la dupe de soi-même, & que prenant l'ombre pour le corps, il court non seulement après des fantômes, mais après les fantômes les plus hideux.

Thomas d'Avendagne, fils de D. Juan d'Avendagne, qui avoit visité plusieurs fois Carriasse, lui rendit encore visite dans le tems qu'il méditoit en son cœur de s'échaper une seconde fois de la maison de son pere, & qu'il prenoit des mesures justes pour faire réussir son dessein. Il le trouva triste & pensif. Qu'as-tu, Carriasse, lui dit le Jeune Avendagne ? Je te trouve extrêmement mélancolique. Nous sommes amis dès notre plus tendre enfance. Nous ne nous cachions rien autrefois, aujourd'hui ce n'est plus cela. Est-ce qu'une absence de quelques années t'a si fort changé, que tu m'ayes fait

fait jusqu'ici miſtére de tes chagrins; car je vois bien que tu en as qui te devorent. Je ne fus jamais inconſtant, lui répondit Carriaſſe, & jamais qui que ce ſoit ne m'avoit fait un pareil reproche: ce que j'ai aimé une fois je l'aime toûjours, & pour t'en donner une double preuve, je veux bien t'ouvrir tout mon cœur. Alors il lui découvrit ſon deſſein, & lui fit une ſi charmante peinture de la Pêche de Zahara, qu'Avendagne en fut enchanté. Loin de te blâmer de la réſolution que tu as priſe, je t'exhorte à l'executer, lui repliqua Avendagne, ce qui plait eſt toûjours ce qui fait le véritable bonheur; mais ce n'eſt pas tout, je veux t'accompagner par tout où tu iras, & aller joüir pendant quelque tems de ces doux plaiſirs dont tu m'as donné une idée ſi agréable. Carriaſſe, qui ne s'attendoit pas à cela, en eut autant de joye que de ſurpriſe. Ils s'embraſſérent, ils ſe firent mille promeſſes réciproques, & dès ce moment-là ils travaillérent à ſe pourvoir d'autant d'argent qu'il leur ſeroit poſſible. Avendagne devoit retourner dans deux mois à Salamanque, où il avoit commencé ſes études: Carriaſſe fit connoître à ſon pere qu'il ſouhaitoit d'y accompagner ſon ami; me voici encore, lui

lui dit-il, dans le véritable âge à apprendre les Langues & les Sciences, & je profiterai si bien de mon tems, que vous en ferez satisfait. Le deſſein plût à D. Diégo, il en fut même extrêmement content, il en parla d'abord à D. Juan d'Avendagne, qui l'en félicita. Les deux peres réſolurent enfin que leurs fils iroient à Salamanque, & qu'ils y feroient leurs études enſemble.

Le tems pour leur départ étant arrivé, on les pourvût de tout l'argent qui leur étoit néceſſaire, & d'un Gouverneur, qui étoit bien plus homme de bien, qu'il n'étoit prudent & aviſé. Ils reçûrent la bénédiction de leurs parens, ils promirent monts & merveilles, & ſe mirent en chemin ſur deux bonnes Mules avec deux Valets, & le Gouverneur, qui s'étoit laiſſé croître la barbe pour avoir plus de majeſté, & inſpirer plus de reſpect.

Ils arrivérent à Valladolid: & comme leur deſſein étoit de faire bien-tôt leur coup, ils dirent à leur Gouverneur, qu'ils ſouhaitoient de ſéjourner deux jours dans cette Ville, pour viſiter ce qu'il y avoit de curieux. Le Gouverneur leur fit là-deſſus une groſſe réprimande, & leur dit d'un air ſévére en citant divers Apophtegmes

mes des Anciens, qu'ils n'avoient pas de tems à perdre, & que leur affaire étoit d'arriver le plûtôt que faire se pourroit au lieu où ils devoient vaquer à leurs études, qu'ils ne pouvoient jamais y arriver assez tôt, que le tems perdu ne se recouvroit jamais, & qu'il ne pouvoit point consentir qu'ils s'arrêtassent un seul moment, pour s'amuser à voir des Babioles. Voilà jusqu'où s'étendoit l'habileté de ce Gouverneur. Cependant nos jeunes gens persistérent à lui demander qu'il leur occordât du moins un jour, pour voir la Fontaine d'Argalles, dont on travailloit alors aux somptueux Aqueducs, qui en devoient conduire les eaux dans la Ville. Il n'osa pas s'opiniâtrer davantage à les refuser, ce fut néanmoins avec beaucoup de regret & de répugnance, il vouloit épargner la dépense de cette nuit, & aller coucher dans un Bourg, d'où il pût arriver en deux jours à Salamanque. Mais s'il avoit ses vûes, ses Eléves avoient les leurs, qui étoient de le planter là le même jour, à quoi ils avoient déja pourvû en se saisissant de quatre cens Ecus d'or qu'il avoit dans sa valize.

Dès que Carriasse & Avendagne eurent obtenu la permission d'aller voir cette

H 2   Fon-

Fontaine si fameuse par son antiquité & par ses eaux, ils montérent sur leurs Mules, & se firent accompagner par un Valet. Ils y arrivérent bien tôt : & avant que de mettre pied à terre, ils donnérent à ce Valet une lettre avec ordre de s'en retourner incessamment, de la porter à leur Gouverneur, & d'aller ensuite les attendre à une des portes de la Ville qui conduisoit à la Fontaine. Le Valet partit, & eux dans le même instant tournant bride, tâchérent de gagner païs : ils allérent coucher le même jour à Mojadas, & deux jours après à Madrid, où ils vendirent leurs Mules, & troquérent leurs habits pour de plus simples. Etant dans l'équipage qu'ils souhaitoient, ils ne firent pas grand séjour dans cette Capitale de l'Espagne, ils partirent à pied pour Tolede, fort satisfaits & fort contens; mais le Gouverneur fut en de grandes angoisses, lors qu'il eut reçu la lettre que le Valet lui rendit fort fidellement, & qui étoit conçuë en ces termes.

Vous retournerez à Burgos, Monsieur, s'il vous plaît, & prendrez la peine de dire à nos parens, qu'ayant meurement considéré que les armes conviennent mieux à des Chevaliers que les Lettres, nous avons résolu
de

de changer Salamanque pour Brusselles, & l'Espagne pour les Païs-Bas. Nous avons les quatre cens écus, nous voulons bien vous en avertir, de peur que vous n'en soyez en peine, & pour les Mules nous avons fait dessein de les vendre. Le parti que nous avons pris, qui est si digne de personnes de notre qualité, & le long voyage que nous avons à faire, est une excuse si légitime, que nous espérons qu'on nous pardonnera cette faute. Notre départ est à cette heure, & notre retour quand il plaira à Dieu, lequel nous prions qu'il vous tienne en sa garde. De la Fontaine d'Argalles le pied à l'étrier pour aller en Flandres.

CARRIASSE, AVENDAGNE.

D. Pedro Alonse, c'étoit le nom du Gouverneur, fut bien surpris à la lecture de cette lettre, la première chose qu'il fit, fut de courir à sa valize, il la trouva vuide, Carriasse & Avendagne n'avoient point menti. Son embarras ne fut pas petit. Il prit mille résolutions chimériques, mais au bout du compte, toutes lui paroissant impraticables, & ne sachant à quel Saint se voüer, il s'en retourna à Burgos, où il ne fut pas trop bien reçû : il n'est pas difficile de le comprendre. Pour Carriasse & Avendagne, ils poursuivirent leur chemin : & ayant

ren-

rencontré sur leur route une petite Hôtellerie, ils s'y arrêtérent pour s'y délasser un peu, & s'y rafraîchir. Ils ne se trouvérent pas seuls dans ce lieu : cependant ils se mirent à l'écart pour causer ensemble. Mais cela n'empêcha pas qu'ils ne profitassent de la conversation de deux jeunes Valets fort éveillés, qui firent tout haut mille petits jolis contes pour rire. L'un venoit de Tolede, l'autre y alloit. Il est tems de nous séparer & de faire chemin, dit le premier, en s'adressant à celui qui alloit à Tolede, il fait ici jour jusqu'à ce qu'il est nuit, & n'est point si bons amis qui ne se séparent à la fin. Mais avant que nous nous quittions, j'ai un avis à te donner. Ne va point loger dans l'Hôtellerie où tu loges ordinairement : si tu veux repaître agréablement tes yeux, va loger chez le Sevillan, où tu verras la Servante la mieux faite qu'il y ait peut-être dans le monde. Je ne t'en ferai point le portrait, je n'aurois pas d'expressions assez fortes, ni assez vives : tout ce que je te dirai pour t'en convaincre, c'est que le fils du Corregidor se meurt d'amour pour elle, & qu'il fait mille folies pour s'en faire aimer. Le Maître que je sers, qui est un jeune Chevalier des mieux tournés, n'est pas

moins

moins fou que ce fils du Corregidor ; il a résolu après un petit voyage qu'il fait, de s'aller camper deux ou trois mois à Tolede dans la même Hôtellerie, pour avoir seulement le plaisir de voir cette fille. Les autres vûës qu'il a, je n'en sais rien, mais je crains fort pour lui qu'il ne trouvera pas ce qu'il cherche, car elle est terriblement farouche. Je l'ai déja pincée une fois, & tout ce que j'en ai remporté a été un soufflet, le plus beau que j'aye reçu de ma vie. Jamais rien de plus froid, ni de plus dédaigneux, c'est une Rose toute hérissée d'épines, bienheureux qui la cueillira sans se bien piquer, j'en laisse pourtant la conquête à qui la voudra entreprendre, car aussi vois-je bien que j'y perdrois mes pas & mes peines, c'est un morceau d'Archiprêtre, ou de Comte, je n'ai plus envie de m'y froter. Les deux Valets se séparèrent. Carriasse & Avendagne se remirent en chemin demi-heure après. Ils s'entretinrent de diverses choses ; & la servante dont ils venoient d'entendre tant de merveilles, ne fut pas oubliée. Ils témoignérent tous deux beaucoup de desir de la voir, particuliérement Avendagne, qui sentoit déja quelque chose pour elle, tant la peinture qu'on avoit faite de sa beauté, avoit fait d'impression sur son esprit. Ils arrivérent enfin à Tolede. Carriasse, qui avoit été déja dans cette Ville, marcha tout droit à la maison du Sevillan, mais comme c'étoit la plus fameuse Hôtellerie de la Ville, où l'on ne recevoit que des gens à gros équipages, ils n'oférent pas d'abord demander à y loger. Allons chercher logis ailleurs, disoit Carriasse, nous sommes fatigués, il se fait tard, ce logement ne nous convient pas, faits & bâtis comme nous sommes, on nous chassera comme des peteurs d'Eglise, & n'aura-t-on pas raison ? Nous aurons occasion demain de voir cette fille, qui peut-être n'est pas ce que l'on dit. Quant à moi, ajoûtoit-il, je la tiens pour vûe, & je n'aurai pas regret à m'aller coucher sans en avoir repû mes yeux, pourvû que je trouve un endroit à bien souper & à bien reposer, fût-ce dans la plus chétive Gargote, je ne resterois pas ici sur le pavé un seul moment davantage, quand il s'agiroit de voir les Pyramides d'Egypte, & toutes les sept Merveilles du monde. Avendagne n'étoit pas de ce sentiment. Les représentations de Carriasse ne faisoient que blanchir, il se tenoit comme collé sur la porte de l'Hôtellerie, dans l'espérance de voir enfin paroî-

paroître cette célèbre servante, dont l'idée qui l'occupoit tout entier, lui avoit déja dérangé la Cervelle.

La nuit étoit déja avancée, la servante ne paroissoit point, Carriasse s'impatientoit. Mais Avendagne qui n'avoit envie ni de manger, ni de se coucher, s'avança tout d'un coup dans la Cour du logis, sous prétexte de s'informer si certains Chevaliers de Burgos qui alloient à Seville & qui logeoient là ordinairement, n'étoient pas encore arrivés. A peine avoit-il fait deux pas qu'il apperçût une jeune fille d'environ quinze ans, vêtuë à la Villageoise, tenant une chandelle allumée à la main; cet objet le frapa, il en fut ébloui, en effet cette jeune fille étoit d'une beauté extraordinaire. Avendagne fut si troublé, qu'il ne s'attacha qu'à la contempler depuis la tête jusqu'aux pieds, sans pouvoir ouvrir la bouche pour dire un seul mot. Que cherchez-vous, mon ami, lui dit la fille, êtes-vous à quelcun des Messieurs qui logent ici? Je ne suis à personne qu'à vous, répondit Avendagne tout tremblant. Allez, mon ami, lui repartit dédaigneusement la fille, celles qui servent n'ont pas besoin de serviteurs. Alors appellant le Maître de l'Hôtellerie, elle lui dit

dit de savoir de ce jeune homme ce qu'il desiroit. Que demandez-vous, se prit d'abord à lui dire le Maître ? Je cherche, répondit Avendagne, deux Chevaliers de Burgos qui vont à Seville, & qui doivent être logés ici, ou y loger ; j'apartiens à l'un de ses Seigneurs, & je dois l'attendre chez vous. On lui repartit qu'il pouvoit l'y attendre. Ordonnez donc au même tems ajoûta Avendagne, qu'on nous donne une chambre pour l'un de mes Camarades & pour moi. Vous serez servi, dit encore le Maître du logis ; & dans le moment se tournant vers la fille, il lui donna ses ordres, après quoi elle se retira. Avendagne fut de ce pas joindre Carriasse. Il lui fit un recit d'une maniére si embarrassée, que Carriasse reconnut bien que son ami en avoit dans l'aîle, il ne voulut pas néanmoins le lui faire connoître, ni lui en faire la guerre qu'il n'eût vû premiérement l'objet de cette flamme naissante, qui lui paroissoit si extraordinaire. Ils entrérent dans l'Hôtellerie, & Argueille, qui étoit une femme de quarante-cinq ans, Intendante des lits & de l'appareil des appartemens, les conduisit dans une petite chambre, dont ils furent satisfaits. Ils demandérent à souper, Argueille leur répondit

répondit qu'on ne donnoit à manger à personne dans cette Hôtellerie, qu'à la vérité on pouvoit bien y faire aprêter ce que ceux qui logeoient achetoient, ou faisoient acheter eux-mêmes, & qu'il ne tiendroit qu'à eux de le faire; mais qu'elle leur conseilloit d'aller souper dans un petit Cabaret qui étoit dans le voisinage, & qu'elle leur indiqua. Ils profitérent de l'avis, mais si Carriasse mangea bien, Avendagne ne mangea guéres. Il étoit si occupé de Constance, c'est ainsi que s'appelloit la Servante, qu'il lui fut impossible de rien goûter de ce qui leur avoit été servi. Carriasse acheva de se confirmer qu'Avendagne étoit véritablement pris, mais pour s'en assûrer pleinement, il se prit à dire en retournant à l'Hôtellerie, qu'il faloit se coucher dès qu'ils y seroient arrivés, car il est nécessaire, ajoûta-t-il, que nous nous levions de grand matin, afin de gagner Orgas, avant que les chaleurs nous surprennent. Nous n'en sommes pas là, dit Avendagne, car avant que de partir de cette Ville, je suis résolu d'y voir tout ce qu'il y a de remarquable, comme les Mazures de la Tour enchantée, la Forêt des cent filles, les débris de la Machine que les Maures avoient inventée pour faire mon-

H 6   terl'eau du Tage, le Jardin du Roi, & généralement toutes les Reliques qui se montrent dans les Eglises. J'y consens, répondit Carriasse, nous aurons vû cela en deux jours. Je le veux voir à loisir, repartit Avendagne, nous ne courons pas un Bénéfice. Ha! ha! repliqua Carriasse, je vous tiens pour le coup, & vous ne m'échaperez pas. Mon pauvre ami, je le connois à present, Tolede te tient plus au cœur que notre voyage. Je l'avouë, dit Avendagne en l'interrompant, je puis aussi peu m'éloigner de Constance, que je puis m'éloigner de moi-même, il en est de l'amour comme du feu, l'un ni l'autre ne sauroient se cacher. La résolution est belle, sans doute, repartit Carriasse, & digne du fils de D. juan d'Avendagne, jeune, riche, bien fait comme il est, & d'une Maison des plus illustres de la Castille. Ma résolution est à peu près aussi noble que la tienne, dit Avendagne. Car enfin, fais-toi justice, mon bon ami: n'es-tu pas le fils de D. Diégo Carriasse, Chevalier de l'Ordre d'Alcantara? n'es-tu pas son aîné, & n'est-ce pas toi, qui dois succéder à ses Dignités & à ses grands biens? Cependant ton inclination a-t-elle rien qui réponde & à ce que tu es, & à ce que

que tu dois être un jour. Te voilà amoureux de même que moi, & de qui ? De la Pêche de Zahara ; une inclination vaut bien l'autre. Tu me bats des mêmes armes, dont je t'ai battu, mon cher Avendagne, répondit Carriasse, je n'ai rien à te repliquer. Demeurons-en donc là, & allons nous coucher, peut être demain serons-nous plus sages, dit Avendagne en soûriant. Tu auras vû alors Constance, continua-t il, & alors je suis bien certain que tu tiendras un autre langage. Je vois bien dit Carriasse, à quoi tout ceci aboutira. Et à quoi, interrompit Avendagne ? C'est, répondit Carriasse, que je m'en irai à ma Pèche, & que tu demeureras avec ta Constance. Je ne serai pas si heureux, s'écria Avendagne en soûpirant, ni moi, ajoûta Carriasse, si complaisant & si ennemi de moi-même, pour renoncer pour toi à un bonheur aussi solide & aussi réel que le tien est chimérique & imaginaire.

Ils arrivérent à l'Hôtellerie, où la conversation continua à peu près sur le même ton. Ils se couchérent enfin, & ils s'endormirent. Mais à peine avoient-ils reposé une heure, qu'ils furent éveillez par la Symphonie de divers Instrumens qu'ils entendoient dans la ruë. Ils s'assirent

firent sur le lit, & ayant écouté quelque tems, je gage, dit Carriasse, qu'il est jour, & qu'il se fait quelque Fête dans quelque Eglise du voisinage. Tu te trompes, répondit Avendagne, il n'y a pas si long-tems que nous dormons, pour qu'il puisse être jour encore. Dans ce moment ils ouïrent fraper à la porte de leur chambre, & on leur cria, que s'ils vouloient ouïr la plus belle Musique du Monde, il n'avoient qu'à se lever, & à s'aller mettre à une grille de la Salle, qui donnoit sur la ruë. Ils s'y furent bientôt rendus, il y avoit trois ou quatre Etrangers qui leur firent place aux fenêtres: & peu de tems après, on ouït un Concert de Luths, de Harpes, de Basses de Viole; & d'une voix merveilleuse, la personne qui chantoit, chantoit ces paroles.

Non, tu n'és point une Mortelle;
Ton origine vient des Dieux;
Quelque Catastrophe nouvelle
Nous découvrira tes Ayeux.

Un Ruby, lors qu'il étincelle,
Jette moins de feux que tes yeux;
Et la Planette la plus belle
Brille moins que toi dans les Cieux.

Quitte

Quitte donc ton genre de vie :
Aimable & charmante Silvie,
Helas ! rien ne te sied plus mal.

Reine des cœurs, Beauté divine,
Ton front, où luit ton origine,
Est digne d'un Bandeau Royal.

Il ne fut pas nécessaire qu'on dit à Curriasse & à Avendagne que cette Musique étoit pour Constance, les paroles de l'Air étoient claires, il n'y avoit point là-dessus à entrer dans le moindre doute. Avendagne en fut ému, il en eut de l'inquiétude. Disons mieux, il fut tourmenté d'une si étrange jalousie, qu'il ne sçût plus où il en étoit. Ce qui redoubloit son chagrin, c'est qu'il ignoroit quel étoit le concurrent qui venoit traverser la conquête qu'il avoit grande envie de faire : mais il en fut bien-tôt éclairci. Est-il possible, se prit à dire tout d'un coup, l'un de ceux qui étoient à la grille de la fenêtre, est-il possible que le fils du Corregidor se soit si fort oublié, que de s'amuser de donner des Sérénades à une servante ? J'avouë que la fille est bien faite, & peut-être la plus belle qu'on ait jamais vûë, mais enfin c'est une servante, & il la recherche trop publiquement.

ment. Ce que j'y trouve le plus à redire, ajoûta un autre, c'eſt qu'il fait des dépenſes inutiles, & qu'il ſe donne des mouvemens en vain. La fille ne répond en aucune maniére à ſa tendreſſe, elle n'a jamais voulu l'écouter, & à l'heure que nous parlons, elle eſt couchée fort tranquillement dans la chambre de ſa Maîtreſſe, d'où elle ne peut rien entendre de ce qui ſe paſſe dans la ruë. Elle a de la vertu, tous ceux qui la connoiſſent en conviennent; & comme elle a en même tems beaucoup de prudence, elle connoit bien le riſque qu'il y auroit pour elle, ſi elle s'amuſoit à prêter l'oreille aux cajoleries que pourroit lui attirer ſa beauté; c'eſt pourquoi elle eſt inſenſible, du moins évite-t-elle toutes les occaſions où elle ſeroit obligée de s'entendre dire des douceurs.

Avendagne commença à reſpirer à ces paroles. On écouta le reſte de la Sérénade. On continua à élever Conſtance juſqu'aux Cieux, mais Conſtance ne s'en mettoit guéres en peine, elle dormoit profondement. Les Muſiciens ſe ſetirérent enfin. Carriaſſe & Avendagne s'allérent remettre au lit, pour attendre le jour. Le jour vint, & Conſtance parut mille fois plus belle que l'Aurore.

Son

Son habillement étoit une jupe d'une petite Etamine verte, avec le Corset de la même étoffe, les paremens d'une couleur un peu moins vive, assortissoient très-bien cet ajustement. Sa Gorgerette étoit brodée de soye noire; elle avoit des pendans d'oreille, qui paroissoient être deux Perles, mais qui n'étoient pourtant que de verre, & ses cheveux, qui étoient d'un blond cendré admirable, étoient tressez avec un ruban de fil; voilà quelle étoit sa coëffure. Elle portoit le Cordon de S. François, & une ceinture au côté droit, de laquelle pendoient plusieurs clefs. Lors qu'elle sortit de la chambre de sa Maîtresse, les premiers objets qui se présentérent à ses yeux furent Carriasse & Avendagne. Elle tourna la tête dans le moment, & s'étant prosternée devant une Image, qui étoit dans une niche de la muraille, elle se retira pour aller appeller Argueille, qui n'étoit pas encore levée.

Il ne le faut point dissimuler, Carriasse fut charmé de Constance, il demeura d'accord que c'étoit une beauté parfaite, qu'en un mot, elle étoit au dessus des loüanges que tout le monde lui donnoit, mais il n'en devint pas amoureux, il avoit d'autres amours en tête.

Un

Un moment après, Argueille sortit avec deux autres jeunes femmes de Galice, qui étoient aussi servantes dans la même maison. On vit en même tems accourir de tous côtés des Valets, qui venoient demander de l'avoine à l'Hôte, qui en leur en donnant faisoit mille imprécations contre ses servantes, qui étoient la cause, disoit-il, qu'un des meilleurs Domestiques du monde l'avoit quitté. Avendagne, qui du haut d'un escalier où il étoit, s'apperçût du chagrin de l'Hôte, tâcha de profiter de cette occasion pour lui offrir ses services. Ne vous chagrinez point se prit-il à lui dire, vous pouvez retrouver ce que vous avez perdu. Vous n'avez qu'à me donner votre Livre de compte, je vais me charger de cette fonction tandis que je serai ici, & je vous garantis que vous serez satisfait de moi. Je te prens au mot, répondit l'Hôte, & je te sais très-bon gré de ton offre, car aussi je ne saurois être par tout, j'ai mille & mille affaires qui m'appellent ailleurs à tous momens, descens donc, mon ami, & entre en charge, il n'y a seulement qu'à prendre garde qu'on ne te trompe; car tu as affaire à des gens avec lesquels il faut avoir bon pied & bon œil, & qui feroient aussi peu conscience

cience de prendre un boisseau d'avoine & même deux plus qu'il ne faut, que s'ils déroboient de la paille. Avendagne descendit, l'Hôte lui donna son Livre de raison, & ce nouvel Econome s'y prit si bien dans la distribution qu'il commença à faire, que l'Hôte s'écria : plût à Dieu que ton Maître ne vint point, & que tu fusses dans la volonté de demeurer chez moi, tu pourrois bien dire que tu n'aurois rien perdu au change; car foi d'homme de bien, le garçon qui m'a quitté vint ici, il y a environ huit mois, maigre, chétif, pouilleux & tout déchiré, & je voudrois que tu l'eusses vû; il s'en est allé gros & gras, & avec deux bonnes paires d'habits. Tu le comprens bien, ajoûta-t-il, il n'y peut avoir dans cette maison que de gros profits pour les Domestiques, outre les salaires, vû la foule de Seigneurs, & de Grands qui y abordent tous les jours de toutes parts : Si je demeurois avec vous, répliqua Avendagne, je ne regarderois pas trop au gain, je serois content de très-peu de chose pour avoir le plaisir de séjourner dans cette Ville, qui à ce qu'on m'a dit, est la meilleure de toute l'Espagne. Elle l'est aussi, dit l'Hôte : mais ce n'est pas tout. Il me manque un jeune garçon pour

pour aller chercher de l'eau à la Riviére. J'en avois un, il n'y a que trois jours, qui avec un fameux âne que j'ai, en faisoit regorger ma maison. J'en manquois aussi peu avec lui, qu'il en manque au beau milieu de la mer : & tu peux bien comprendre que les valets se plaisent bien mieux à mener leurs Maîtres dans une Hôtellerie où l'eau se trouve en abondance depuis le matin jusqu'au soir, qu'à les amener dans un autre où ils sont obligés d'aller abreuver eux-mêmes leurs montures à la Riviére.

Carriasse, qui écoutoit ce dialogue, se prit à dire en soi-même, voici un Office qui m'attend, il ne tient qu'à moi d'en être investi : & bien, acceptons l'emploi. Sur cela il s'adresse à l'Hôte, & lui dit qu'il avoit trouvé encore ce qu'il cherchoit. Vienne l'âne, lui dit-il, & vous verrez que vous ne serez pas moins content de moi, que vous l'êtes de mon Camarade. Je vous en répons, interrompit Avendagne. Lope Asturiano, c'est son nom, est ce qu'il vous faut, n'en cherchez point d'autre. Argueille, qui d'une petite allée où elle étoit, entendoit toutes ces paroles, s'aprochant d'Avendagne, lui dit : Et qui êtes vous, mon ami, qu'on doive recevoir votre caution, vous

avez

avez plus de besoin d'être cautionné que de cautionner les autres ; & mon Maître est bien bon ma foi, de prêter l'oreille à vos chansons. Tais-toi, Argueille, dit l'Hôte, ne te mêle point de notre marché, je ne te demande point ton avis, je les cautionne tous deux : & ce que j'ai à te recommander, & aux autres servantes, c'est que vous n'ayez rien à démêler avec eux, car je pers tous mes Valets à votre occasion. Ma foi ce sont de beaux museaux pour avoir avec eux des affaires, répondit Argueille. Je voudrois bien qu'ils entreprissent seulement de me regarder en face, ils ne l'entreprendroient point une seconde fois : dormez en repos de ce côté-là ; il faudroit avoir bonne envie de se quéreller que de se quéreller avec de pareils animaux, nous ne sommes pas pour leur nez : elle avoit pourtant bien d'autres pensées.

En effet, elle ne fut pas plûtôt assurée que l'Hôte les avoit arrêtez tous deux, qu'elle forma le dessein de se faire aimer d'Asturiano, dont la mine lui plaisoit extrêmement. Elle crut qu'à force de faire des avances, elle viendroit bien-tôt à ses fins, qu'elle n'avoit qu'à commencer, que rien n'étoit plus facile au monde. Une des servantes appellée Galliegue, qui cou-

couchoit avec elle, forma un semblable dessein sur Avendagne, qui se faisoit appeller Tomas Pedro. Elles se firent confidence, dès le même jour de la résolution qu'elles avoient prise, & concertérent d'abord ensemble toutes les mesures nécessaires pour lier avec eux un commerce secret, mais elles avoient mal compté.

Pour revenir à Carriasse, du moment qu'il se fut engagé, commença d'entrer en fonction. Il monta sur son âne & courut à la Rivière. Mais ce premier jour fut marqué par une avanture qui fut fort desagréable pour lui. Le malheur voulut que dans un petit passage, il se rencontra un autre Porteur d'eau, qui venoit chargé, & qui étoit monté sur un misérable âne, qui soit de vieillesse ou de fatigue, se pouvoit à peine traîner. Comme le sien étoit vigoureux, & que quant à lui il ne pensoit peut-être, qu'à la pêche de Zahara, les deux animaux se heurtérent, & le choc fut si rude, que le plus foible ayant été obligé de céder au plus fort, l'âne qui étoit chargé, fut renversé tout d'un coup, avec le Porteur qui y étoit dessus, & tous les seaux furent mis en piéces. Le Porteur d'eau à qui cette disgrace venoit d'arriver,

ver, ne se fut pas plûtôt relevé de terre, qu'il se lance comme un furieux sur Asturiano, & le chargea de coups, avant qu'il eût le tems de se reconnoître. Lope Asturiano, qui avoit le cœur grand, & qui se sentit maltraité, descendit de son âne, dès qu'il fut un peu revenu à lui; & étant entré en fureur à son tour, il se jetta d'abord sur le Porteur d'eau, il le prit par la gorge avec les deux mains, & après deux ou trois secousses il le porta enfin par terre. Ce n'étoit rien jusques-là. Mais malheureusement pour tous deux, le Porteur d'eau se donna un si furieux coup à la tête contre une pierre, lors qu'il fut renversé par Asturiano, qu'on n'a jamais vû une si terrible blessure que celle qu'il se fit; tout le monde crut qu'il n'en releveroit jamais. Les autres Porteurs d'eau qui alloient à la Riviére, où qui en revenoient, voyant leur Camarade sur le carreau, & qui nageoit dans son sang, criérent en même tems au meurtre, & se saisirent d'Asturiano, qu'ils faillirent à assommer, en sorte qu'il y avoit autant à craindre pour sa vie que pour celle de celui qui étoit blessé. Sur ces entrefaites, & au bruit qui s'étoit répandu qu'un Porteur d'eau avoit été tué, trois Sergens arrivérent sur le champ de bataille,

bataille, & sans autres forme de procès, il s'assurérent d'Asturiano, & de son âne: ils firent mettre le blessé sur le sien en travers, & amenérent tout en prison. On peut bien s'imaginer que tout le monde courut pour voir ce Spectacle. Le Sevillan, & Thomas Pedro firent comme les autres, mais ils furent bien surpris lorsqu'ils virent Asturiano, que deux Sergens tenoient par le bras, & qui avoit le visage tout en sang. L'Hôte jetta d'abord les yeux par tout, pour voir s'il n'appercevroit point son âne, & il le vit enfin entre les mains d'un autre Sergent. Il sût bien-tôt ce qui s'étoit passé entre Asturiano & l'autre Porteur d'eau, il en fut fâché, parce qu'Asturiano avoir l'air de le bien servir, mais ce qui le fâcha le plus, fut, que son âne fût mêlé dans cette affaire.

Avendagne suivit son Camarade, mais il lui fut impossible de lui parler. Carriasse fut mis dans une prison fort étroite, & le blessé dans une petite chambre, où les Chirurgiens le pancérent ; ils trouvérent que sa blessure étoit mortelle, ils le dirent publiquement en sortant. Pour les ânes les Sergens les menérent chez eux, après s'être saisis de sept ou huit Réales, qu'ils avoient trouvées sur Carriasse,

riaſſe. Heureuſement il n'en avoit pas davantage, Avendagne gardoit le treſor.

Avendagne s'en retourna à l'Hôtellerie fort déconcerté & fort confus. Il fit un raport exact au Sevillan de l'état où il avoit laiſſé ſon Camarade, du danger où étoit le bleſſé, & de la deſtinée de l'âne. Voilà une triſte avanture, ſe prit-il à dire : & par ſurcroît de malheur, continua-t-il, je viens de rencontrer un Chevalier de Burgos, qui m'a apris que mon Maître ne paſſeroit point par ici ; que pour faire plus de diligence, & gagner deux Loüis, il avoit paſſé la barque d'Azeca, qu'il alloit coucher ce ſoir à Orgas, & qu'il m'attendoit à Seville. En même tems ce Chevalier, m'a donné douze écus de ſa part, que je vous remets entre les mains, afin que vous faſſiez vos efforts pour tirer de priſon Aſturiano. Je n'ai pas beſoin de cet argent, car je n'irai point à Seville, & je croi que je puis dans cette occaſion deſobéïr à mon Maître ſans bleſſer ma conſcience : quoi qu'il en ſoit, je n'aurois jamais le courage de laiſſer mon ami en priſon, & dans le danger où il eſt pour ſa vie. Je ſuis comme aſſuré d'ailleurs que mon Maître m'approuvera, car il recommande toûjours à ſes Domeſtiques de s'aimer, & de ſe ſervir

les uns les autres, & comme d'un autre côté il est fort tendre, je puis compter comme une chose certaine, que du moment que je lui aurai apris le destin d'Asturiano, il ouvrira sa bourse pour le tirer d'affaire, si la chose n'est pas absolument impossible. L'Hôte fut très-content de l'argent qu'il venoit de recevoir, & des paroles de Thomas Pedro. Ne t'allarme point, lui dit-il, mon cher Thomas, il y a reméde à toutes choses, & nous ne sommes pas si dénués d'amis que nous n'en ayons quelcun qui se remuë dans cette rencontre; je n'ai pas perdu toute espérance de revoir encore sains & saufs Asturiano & mon pauvre âne. Il y a une Religieuse parente du Corregidor, qui lui fait faire tout ce qu'elle veut, & je ne doute point que nous n'ayons accès auprés de cette bonne Dame. Ecoute, Thomas, une Blanchisseuse qui sert une de nos voisines, a une fille qui est fort aimée d'un Moine, dont il n'est pas nécessaire de te dire le nom, & ce Moine est intime ami du Confesseur de la Religieuse. Ma femme sollicitera la Voisine; la Voisine sollicitera la Blanchisseuse; la Blanchisseuse sa fille; la fille le Moine; le Moine le Confesseur de la Religieuse; & la Religieuse le Corregidor. Tu vois
bien

bien que voilà une affaire faite. Oüi, je te promets que nous sauverons Asturiano, quand il auroit tué tous les Porteurs d'eau de Tolede, & que nous ne perdrons pas notre âne, bien entendu néanmoins que ton Maître sera aussi tendre & aussi libéral que tu dis, car il faut graisser la pate à bien des gens dans ces rencontres, si l'on veut que les sollicitations ne soient pas infructueuses, je crois que tu n'ignores point cela. Thomas faillit à éclater de rire à l'ouïe de ce galimatias, quoi qu'il n'eût nullement l'ame en fête. Il remercia néanmoins le Sevillan, & lui promit de n'oublier rien auprès de son Maître, pour en obtenir quelque secours.

Argueille, qui avoit vû Asturiano entre les mains des Sergens, ne fut pas moins affligée de cette avanture que Thomas Pedro, elle faillit à en mourir de douleur. Elle courut d'abord à la prison toute éplorée, sous prétexte de lui apporter à dîner. Mais elle n'eut pas la permission de lui parler. On ne voit pas les meurtriers, lui dit le Concierge, vous aurez assez le tems de le voir quand on le pendra en Place publique: Voilà toute la consolation qu'elle reçût de ce farouche Geolier, qui cependant fut méchant

chant Prophete. Le bleſſé fut hors de péril quinze jours après ; & le vingtiéme, les Chirugiens déclarérent qu'il étoit entiérement guéri. Thomas, qui étoit bien perſuadé qu'il faloit contenter le Corregidor, & les Sergens, & dédommager le bleſſé, n'eut pas plûtôt été averti de ce que diſoient les Chirurgiens, qu'il dit au Sevillan, que ſon Maître avoit fait répondre à une lettre qu'il lui avoit écrite, & qu'en même tems il lui avoit fait toucher en or cinquante écus : & afin de ne le laiſſer pas en ſuſpens, il tira de ſon ſein cet argent, & le lui donna avec une lettre qu'il feignoit que ſon Maître lui avoit fait écrire. Comme il importoit peu au Sevillan que la lettre fût ſuppoſée ou véritable, il ne la voulut point lire, non pas même y jetter les yeux : & recevant fort joyeuſement les cinquante écus, il ſe prit à dire, après les avoir comptés deux ou trois fois, & bien examinez : nous n'avons beſoin, mon ami, ni de ſolliciteurs, ni de ſolliciteuſes ; nous reverrons bien-tôt, ſois en perſuadé, toi, ton cher Aſturiano, & moi mon cher âne. Pour abreger, le bleſſé fut appaiſé pour ſix Ducats ; & Aſturiano & l'âne furent condamnés à
dix

dix, & aux dépens, sur quoi ils furent mis en liberté.

Sept ou huit jours avant qu'Asturiano sortît de prison, on lui avoit permis de voir Thomas Pedro, & les servantes du Sevillan, qui lui apportoient à manger. Argueille, qui se chargea presque toûjours de cette commission, lui avoit déclaré son cœur, & lui avoit fait des avances si indécentes, qu'il résolut, pour n'être point exposé aux sollicitations de cette femme, d'abandonner le service du Sevillan. Cependant, comme il ne vouloit point quiter Tolede qu'il n'eût vû quel succès auroient les amours d'Avendagne, il forma le dessein d'acheter un âne, & de continuer l'office de Porteur d'eau, pour ne point passer pour vagabond, & se faire chasser de la Ville. Je me promenerai ainsi, disoit-il à Avendagne, depuis le matin jusqu'au soir, sans que personne y trouve à redire; je distribuerai mon eau à qui bon me semblera, & j'examinerai à loisir & à mon aise quelles sont les femmes les plus laides. Dis plûtôt, repartit Thomas Pedro, quelles sont les plus belles, car certainement c'est la Ville de toute l'Espagne où elles sont les mieux faites & les plus polies. Je ne veux pour t'en convaincre, que te faire ressouvenir de

Constance, qui est un miracle de beauté. Tout beau, Thomas, interrompit Asturiano, n'exalte pas tant cette servante. Elle n'est point servante, repliqua Thomas, son emploi est de veiller sur les femmes de service de l'Hôtellerie, d'avoir soin du linge, & de la vaisselle d'argent, de donner des Ordres aux Domestiques. On ne l'appelle pourtant, repartit Asturiano, on ne l'appelle que l'Illustre Fregonne, & tu ne peux pas ignorer ce que signifie ce mot. Je ne l'ignore point, dit Thomas, il signifie une servante qui met les mains à tout, qui fait même les plus bas ouvrages, mais croi-moi, elle n'a d'autre emploi pourtant que celui dont je viens de parler. Je le veux croire, se prit à dire Asturiano, mais pour ne parler plus de cela, dis-moi, mon cher Thomas, comment vont tes affaires avec elle? Elles ne sauroient plus mal aller, répondit Thomas, je n'ai pû lui dire une seule parole encore. Ce qui devroit me consoler, c'est qu'elle ne parle à aucun homme, non pas même au fils du Corregidor, qui la recherche publiquement, qui lui donne la Musique presque toutes les nuits, & qui s'est déclaré si hautement, qu'il la nomme par son nom dans ses Sonnets & dans ses Romances.

mances. Mais cela ne me console point néanmoins : si le fils du Corregidor n'a pû se faire aimer encore, il pourroit bien avoir ce bonheur à la fin. Que veux-tu donc faire de cette Porcie, de cette Minerve, de cette nouvelle Penelope, qui occupe un si digne emploi dans la maison du Sevillan, dit en soûriant Asturiano, puisque tu l'aimes sans espérance. Tu t'en moqueras tant qu'il te plaira, repartit Thomas ; mais je sai bien que je suis amoureux d'une personne accomplie, qui ne se fait pas moins admirer par sa vertu, qu'elle se fait distinguer par ses charmes. Je sai qu'elle sert dans cette Hôtellerie, mais je sai en même tems qu'elle mériteroit d'être servie par les plus grands Monarques du monde. Je l'aime en un mot, & mon amour est un amour pur, car ne t'imagine pas que j'aime pour assouvir une passion indécente. O Amour Platonique, s'écria Asturiano ! Servante illustre qui es pourvûë d'assez de charmes pour faire porter des chaînes aux plus grands Rois ! O heureux siécle qui raméne cet âge d'or, où la même main qui portoit le sceptre couronnoit de guirlandes une Bergére ! O mes chers poissons, qui passez ce Printems sans me voir, quand est-ce que je vous posséderai ; car

enfin

enfin nous avons chacun nos amours ! Afturiano, interrompit Thomas, tu te moques de moi trop ouvertement, va à ta Pêche, je ne prétens point m'y oppofer, & laiffe-moi ici, tu m'y trouveras à ton retour, il eft jufte que chacun fuive fon inclination. Partageons l'argent qui nous refte, & féparons-nous bons amis. Tu prens ton férieux, mon bon ami, dit alors Afturiano, ne vois-tu pas bien que je veux rire. Non, Thomas, je ne t'abandonnerai point, & je renonce pour l'amour de toi cette année à toutes les delices de Zahara. Je n'ai qu'une grace à te demander : ne trouve pas mauvais que j'execute la réfolution que j'ai prife de ne refter plus dans cette maifon; je veux éviter les perfécutions d'Argueille, qui comme tu fais, s'eft mife en tête de fe faire aimer de moi, & qui comme tu fais encore n'a pas le bonheur de me plaire. Jamais créature, peut-être, n'a été plus laide & plus dégoûtante, fans parler de fes maniéres, qui font horribles, elle n'a prefque point de dents dans la bouche qui ne foient poftiches ; elle n'a que de faux cheveux, & pour paroître moins ridée, ou moins bazanée, elle fe met tant de blanc fur le vifage que c'eft une véritable peinture de plâtre. Il

n'eft

n'est rien de plus vrai, répondit Thomas, mais sache que Galliegue n'est pas plus belle, & qu'elle me persécute autant pour le moins qu'Argueille te persécute. Dans la situation où je me trouve, ajoûta l'amoureux Thomas, je dois tout souffrir, mon cher Asturiano. Pour toi il en va autrement. Couche cette nuit avec moi, & achete demain un âne, tu iras te camper ensuite là où il te plaira, je ne veux te gêner en quoi que ce soit.

Il y eut cette nuit là un Bal devant la porte de l'Hôtellerie. Les danseurs & les danseuses étoient les valets & les servantes, & quelques filles du voisinage. Plusieurs personnes s'y trouvérent en masque, plûtôt pour voir Constance que pour voir le Bal ; mais elle n'y parut point. Asturiano joüa de la Guitarre, & il s'en aquita si bien que toute l'assemblée en fut charmée. Cependant, dans le tems qu'il étoit le plus en train, & que les autres faisoient rage de danser, un des Masques lui dit sans se découvrir qu'il le prioit de se taire. Comme il n'en voulut rien faire d'abord, un autre Masque commença à lui faire une querelle d'Allemand : si bien qu'Asturiano, tout peu endurant qu'il étoit, eut la sagesse de céder. En effet, ces Masques étoient des personnes con-

considérables. Les Valets faillirent à se mutiner, & peut-être même en fussent-ils venus aux mains avec ces inconnus, si l'Hôte n'y eût mis le hola, & que le Guet n'eût passé. Il ne se passa rien de tragique, & un moment après on entendit une voix admirable : c'étoit un de ces Masques, qui s'étant assis sur une pierre vis à vis de la porte, chanta ces paroles :

STANCES.

Où se cache ce beau visage ?
En quel Ciel, en quel Firmament,
Luit cet Astre, qui me présage
Tant de maux, & tant de tourment.

D'où vient que le Ciel en colére
N'éclaire plus notre Horizon ?
Beau Soleil, pour quelle raison,
Evitez-vous notre Hemisphére ?

Oui, second Soleil de ce monde
Vous ne reluisez plus pour nous :
Sortez, sortez du fond de l'Onde,
A quel dessein vous cachez-vous ?

Constance, un Serviteur fidélle
Meurt d'amour pour votre beauté,

Et vous avez la cruauté
De fuir lors qu'il vous appelle.

Attendrissez-vous à ses larmes :
Il veut vous tirer de ces lieux,
Qui font tant de tort à vos charmes ;
Il en atteste les grands Dieux.

Vous servez, aimable Maîtresse ;
Vous que chacun doit honorer,
Et qui méritez qu'on vous dresse
Des Autels pour vous adorer.

Quittez cet indigne esclavage,
Qui consume vos plus beaux jours :
Ecoutez mes tendres amours,
Et ne soyez plus si sauvage.

Par le lien de l'Hymenée,
Voulez-vous être unie à moi ;
Avant la fin de la Journée,
Vous aurez ma main & ma foi.

Le Musicien fut applaudi. Il n'y eut qu'un des Valets qui lui cria mille sottises. Vrayement, lui dit-il voilà de plaisantes chansons que celles que tu as contées à Constance ; voilà de plaisantes sornettes. Elle est bien-heureuse de bien dormir, elle n'eût guéres entendu ton langage. C'est bien à une servante qu'il faut parler du Firmament, & de l'Horison, c'est du haut Allemand, qu'il faut garder pour les Demoiselles qui ont apris cela dans les Romans de Chevalerie : pour elle, elle ne sait lire que dans ses Heures. Garde, mon ami, tes Romances & tes Rimes pour quelqu'autre, c'est un jargon où elle ne voit goute, non plus que la plus habile servante qu'ait jamais eu le Sevillan. De plus, sache, si tu ne le sais point, qu'elle ne se soucie ni de toi, ni de ceux qui te font chanter, ni de moi, ni de nous tous, non plus que du Prêtre Jean. Toute servante qu'elle est, elle s'imagine que le plus grand de tous les hommes ne lui va pas à la cheville, tant elle les dédaigne tous : je pense qu'elle se croit issuë de la côte de quelque Roi des Indes, ou de quelque Chevalier errant pour le moins. Quant à moi qui lui ai adressé quelquefois des Sonnets, qui me coûtoient mon bon argent, & qui ne recevois que des rebufades pour récompense, je la laisse telle qu'elle est, & trouve bien fou qui s'y amuse. Elle fera quelque jour comme l'Escarbot, elle vieillira, & sa beauté avec, & le tems viendra que bien loin d'être appellée Soleil, elle ne sera pas même appellée

appellée Lune. Je l'attens à quelques années d'ici, le tems est un bon maitre qui m'en rendra bon compte. Chacun se prit à rire du dépit amoureux du Valet, & on se retira.

Asturiano & Thomas s'allérent coucher, comme firent aussi tous les autres; mais à peine commençoient-ils à fermer les yeux, qu'ils entendirent grater à la porte de leur chambre. Ce fut Argueille & Galliégue, qui dirent tout bas, ouvrez-nous, car nous mourons de froid. Il fait bien chaud pourtant, répondit Asturiano tout irrité, nous sommes dans la Canicule. Laisse ces railleries, Asturiano, repartit Galliégue, & nous ouvre vite, nous venons ici en bonne intention. Ma foi, mes Dames les Servantes, vous n'avez qu'à quitter notre porte, nous ne voulons point de vous pour ce soir, allez chercher à vous échauffer ailleurs, & laissez-nous dormir en repos. Comme Asturiano parloit tout de bon, & qu'il accompagna ses paroles de quelques menaces, elles se retirérent fort confuses. Tout ce que fit Argueille, avant que de s'aller remettre au lit, ce fut d'aller mettre son groin au trou de la serrure, en disant: ma foi, si le miel n'est pas pour la bouche de l'âne. Nous voilà quittes

des

des persécutions de ces créatures à assez bon marché, dit Asturiano, en s'adressant à Thomas. Mais vois-tu, continua-t-il, je ne resterois pas un jour dans cette maison quand tu me donnerois tout l'or du Perou, & que tu me ferois Roi de la Chine. Tâchons de nous rendormir, & je te garantis que je déménagerai dès qu'il sera jour. Je t'ai déja dit, répondit Thomas, que tu étois libre là-dessus. Poursui ton voyage, si tu veux, ou fais-toi Porteur d'eau, comme tu en as formé le dessein. Je suis résolu à prendre ce dernier parti, dit Asturiano; je ferois conscience de t'abandonner, que je n'aye vû où aboutiront tes amours, & quelle en sera enfin l'issuë. Ils se rendormirent. Dès que le jour parut, ils se levérent: Thomas alla distribuer son avoine, & Asturiano sortit pour tâcher d'acheter un âne.

Dans le tems qu'Asturiano étoit en prison, Thomas, qui après avoir fait ses affaires, cherchoit ordinairement la solitude, avoit fait des Vers amoureux, & les avoit écrits dans le même livre, où il écrivoit le compte de l'avoine qu'il distribuoit. Son dessein étoit de les transcrire, & d'arracher ensuite le feuillet du livre, mais il étoit si occupé de Constance,

tance, qu'il avoit oublié de le faire, & par surcroît d'imprudence, il laissa un jour son livre sur un Buffet, où son Maître le trouva. Le Sevillan, qui vouloit savoir en quel état étoit le compte de son avoine, puis que l'occasion s'en présentoit, ouvrit le livre, & trouva les Vers de Thomas. Comme il n'entendoit point que ses Valets s'amusassent à cajoller les servantes, & moins encore Constance, il partit de là tout mécontent, & alla chercher cette fille, qu'il trouva dans la chambre de sa femme. La première chose qu'il fit, fut de lui demander si Thomas lui avoit jamais dit quelque sottise, ou s'il lui avoit témoigné par quelque action qu'il eût de l'inclination pour elle. Constance répondit en rougissant, que Thomas ne lui avoit parlé de sa vie, & qu'elle ne s'étoit jamais apperçûe qu'il eût pour elle le moindre penchant. Elle en vouloit dire davantage. Mais l'Hôte lui dit, en l'interrompant, je vous crois, Constance, parce que je ne vous ai jamais surprise à dire des mensonges. Je suis content, vous n'avez qu'à aller à vos occupations. Cependant, ma femme, ajoûta le Sevillan dès que Constance se fut retirée, je ne sai que dire de ceci. Voici des Vers, en lui montrant le livre, qui sont écrits de la main de Thomas, & qui me font soupçonner, qu'il y a quelque anguille sous roche; sachez qu'il s'est amouraché de Constance. Montrez ces Vers, dit la femme, je vous dirai peut-être ce que c'est. Comme vous faites fort souvent des dialogues, je ne doute pas, repartit l'Hôte, que vous ne m'expliquiez celui-ci. Je ne fais pas plus de dialogues qu'une autre, répondit la femme en se fâchant un peu, nous avons une langue pour parler; mais sachez que nous ne sommes pas si ignorantes que vous pourriez croire; je sai bien que je puis lire quatre ou cinq Oraisons en Latin. Je sai fort bien aussi, repliqua l'Hôte, que vous ne les lissez pas trop bien, & que votre Oncle le Sacristain vous a dit souvent que vous feriez bien mieux de les lire en votre langue maternelle. Mais brisons là-dessus, & écoutez les Vers.

DIALOGUE
DE
SYLVANDRE ET DE TIRSIS.

SYLVANDRE.
Qui rend l'Amour tributaire?

TIR-

NOUVELLE IX.

TIRSIS.

C'est celui qui se sait taire.

SYLVANDRE.

Qui le soûmet sous sa loi ?

TIRSIS.

C'est la Constance & la foi.

SYLVANDRE.

Et qui l'atteint dans sa fuite ?

TIRSIS.

Une Constante poursuite.

SYLVANDRE.

J'en cueillirai donc le fruit,
Puis qu'au milieu de ma flamme,
Ma langue, ma foi, mon ame,
Se tait, est ferme & poursuit.
Mais qu'est-ce qui la substante ?

TIRSIS.

C'est une faveur constante.

SYLVANDRE.

Qu'est-ce qui l'éteint soudain ?

TIRSIS.

Le mépris & le dédain.

SYL-

SYLVANDRE.
Et ces deux choses bannies ?

TIRSYS.
Ses flammes sont infinies.

SYLVANDRE.
J'espére donc qu'en ce cas,
Mon cœur sera toûjours tendre:
Si l'on n'aime pas Sylvandre,
On ne le dédaigne pas.
Sachez charmante Constance,
Que je m'arrête en ces lieux,
Pour adorer vos beaux yeux,
Et que ma persévérance,
Et que ma fidélité,
Qu'enfin, mon amour extrême,
Egale votre beauté,
S'il ne la surpasse même.

N'y a-t-il rien que cela, dit l'Hôtesse ? Non répondit le Mari, mais que pensez-vous de ces Vers ? Premiérement, dit-elle, il faut savoir s'ils sont de Thomas. Il n'en faut nullement douter, repartit le Mari, parce que le caractére du compte de l'avoine & celui du Dialogue est le même caractére, il n'y a nulle différence. Voyez-vous, mon mari, dit encore la femme, quoi que Constance

tance soit nommée dans ces Vers, & que par là on puisse juger qu'ils ont été faits pour elle, on ne peut pas néanmoins en être entiérement assuré; combien y a-t-il de Constances au monde, outre la notre. Mais que ce soit pour elle, ou pour quelque autre, c'est ce que le tems nous apprendra. Demeurons seulement sur nos gardes, & ayons les yeux attachez sur la fille, si Thomas en est amoureux, il n'en demeurera pas là, nous découvrirons bien-tôt ce qu'il a dans l'ame. Ne seroit-il pas meilleur, dit le mari, de nous delivrer de ces soins, & de le chasser. Vous le pouvez faire, repartit l'Hôtesse, mais comme vous dites qu'il vous sert bien, & que dans le fonds il vous est nécessaire, je ne le congédierois qu'à bonnes enseignes. Vous avez raison ma femme, dit le Sevillan, le tems nous apprendra toutes choses, veillez là-dessus de votre côté, & j'y veillerai du mien. Ils en demeurérent là effectivement, & l'Hôte alla remettre le Livre dans l'endroit où il l'avoit trouvé.

Thomas, qui ne se souvenoit point où il avoit laissé ce Livre, le chercha long-tems, & l'ayant enfin trouvé, il copia son Dialogue, & déchira le feuillet où il étoit écrit. Son dessein étoit de le faire

voir

voir à Constance, ou de se déclarer à elle de quelque autre maniére dès que l'occasion se présenteroit. Mais elle se tenoit si bien sur ses gardes, qu'il étoit très difficile à Thomas de trouver jour à l'entretenir un moment. Elle le fuyoit, comme elle fuyoit tous les autres hommes, & quand elle paroissoit dans quelque endroit seule, ce n'étoit que comme un éclair. L'occasion se présenta pourtant à la fin. Constance fut attaquée d'une douleur de dents, qui l'incommoda pendant quelques jours. Comme cette fluxion ne la quittoit point, elle se promenoit de chambre en chambre, pour tâcher de la dissiper, tenant un mouchoir sur sa bouche, & se plaignant de tems en tems. Elle passa dans une Galerie, où étoit Thomas & quelques autres personnes, qui ne manquérent pas de lui demander quel étoit le mal dont elle se plaignoit. C'est d'un mal, dit-elle, que bien des gens traitent de peu de chose, mais qui ne laisse pas d'être extrêmement sensible, c'est un mal de dents qui me desole. En voulés-vous être delivrée, Constance, dit l'amoureux Thomas? il ne tiendra qu'à vous de l'être, & de l'être même dans un moment. Je vous donnerai une Oraison par écrit, qui

qui vous soulagera sur le champ, & qui vous emportera toute la douleur, si vous la lisés dévotement une ou deux fois; j'en ai fait très-souvent l'expérience moi-même. Donnez-moi donc cette Oraison, dit Constance, je la lirai je vous assure de très-bon cœur. Ce sera donc à condition, poursuivit Thomas, que vous ne la ferez voir à personne, c'est un secret qu'il ne m'est pas permis de rendre public, mais que je veux bien vous communiquer à vous, parce que je suis persuadé que vous êtes discrette. Je vous promets, dit alors Constance, que personne ne la verra, mais donnez-la moi dès à present, car je sens que ma douleur redouble. Je m'en vai l'écrire, répondit Thomas, & dans un petit moment vous l'aurez. Ce fut là la premiére fois que Constance & Thomas se parlérent, quoi qu'il y eût déja près d'un mois qu'ils étoient dans la même maison. Thomas se retira, & au lieu d'écrire l'Oraison qu'il avoit promis à Constance, il écrivit cette Lettre.

Je suis, adorable Constance, un Chevalier de Burgos, si je survis à mon pere, je recueille un héritage, qui est très-considérable. Au bruit de votre beauté, qui est répan-

répandu par toute l'Espagne, j'ai quitté cette Capitale de la vieille Castille, & me suis métamorphosé, comme vous voyez, pour vous voir, & pour vous découvrir ma tendresse. Si vous voulez y répondre, divine Constance, je vous donnerai tant de marques de ce que je suis, que vous en serez convaincue, & alors il ne tiendra qu'à vous de me rendre l'homme le plus heureux qu'il y ait au monde en recevant ma main & mon cœur. De quelque manière que vous preniez la déclaration que j'ose vous faire, je vous supplie de ne découvrir mes sentimens à personne, car il est très-certain, que si votre Maître venoit à en avoir quelque connoissance, comme il n'ajoûteroit point foi à ce que je vous dis, il me congédieroit sur l'heure, & ce seroit me donner la mort. J'espére vous pouvoir persuader bien-tôt que je n'avance rien qui ne soit véritable. Mais en attendant, permettez que je vous voye & que je vous parle. Ne me refusez pas une faveur si innocente, je n'en abuserai de ma vie, incomparable Constance. Ne desespérez pas un malheureux qui vous adore.

Constance lût la Lettre, & elle fut bien surprise d'y trouver ce qu'elle y trouva. Elle sortit un moment après un peu émuë; & cette émotion sembloit avoir redou-

redoublé ses charmes. Elle avoit entre ses mains le papier qu'elle déchira en plusieurs piéces. Votre Oraison a quelque chose de trop superstitieux, se prit-elle à dire, du moment qu'elle aperçût Thomas. Ce n'est pas de semblables Priéres dont il est permis de se servir : comme je n'y ajoûte point de foi, j'ai bien voulu la déchirer en votre présence, je ne vous en dirai pas davantage. En proférant ces paroles, elle entra dans la chambre de sa Maîtresse, & laissa Thomas fort interdit : car enfin de quelque maniére qu'il interprétât l'action, & les paroles de Constance, il ne pouvoit rien entrevoir qui pût flater ses espérances. Cependant, ce qui le consola, c'est que Constance n'avoit pas paru irritée. Je ne suis guéres plus avancé que je l'étois le premier jour que je suis entré dans cette maison, disoit en soi-mème l'amoureux Thomas ; mais Constance à proprement parler ne m'a fait aucune brusquerie. Elle a déchiré ma Lettre, il est vrai, elle a dit qu'elle n'y ajoûtoit aucune foi, elle s'est retirée sans vouloir entrer avec moi un seul moment en conversation. Mais il n'a paru dans ses yeux ni trop de fierté, ni trop de mépris, rien en un mot qui me doive desespérer. Seroit-il véritable,

ble, continuoit-il, que je puſſe un jour vous rendre ſenſible, aimable Conſtance ? Ah ! non ajoûtoit-il un moment après ; vous euſſiez conſervé ma Lettre, vous fuſſiez entrée avec moi dans quelque petit éclairciſſement, ſi vous aviez la moindre diſpoſition du monde à répondre aux vœux d'un Amant qui vous adore & qui vous adorera toute ſa vie.

Tandis que ces choſes ſe paſſoient dans la maiſon du Sevillan, Aſturiano étoit au marché dans le deſſein d'acheter un âne. Il en vit pluſieurs, mais il n'y en avoit aucun qui l'accommodât. Un Egyptien le ſuivit long-tems pour lui perſuader qu'il en avoit un qui ſeroit ſon fait, mais il lui paroiſſoit trop petit & un peu maigre, quoi qu'il marchât fort vigoureuſement. D'ailleurs, il ſe défioit du Marchand. En effet, on le fit appercevoir que cet animal n'étoit vigoureux que par le vif argent qu'on lui avoit mis dans les oreilles. Celui qui l'en fit appercevoir avoit ſes vûës, car il lui dit un moment après, que s'il cherchoit une bête propre à porter de l'eau, il en avoit une dans une Prairie qui n'avoit jamais peut-être eu de ſemblable. Suis-moi lui dit-il ; & ne dis mot, ce n'eſt qu'à quelques pas d'ici que je te veux mener.

J'y

J'y consens, répondit Asturiano, & alors s'étant pris par les bras comme s'ils s'étoient connus toute leur vie, ils se rendirent en sautant dans un grand Pré, où ils trouvérent plusieurs Porteurs d'eau qui regardoient paître leurs ânes. L'animal lui agréa, & le marché fut bientôt conclu, Asturiano lui compta douze Ducats, moyennant quoi l'autre lui livra son âne, & tout l'attirail nécessaire pour la profession qu'il vouloit embrasser. La joye fut grande parmi les Porteurs d'eau qui se trouvérent là. Ils félicitérent Asturiano de ce qu'il étoit entré dans leur Corps, & l'assurérent tous qu'il avoit acheté un âne qui valoit plus qu'il ne pensoit ; car sois assuré, ajoûtérent-ils, que celui qui te l'a vendu, & qui doit retourner dans son Païs où il est accordé avec une de ses parentes, a gagné dans un an deux paires d'habits, & les douze Ducats que tu lui as donnez, après s'être substanté lui & l'âne fort honorablement.

Quatre de ces Porteurs d'eau se mirent à joüer à la Prime, ils s'étendirent d'abord sur l'herbe, la terre leur servant de table, & leurs capes de tapis. Asturiano se mit à les regarder, & il fut surpris de voir qu'ils joüoient gros jeu : il y en avoit qui avoient devant eux plus de cent Réales. Le jeu s'échauffa : deux ayant couché leur reste, se virent dépouillés dans un moment de tout ce qu'ils avoient, & se retirérent. Celui qui avoit vendu l'âne, eut grande envie de voir s'il pourroit faire fortune ; mais comme il n'aimoit pas de joüer en tiers, il dit à Asturiano que s'il vouloit faire le quatriéme il hazarderoit quelques Ducats. Asturiano, qui ne rompoit jamais de partie, & qui étoit bon joüeur y consentit. Ils s'assirent en même tems sur l'herbe, & le jeu alla si vite, qu'Asturiano en moins d'une heure perdit sept ou huit écus d'or qu'il avoit sur lui. Vous avez un terrible ascendant sur moi, se prit-il à dire, mais n'importe. Je n'ai plus d'argent, mais j'ai mon âne, je le joüerai si vous voulez, il est bon & beau, il faut ou que je le perde, ou que je recouvre mes pauvres écus d'or. Il fut pris au mot, & ils convinrent qu'on le joüeroit par quartiers. Asturiano ne fut pas plus heureux qu'il l'avoit été au commencement. Il perdit d'abord un quartier de son âne, il en perdit en suite un autre, en un mot, il les perdit tous quatre en très-peu de tems, & celui qui avoit vendu l'âne fut celui qui le gagna. Tu reviens donc encore

encore à moi, mon cher âne, dit en soûriant celui qui venoit de le gagner,
vien donc, mais je ne serai que très-peu
de tems ton maître, car je te vendrai encore au premier venu. Alors il se mit
en devoir de l'aller prendre. Alte-là, mon
ami, dit Asturiano, ne va pas si vîte à
l'offrande, l'âne n'est pas à toi tout à
fait encore. Je sai bien que j'en ai perdu quatre quartiers, & que ces quatre
quartiers t'appartiennent, je ne te les dis-
pute pas, tu les peux prendre & les emporter là où il te plaira, mais la
queuë est à moi, car je ne l'ai pas jouée.
Tous les Porteurs d'eau se mirent à rire.
Vous rirez tant qu'il vous plaira, dit froi-
dement Asturiano, mais je n'ai pas perdu la queuë de mon âne, & qui la voudra avoir, il faut qu'il la gagne. Et quoi,
repartirent les Porteurs d'eau, est ce que
quand on vend un mouton, par exemple, on en sépare la queuë, ne va-t-elle
pas avec un des quartiers de derriére ?
Je le confesse, répondit Asturiano, à l'é-
gard des moutons en général, mais je
soûtiens que cela est faux à l'égard des
moutons de Barbarie. Ces moutons ont
réellement cinq quartiers, & la queuë
fait le cinquiéme, j'en laisse juges ceux
qui les vendent, ou plûtôt je vous en

laisse juges vous-mêmes. Il est bien vrai, continua-t-il, que quand on les vend en vie on vend tout ensemble; mais mon âne a été joué, il n'a pas été vendu, & ce n'a jamais été ma pensée d'en jouer la queuë, personne ne peut savoir mieux que moi-même quelle étoit mon intention là-dessus. Qu'on me rende donc la queuë, & qu'on prenne les quatre quartiers, chacun son bien ce n'est point trop, & si quelcun le prétend autrement, ce sera à moi qu'il aura à faire, je saurai très-bien disputer ce qui m'appartient. Vous êtes en grand nombre, dit-il aux Porteurs d'eau avec un visage irrité, mais quand vous seriez tous les Porteurs d'eau du monde, je veux bien que vous sachiez que je ne vous crains point. Je dis bien plus, quand on voudroit me donner l'équivalent de la queuë, je ne le prendrois pas; je veux la queuë, & je ne veux rien autre chose, on n'a qu'à démembrer l'âne sur l'heure. Alors il fit voler son chapeau en l'air, il fit briller un Poignard qu'il portoit sous sa cape, & se mettant en posture d'un homme qui se veut bien battre, il parut si formidable à tous les Porteurs d'eau qu'il n'y en eut aucun qui osât branler. Qu'y ferois-tu, dit un des Porteurs, en s'adressant à celui qui avoit

avoit gagné les quatre quartiers de l'âne; Asturiano n'a pas tout à fait raison, mais aussi il n'a pas tout à fait tort, il faloit l'avoir fait expliquer avant que de se mettre au jeu. En suite s'étant adressé à l'un & à l'autre, si j'étois en votre place, continua-t-il j'aimerois mieux joüer la queüe contre un des quartiers, que d'en venir aux coûteaux pour si peu de chose; joüez-la à la petite Prime, la fortune se déclarera en faveur de celui qui a droit. C'est ce que demandoit Asturiano, & comme l'autre commençoit à avoir peur, ils donnérent tous deux les mains à l'expédient, & se remirent à joüer. On joüa un quatier, Asturiano le gagna : Il en gagna un autre un moment après, en un mot il recouvra son âne. Jamais homme ne fut plus interdit que le Porteur d'eau, qui dans le fonds avoit été la dupe dans cette affaire. Tu as recouvré ton âne, dit-il à Asturiano, je ne saurois qu'y faire, mais au bout du compte j'aime autant que tu l'ayes que s'il étoit démembré, joüons à présent de l'argent. Je n'en ferai rien, dit Asturiano. Je suis content d'avoir perdu mes écus d'or, je ne veux plus risquer de perdre mon âne, qui doit être mon gagne-pain. Asturiano eut beau s'en

défen

défendre, on le preſſa tant qu'il joüa, & il joüa ſi heureuſement, qu'il ne laiſſa pas une demi Réale au Pòrteur d'eau. On peut bien comprendre quel fut le dépit & la deſolation de ce miſérable, il ne pouvoit point ſe conſoler. Mon ami, lui dit Aſturiano, ne te deſeſpére point, arrête tes lamentations & tes plaintes, nous n'en uſons pas entre nous de Turc à More, tu n'en ſeras pas plus pauvre pour avoir perdu tout ton argent avec moi. Alors il lui rendit tout ce qu'il lui avoit gagné, il lui rendit même les douze Ducats de l'âne, & fit outre cela quelques libéralités à d'autres qu'il crut n'en avoir pas plus qu'il leur en faloit. Il entra dans la Ville après cela, & laiſſa les Porteurs d'eau dans une admiration qu'il ſeroit bien difficile de décrire. Il conta ſon avanture à Thomas, qui ne pût s'empêcher de rire, quoi qu'il n'en eût pas tous les ſujets du monde, car Conſtance étoit toûjours inviſible pour lui, & il ne pouvoit entrevoir encore à quoi aboutiroient ſes amours.

Il n'y eut Cabaret, ni Carfour, il n'y eut aucune aſſemblée de fainéans, où l'on ne parlât de la ſubtilité, du courage, & de la libéralité d'Aſturiano. Mais comme le peuple eſt toûjours injuſte,

comme

comme il est naturellement plus enclin au mal qu'il ne l'est au bien, il conta pour très-peu de chose l'action généreuse qu'Asturiano avoit faite, & ne parla que de la supercherie qu'il avoit mise en usage pour recouvrer l'âne qu'il avoit perdu. Ce nouveau Porteur d'eau commença dès le lendemain son office, mais il ne parut pas plûtôt dans les ruës qu'on le montra au doigt en lui criant, voici le Porteur d'eau de la queuë. Il étoit entouré d'enfans qui le poursuivoient en lui criant la même chose; cela ne lui parut pas agréable. D'abord il prit le parti de ne rien dire, dans la pensée qu'il eut que son silence feroit taire la populace & les enfans. Il se trompa. Sa prudence ne lui servit de rien, on venoit toûjours à la charge, si bien que sa patience s'étant changée en colére, il décendit de son âne, & chargea de coups les premiers qui se rencontrérent. Cela ne servit qu'à faire redoubler les cris, & à faire assembler plus de peuple. Le pas étoit glissant pour lui qui n'étoit pas naturellement endurant. De sorte qu'en homme prudent & sage, il se retira tout doucement dans une petite maison qu'il avoit prise pour se délivrer des poursuites d'Argueille, & là il se retrancha pendant cinq ou six jours,

jours, ne sortant que lors que la nuit commençoit à paroître, pour s'aller entretenir avec son ami, qu'il trouvoit toûjours fort mélancholique ; car depuis qu'il avoit donné sa lettre à Constance, il n'avoit pû trouver le moyen de lier avec elle un moment de conversation. Elle est plus retirée que jamais, disoit Thomas à Asturiano. Je n'ai eu qu'une seule occasion de l'entretenir, mais elle m'imposa silence, lors que j'allois ouvrir la bouche pour lui parler. Thomas, me dit-elle, je me porte très-bien, je n'ai nullement besoin de vos Oraisons. J'avouë qu'elle proféra ces paroles d'un air assez riant, & sans qu'il me parût que ma déclaration l'eût offensée : mais elle ne voulut entrer en aucun discours avec moi, & comme tu peux bien te le figurer, cette indifférence m'accable. Je te plains, dit Asturiano, mais le mal n'est pas néanmoins si grand que je l'avois crû ; on doit tout espérer d'une Maîtresse lors qu'elle n'est pas tout à fait irritée, & j'augure que tout ira bien. Parlons de moi, ajoûta Asturiano. Alors il lui fit un recit de ce qui lui étoit arrivé la premiére fois qu'il avoit paru dans les ruës monté sur son âne. Cet acharnement des enfans, se prit à dire Thomas, est desagréable sans doute,

mais

mais ne te roidis point contre le torrent, mon cher Afturiano ; le conſeil que j'ai à te donner là-deſſus, & qu'en pareille occaſion je prendrois pour moi-même, c'eſt que tu te prives pour quelque tems de paroitre dans les ruës avec ton âne, & de quitter l'office de Porteur d'eau ; ſi par ce premier expédient tu ne peux venir à bout de faire oublier ton hiſtoire. Je ſuivrai ton avis, mon cher Thomas, répondit Afturiano, je m'enfermerai chez moi pendant quelque jours, & s'il n'y a point d'autre reméde, j'aurai bien-tôt fait argent de mon âne, & je renoncerai pour toute ma vie au métier que j'avois deſſein d'entreprendre, en attendant à quoi ſe terminera la recherche que tu fais de Conſtance : là deſſus Afturiano ſe retira dans ſon logis, réſolu de s'y tenir clos & couvert ; car diſoit-il, dans ſept ou huit jours il pourra arriver quelque nouvelle avanture qui amuſera le peuple, & qui fera oublier la mienne.

J'entre dans une Scene, qui ſe paſſa dans la Maiſon du Sevillan quelques jours après. Il étoit environ onze heures de nuit, lors qu'à l'improviſte, & qu'on n'avoit aucun lieu de s'y attendre, on vit entrer une troupe de Sergens, qui étoient à la tête du Corregidor. L'Hôte & toute

te l'Hôtellerie, furent allarmés de cette visite nocturne; car il en est de la Justice comme des Comettes, qui ne paroissent jamais que ce ne soit pour préfager quelque grand désastre; c'est du moins l'opinion commune. Le Corregidor fut introduit dans une Salle. Il fit appeller au même tems l'Hôte, auquel il demanda gravement s'il étoit le Maître du Logis. L'Hôte lui répondit qu'il l'étoit, sur quoi le Corregidor fit sortir tous ceux qui étoient dans la Salle, & étant seul avec le Sevillan, il lui dit, qu'il vouloit savoir de lui, quelles gens de service il avoit dans sa maison. Le Sevillan lui répondit, qu'il avoit deux servantes, une vieille femme, & un jeune garçon, qui tenoit le compte de son avoine, & qui la distribuoit à ceux qui logeoient dans son Hôtellerie. N'avez-vous aucun autre Domestique, repliqua le Corregidor? Non, Seigneur, lui repartit l'Hôte. Et sur quel pied donc, ajoûta le Juge, avez-vous dans votre maison, une jeune fille qui fait du bruit, qu'on appelle par toute la Ville l'Illustre Fregonne, & dont mon fils D. Pedro est si amoureux, qu'il ne se passe point de nuit qu'il ne lui donne la Musique. Il est vrai, répondit l'Hôte, que cette Fregonne est chez-moi;

moi; mais quoi qu'elle soit ma servante, je puis dire néanmoins qu'elle ne l'est point. Je ne vous entens pas, dit le Corregidor, & tout ce que j'ai à vous dire, c'est que vous ayez à vous expliquer; car je ne m'accomode pas d'une réponse si captieuse. J'ai dit pourtant la vérité, repartit le Sevillan, & si vous voulez bien m'accorder un petit moment d'audience; je vous convaincrai que cette fille n'est point ma servante, encore qu'elle le soit. Je vous entendrai, dit le Juge, & il me tarde même de vous entendre, pour voir de quelle maniére vous accorderez des choses si contradictoires; mais auparavant il est nécessaire que je voye cette fille, & je vous ordonne de la faire venir ici. L'Hôte mit d'abord la tête à la porte, & appella Constance.

L'Hôtesse qui étoit aux écoutes, & qui étoit déja fort émuë, le fut encore davantage, lors qu'elle entendit que son mari appelloit cette jeune fille. Helas! dit-elle, en poussant un grand soûpir, & les yeux tout baignez de larmes, & de quel crime peut être coupable Constance; Constance qui est la vertu même? Ne vous allarmez pas, ma chére & bonne Maîtresse, dit Constance sans s'émouvoir, nous saurons bien-tôt ce qu'on veut de moi, & soyez persuadée, que si l'on m'accuse de quelque action mauvaise, je suis néanmoins très-innocente; ma conscience ne me reproche rien qui soit indigne de mon sexe, & de la protection que j'ai chez-vous. Elle n'attendit pas qu'on l'appellât deux fois, & prenant un flambeau à la main, elle entra dans la Salle où étoit le Corregidor, sans paroître trop déconcertée. Elle ne fut pas plûtôt entrée que le Corregidor fit fermer la porte, & ayant pris en même tems le flambeau qu'elle portoit, il la regarda fort attentivement; & comme la rougeur lui étoit montée au visage, elle parut si belle aux yeux du Corregidor, qu'il en fut surpris; car il ne s'attendoit pas à voir une beauté si accomplie. Après l'avoir bien considérée, il se tourna vers l'Hôte, auquel il parla en ces termes. Cette jeune fille ne doit pas être chez-vous, elle est digne d'un meilleur sort, & je ne blâme plus mon fils de s'être attaché à elle: la renommée, continua-t-il, exalte ses charmes; mais tout ce que la renommée en dit, est fort au dessous de la beauté dont cette aimable fille est ornée. Est-elle votre parente, lui demanda ensuite le Juge? Elle n'est ni ma parente,

ni

ni ma servante, répondit l'Hôte; & si vous voulez savoir qui elle est, vous entendrez des choses, lui dit-il, tout bas, qui vous donneront du plaisir & de l'admiration tout ensemble; mais il faut auparavant qu'elle sorte. Faites-la donc sortir; mais quoi que je puisse apprendre à son égard, vous la pouvez assurer qu'elle sera sous ma protection, & que je lui servirai de pere. Constance entendit ces paroles, mais elle ne fit pas semblant de les avoir entendues, & elle sortit. Tandis qu'elle raconte à sa Maîtresse ce qui vient de se passer dans la Salle, voyons ce que l'Hôte apprend au Corregidor.

Il y a, Seigneur, environ quinze ans aujourd'hui, dit le Sevillan, qu'il arriva chez-moi une Dame en habit de Pelerine, accompagnée de quatre Valets à cheval, de deux Demoiselles, & d'une femme de chambre; la Dame étoit en Litiére, & ses femmes dans une espèce de Carosse. Son équipage étoit assez magnifique, car il y avoit deux ou trois mulets avec des couvertures très-riches, chargez d'un lit, & de tout ce qui sert à peu près pour une Cuisine. La Dame paroissoit avoir environ quarante ans, elle étoit néanmoins extrêmement belle. Du moment qu'elle fut arrivée, on lui dressa son lit dans cette

cette même Salle où nous sommes, & elle se coucha en même tems. Elle en avoit certainement grand besoin, car non seulement elle étoit fatiguée, mais elle étoit malade.

Ses Valets me demandérent d'abord, qui étoit le plus fameux Médecin de la Ville, je le leur dis, ils l'allérent querir dans le moment : & ce qu'il ordonna d'abord, ce fut qu'on changeât le lit dans une chambre, où l'on entendit moins de bruit, & cela fut exécuté fort exactement. Aucun des Valets n'entroit dans l'appartement de la Dame, il n'y avoit que les deux Suivantes, & la femme de chambre qui la servissent. Nous demandâmes fort souvent aux Valets, ma femme & moi, le nom de cette Dame, d'où elle venoit, où elle alloit, si elle étoit mariée, si elle étoit veuve, ou fille, pourquoi elle étoit vêtuë en Pélerine; & tout ce que nous en pûmes apprendre, fut que c'étoit une personne de qualité de la Vieille Castille; qu'elle étoit veuve & sans enfans; que comme depuis quelques mois, elle étoit tombée dans une hydropisie dangereuse, elle avoit fait vœu d'aller en Pelerinage à Notre Dame de Guadaloupe, & que pour accomplir son vœu elle avoit prit cet habillement. Pour ce ce qui regarde son nom, ils ajoûtérent qu'ils avoient ordre de ne la nommer que la Dame Pélerine.

Ce fut là tout ce que nous sûmes d'abord, mais trois jours après, elle nous fit appeller ma femme & moi, par une de ses Demoiselles, & elle nous parla, en ces termes.

Le Ciel m'est témoin, dit-elle, en versant un torrent de larmes, le Ciel m'est témoin, que sans être coupable, je me trouve la plus infortunée personne qu'il y ait au monde. Je suis enceinte, & je suis si près de mon terme, que je sens déja les prémiéres douleurs. Aucun de mes Valets n'a connoissance de mon infortune, il n'y a que mes femmes qui la sachent, je n'ai pû leur en faire mistère, & je suis persuadée d'ailleurs, que je pouvois me découvrir à elles sans risque. Pour fuir ceux qui eussent pû m'observer chez-moi, j'ai fait vœu d'aller à Notre-Dame de Guadaloupe, & je vois bien que c'est sa volonté, que je fasse mes couches ici. Je vous regarde donc comme les seules personnes qui me peuvent donner du secours. Je me jette entre vos bras, & j'espère qu'en me secourant vous aurez pitié de ma destinée, & que vous ne révélerez jamais le triste sécret

cret que je vous confie. En achevant ces paroles qui nous attendrirent, elle tira de deſſous le chevet de ſon lit, une bourſe de fil d'or & de ſoye verte, & la préſentant à ma femme, elle lui dit, il y a dans cette bourſe, deux cens écus d'or, que je vous donne, pour vous témoigner que je veux bien reconnoître par avance, les ſervices que je ſuis convaincuë que vous me rendrez. Ma femme, qui ſe ſentoit toute émuë, prit la bourſe ſans rien répondre ; mais je pris la parole, & je lui dis, que quand il n'y auroit aucune récompenſe à eſpérer, tout ce qui dépendoit de nous étoit à elle ; que nous ne nous épargnerions en rien, pour tâcher d'adoucir les amertumes de ſon ame ; & qu'en ſe confiant à nous, elle s'étoit confiée à des perſonnes, qui aimeroient mieux mourir mille fois, que de révéler le ſecret dont elle venoit de nous faire confidence. Il eſt donc néceſſaire, ajoûta la Dame, puis que vous êtes dans la diſpoſition de me ſervir, que vous jettiez les yeux ſur une femme, qui ſe charge de l'enfant que Dieu me donnera ; mais il faut que la femme vous ſoit connuë, & que vous preniez toutes les précautions néceſſaires, pour qu'elle ignore toute ſa vie mes avantures. Pour de Sage-Femme

NOUVELLE IX.

me je n'en veux point, mes filles en feront l'office, ce sera un témoin de moins, dont je me verrai délivrée. J'accomplirai mon vœu, après que j'aurai fait mes couches, & à mon retour nous prendrons toutes les précautions qui se pourront prendre, pour donner des assurances, que l'enfant que je vous laisserai ne vous sera jamais à charge ; & pour faire que cet enfant puisse être reconnu, quand il en sera tems. Elle n'en dit pas davantage, elle finit là son discours ; mais ses larmes ne finirent point. Ma femme, qui étoit un peu revenue de sa surprise, tâcha de la consoler, elle lui confirma toutes les promesses que je lui avois faites, & je sortis pour aller chercher une femme, que je trouvai quelques heures après, & telle que je la pouvois souhaiter. La bonne Dame, ne fut pas long-tems à sentir redoubler ses douleurs ; & la même nuit, environ à une heure du matin, lors que tout le monde étoit enseveli dans le sommeil, elle accoucha d'une fille, la plus belle que j'eusse vû de ma vie ; c'est, Seigneur, celle que vous venez de voir. Ce qu'il y eut d'admirable dans cet accouchement, qui fut promt & heureux ; c'est que la mere sût retenir ses cris, & que l'enfant ne pleura presque point, en

venant

venant au monde, en quoi nous admirames la Providence, qui ménagea tout si sagement, qu'il n'y eut dans la maison, qui que ce fût, qui eut le moindre soupçon, de ce qui venoit de se passer avec tant de silence. Elle demeura sept jours au lit; pendant lesquels, le Médecin ne manqua jamais de la visiter, non qu'elle lui eût déclaré d'où procédoit son mal, ni qu'elle prit les remédes qu'il lui ordonnoit; mais c'est qu'elle vouloit par là tromper ses gens, comme elle me le dit, quand elle fut hors de péril. Le huitiéme jour elle se leva, & continua son Pélérinage. Elle fut de retour en moins d'un mois, paroissant se porter très-bien; car elle avoit quitté peu à peu les coussins, & les autres machines dont elle se servoit, pour feindre qu'elle étoit hydropique. La fille fut appellée Constance au Baptême, selon l'ordre que j'en avois reçû; & elle étoit déja en nourrice dans un Village, où elle passoit pour être ma niéce. Je reçûs d'abord de cette Dame une chaîne d'or que j'ai encore, dont elle ôta six chaînons, en me disant, que celui qu'elle envoyeroit pour querir l'enfant les apporteroit. Elle coupa en même tems à tours, & à ondes deux bandes de Velin, sur lesquelles elle écrivit quelque chose.

se. Imaginez-vous, Seigneur, deux de vos doigts entrelassés l'un sur l'autre, sur lesquels on formeroit quelque écriture. Il est aisé de comprendre, que cette écriture auroit un sens tandis que vos doigts demeureroient joints, & qu'elle n'en auroit plus du moment qu'ils seroient séparés. Il en est de même de ces deux bandes. L'une est l'ame de l'autre, pour ainsi dire. Etant unies, on peut lire des paroles qui ont quelque signification, au lieu qu'étant séparées, on ne voit que des caractères qui ne signifient rien. J'ai un de ces parchemins, & lors qu'on viendra reclamer Constance, il faudra qu'on me fasse voir l'autre; c'est le signal dont nous sommes convenus.

La Dame, ajoûta le Sevillan, ne se contenta pas du présent qu'elle avoit fait d'abord à ma femme; elle lui donna encore cinq cens écus d'or. Elle promit qu'elle retireroit son enfant au bout de deux ans; mais elle nous dit, que si par hazard elle ne pouvoit point exécuter son dessein, dans le tems qu'elle nous marquoit, elle nous prioit d'élever sa fille, comme une simple Villageoise, de ne lui découvrir jamais sa naissance, & d'être persuadez qu'on ne nous laisseroit point sans récompense. J'ai des raisons importantes,

tantes, dit-elle, en se séparant de nous, pour vous cacher mon nom ; mais vous l'apprendrez quelque jour ; & vous n'aurez jamais sujet de vous repentir des services que vous m'avez rendus, & que vous me rendrez en conservant fidellement, le précieux dépôt que je vous abandonne. Elle embrassa ma femme en fondant en larmes, & elle partit nous laissant remplis d'admiration, & si attendris que nous ne pûmes nous empêcher de répandre des pleurs à notre tour ; nous n'avons jamais été si émus de notre vie.

Constance fut nourrie deux ans au Village, d'où je la retirai, & je l'ai gardée toûjours depuis avec moi en habit de Villageoise, comme sa mere me l'avoit ordonné. Il y a environ quinze ans, comme je l'ai déja dit, que j'attens qu'on la vienne querir, & je perds déja espérance qu'on la reclame. Mais mon parti est pris là dessus ; j'ai résolu de l'adopter, & de lui donner tout mon bien qui est assez considérable. Je vous dirai au reste, Seigneur, que cette fille, a toutes les qualités qu'on peut souhaiter dans une personne qu'on veut mettre au nombre de ses enfans. Elle sait lire & écrire, elle sait travailler à toutes sortes d'ouvrages,

vrages, elle chante admirablement ; mais ce qu'il y a de plus, elle a de la piété & de la vertu, & je puis dire, qu'elle n'a aucun de ces petits défauts, qu'ont ordinairement les jeunes personnes, que le Ciel a ornées de quelque beauté. Don Pedro votre fils, ne lui a parlé de sa vie, vous en devez être persuadé. Il est bien vrai, qu'il lui donne la Musique de tems en tems ; mais elle ne l'a jamais ouïe. Plusieurs Seigneurs de la prémiére distinction, ont séjourné chez moi plusieurs jours, dans le seul dessein de la voir ; mais aucun ne se peut vanter de lui avoir dit une seule parole. C'est-là, Seigneur, la véritable histoire de cette Illustre Servante, à qui je veux bien donner ce nom, puis que c'est le nom que tout le monde lui donne ; elle n'est pas pourtant chez-moi sur ce pied. Le Corregidor demeura surpris, des choses qu'il venoit d'entendre. Il fut un moment sans rien dire, après que l'Hôte eut achevé de parler. Mais enfin, rompant le silence, il lui ordonna d'aller chercher la chaîne & le parchemin ; ce qui fut exécuté dans un moment. La chaîne étoit extrêmement bien travaillée, & la bande de Velin, fut telle que le Sevillan l'avoit dépeinte. Le Corregidor em-

emporta cette bande, mais il laissa la chaîne à l'Hôte; après quoi il se retira dans le dessein de lui chercher un asile plus honnête, ou de la mettre auprès d'une Religieuse de ses parentes, pour l'élever.

Dans le tems que ces choses se passoient, Thomas fut dans de grandes inquiétudes. Mais lors qu'il vit que le Corregidor étoit sorti, & que Constance demeuroit, il commença à respirer un peu. Cependant, comme il ignoroit quelles étoient les vûës du Juge, il passa une nuit fort triste; la pensée la moins funeste qu'il eut, fut que le Corregidor feroit enfermer Constance dans un Couvent, pour l'ôter de devant les yeux de son fils, & qu'on n'entendroit jamais plus parler de cette aimable fille.

Le jour suivant, environ à une heure après midi, quatre hommes à cheval, & deux Valets de pied, arrivérent chez le Sevillan. Ils précédoient deux vieux Chevaliers, auxquels ils aidérent à décendre de cheval; ce qui fit connoître d'abord, que ces deux Vieillards étoient les maîtres. Constance sortit au devant de ces nouveaux hôtes avec son éclat ordinaire; & la beauté de cette fille frappa si fort l'un de ces deux Chevaliers, qu'il dit, en s'adressant à l'autre. Je crois, D. Juan, que

que nous avons trouvé, ce que nous venons chercher. Thomas, qui étoit accouru pour mettre les chevaux dans l'écurie, reconnut d'abord un des valets de son pere, il reconnut son pere un moment après, & celui de Carriasse. Il demeura extrêmement surpris, & il ne douta nullement, que quelcun ne les eût découverts à Tolede. Cependant, n'osant se présenter dans l'équipage où il étoit, il passa devant eux la main sur le visage, & tâcha de parler à Constance, qu'il trouva seule par hazard. Je n'ai qu'un mot à vous dire, insensible Constance, daignez m'écouter un seul moment, lui dit Thomas, tout troublé & tout interdit. L'un de ces vénérables Chevaliers, qui viennent d'arriver ici est mon pere ; c'est Don Juan d'Avendagne. Informez-vous de ceux de sa suite, si ce n'est point son nom, & s'il n'a pas un fils appellé Don Thomas. Il vous est aisé à présent de vous éclaircir, si j'ai avancé quelque chose à mon égard, qui ne soit pas véritable. Pour ce qui regarde les offres que je vous ai faites, je vous les fais encore ; soyez persuadée, que je n'ai rien promis, que je ne sois en état d'exécuter. Constance ne répondit rien, il est vrai que quand elle eût répondu quelque

que chose, Thomas ne l'eût point entendu; car il se retira avec beaucoup de précipitation, pour aller chercher Carriasse, à qui il étoit nécessaire qu'il apprît ce qui se passoit.

L'un des Chevaliers dans ce tems-là, tira à part Galliegue, à laquelle il demanda comment s'appelloit cette jeune fille qu'il avoit vûe; si c'étoit une des filles, ou des parentes de l'Hôte. La fille s'appelle Constance, répondit Galliegue, elle n'est parente de l'Hôte, ni de l'Hôtesse, & vous m'embarrasseriez bien, si vous vouliez savoir qui elle est; ce sont lettres closes pour moi, & pour bien d'autres. Tout ce que j'ai à vous dire, Seigneur, c'est que cette fille est née coëffée; il n'entre qui que ce soit dans ce Logis, qui ne s'informe d'elle d'abord, & qui ne soit ébloui de sa beauté. Elle est la seule à qui l'on dit quelque chose d'obligeant, car quant à nous autres pauvres malheureuses, on ne nous dit pas une seule parole, qui nous puisse faire le moindre plaisir. A ce compte, repartit le Chevalier, elle fait beau jeu à ceux qui l'approchent. Ma foi, dit Galliegue, peu se peuvent vanter de l'avoir approchée, ce n'est pas là son défaut, si elle vouloit seulement permettre qu'on la regardât,

dât, elle auroit déja fait fortune une infinité de fois, & seroit toute cousuë d'or; mais elle fuit de devant les hommes, comme s'ils étoient tous excommuniés; elle est tout le long du jour enfermée, occupée ou à prier Dieu, ou à faire de petits ouvrages. Je n'ai jamais vû de fille de son caractere. Il est bien nécessaire que nous soyons sages, mais franchement elle l'est un peu trop, les hommes ne sont pas si méchans qu'ils sont noirs; & j'ai toûjours oüi dire, que l'homme étoit fait pour la femme, & que la femme étoit faite pour l'homme; je suis aussi sévere qu'une autre, mais je ne m'effaroucherois point quand tous les hommes de la terre me parleroient, s'ils me parloient comme à elle en toute civilité & honneur.

Le Chevalier fut très satisfait de ce qu'il venoit d'apprendre de la bouche de cette servante, qui lui avoit parlé fort naturellement. Il se tourna à l'instant vers l'Hôte, & sans attendre qu'on lui ôtât les éperons, il le tira à part dans une chambre. Je viens, lui dit-il d'abord, pour retirer un gage qui m'appartient; & que vous avez eu en votre pouvoir depuis plusieurs années. Mais pour vous faire voir que je ne viens pas à fausses enseignes, je vous apporte un parchemin, & cinq ou six anneaux d'une chaîne, que vous reconnoîtrez sans doute. Je dois ajoûter à cela, que j'ai mille écus à vous donner, pour vous marquer ma reconnoissance. Le gage que vous demandez, Seigneur, est ici, répondit l'Hôte; mais je n'ai ni la chaîne, ni la bande de Velin, qui me furent mis entre les mains, lors qu'on me confia le précieux dépôt que j'ai eu si long-tems en garde. Mais ayez, ajoûta-t-il, un moment de patience, je vous rendrai compte de tout. Il sortit sur cela de la chambre, & s'en alla chez le Corregidor, pour lui apprendre qu'on venoit enfin reclamer Constance.

Le Corregidor achevoit de dîner. Il monta d'abord à cheval, & ayant pris avec soi la bande de Velin, dont il s'étoit saisi le jour auparavant, il marcha droit chez le Sevillan. A peine eut-il jetté les yeux sur Don Juan d'Avendagne, qu'il courut à lui les bras ouverts, en s'écriant, ah! mon cher Cousin, c'est donc vous? Oui, c'est moi, dit Don Juan, & j'ai bien de la joye de vous revoir, vous saurez bien-tôt par quelle avanture. Alors l'embrassant une seconde fois, il le prit par la main, & le conduisit dans une ne autre chambre où étoit l'autre Chevalier. Le Corregidor fut encore extrèmement surpris de voir Don Diego Carriasse, qu'il connoissoit fort particuliérement. Les civilités furent réïtérées, & après s'être encore embrassés avec beaucoup de tendresse, ils entrérent dans une Salle, où ils s'enfermérent avec le Sevillan, qui étoit allé chercher la chaîne. Je sai déja en partie, ce qui vous a amenez à Tolede, dit le Corregidor, en s'adressant aux deux Chevaliers, & je m'attens, ajoûta-t-il, à un dénouëment qui ne me causera pas moins d'admiration, que m'en a causé l'histoire de cette illustre fille, que vous venez nous arracher; quoi que je n'aye sû son histoire, que d'une maniére fort imparfaite. Montrez la chaîne que vous avez, continua le Juge, en parlant à l'Hôte, j'ai le parchemin que vous me communiquâtes hier, & dont je voulus bien me constituer le dépositaire, de peur qu'il ne vînt à s'égarer: alors la chaîne & la bande de Velin, furent mises sur une table. De mon côté, dit Don Diego, j'ai en ma puissance les chaînons qui manquent à cette chaîne, & un parchemin tout semblable à celui que je vois, je vous les remets. Nous allons bien-tôt être éclaircis, ajoûta-t-il, si cette jeune fille que nous avons déja vûe, est celle que nous reclamons. La chose fut bien-tôt expédiée. Les chaînons furent du même travail, de la même matiére, & de la même forme que le reste de la chaîne, & quant au parchemin, les deux bandes ne furent pas plûtôt jointes, & entrelassées l'une sur l'autre, qu'on lût distinctement ces paroles.

Constance à ce signal doit être reconnuë.

Il n'y a point de doute, que ce ne soit ici la même Constance que vous êtes venu chercher, dit le Corregidor, en se tournant du côté des deux Chevaliers ; il n'y a présentement, ajoûta-t-il, qu'à savoir qui sont les parens de cette fille. C'est moi qui en suis le pere, répondit Don Diego, pour sa mere elle n'est plus en vie. Il suffit que vous sachiez que c'étoit une personne distinguée, & par sa naissance, & par sa vertu ; vous aurez de la peine à concevoir, que n'ayant jamais été ma femme, sa conduite ait été toûjours réguliére. Cependant, le Ciel le sait, sa vie a été toûjours sans reproche. J'ai des raisons pour taire son nom, mais j'en ai aussi pour justifier son innocence. Je demande pardon à vos cendres, illustre mere de Constance, s'écria Don Diego, en poussant un grand soûpir, je vous rendis la plus infortunée personne de votre rang, & de votre sexe! Don Diego Carriasse fut quelque tems sans parler, après cette exclamation. On vit bien qu'il étoit ému, mais il reprit bien-tôt ses esprits. Cette Dame, leur dit-il, avoit été mariée à un Chevalier d'un très-grand mérite, & d'une des prémiéres maisons d'Espagne; mais elle fut veuve peu de tems après son mariage. Le parti qu'elle prit après la mort de son Epoux, fut de se retirer à la Campagne, où elle passoit ses jours dans la retraite, d'une maniére fort tranquille. Je l'avois connuë; & un jour que j'étois à la Chasse, je me trouvai si près de sa maison, que je résolus de l'aller voir. C'étoit dans les châleurs de l'Eté, & il étoit environ deux heures après midi, lors que j'arrivai chez elle. Je laissai mon cheval à un de mes Valets, & j'entrai tout seul dans son Palais; car cette maison à cause de sa grandeur, & de sa magnificence, pouvoit bien être ainsi nommée. Je fus surpris de ne trouver personne ni dans la Cour, ni dans les prémiers appartemens. J'arrivai enfin dans un Sallon,

où

où ne trouvant encore personne ; j'entrai dans une chambre très-propre que je trouvai ouverte, & où la Dame étoit endormie sur un lit de repos. C'étoit une femme extrêmement bien faite : & comme elle ne pouvoit pas prévoir qu'on la surprendroit, elle n'avoit pris aucune précaution pour cacher les plus beaux bras, & la plus belle gorge qui se puissent voir. C'étoit une Déesse endormie, qui pour se garantir de la chaleur excessive qu'il faisoit ce jour-là, étoit dans un demi deshabillé ; car enfin, un simple corset, & une simple jupe d'un tafetas très-mince faisoient tout son habillement. Sa beauté, qui étoit extraordinaire, le silence, la solitude, tant de charmes que j'appercevois, réveillèrent en moi des desirs, dont je ne fus pas le maître. Je fermai doucement la porte, je m'approchai de son lit, je l'admirai, & incertain pendant quelques momens, si je me retirerois, ou si je resterois dans la chambre ; la force de l'amour l'emporta enfin. Je me panchai auprès d'elle, je lui donnai un baiser, & commençant à m'enhardir, je l'embrassai, & je l'embrassai avec tant d'ardeur, qu'elle se réveilla en sursaut, & fort épouvantée ; il n'est pas difficile de le comprendre. Madame, lui dis-je d'abord, je je vous conjure très-inſtamment de ne point crier; car enfin, vos cris ne ſerviront qu'à découvrir une avanture, qu'il eſt de votre intérêt de tenir cachée. Tout dort dans votre maiſon, perſonne ne m'a vû entrer dans votre chambre. Vos Domeſtiques ne manqueront pas d'accourir à vos cris, il peut même arriver qu'ils m'ôteront la vie entre vos bras; mais ma mort n'ôtera jamais le ſoupçon que toute la terre aura, que c'eſt ici une galanterie concertée. Pour le dire en un mot, j'obtins les faveurs que je deſirois; parce qu'ayant été priſe à l'impourvû, elle ne pût jamais ſe débarraſſer de moi, quelques efforts qu'elle pût faire. La vertueuſe Dame, fut ſi ſurpriſe, ſi interdite, ſi troublée, ſi peu en état de ſavoir ce qu'elle devoit faire, où ce qu'elle ne devoit point faire, que bien loin de m'accabler d'injures, ou de ſe plaindre de ma violence, elle n'eut pas la force de parler. Je me trouvai auſſi confus qu'elle, lors que je vins à reconnoître, que ſi j'avois été heureux, je ne l'avois été que par un crime, dont je rougirai toute ma vie; mais le crime étoit commis, il n'y avoit plus de reméde. Vous pouvez bien vous imaginer, que je ne m'arrêtai pas trop long-tems dans ſa chambre; j'euſſe eu à eſſuyer

une

une trop grande tempête, si j'eusse attendu qu'elle fût revenue de sa surprise, & qu'elle eût eu la force de me reprocher mon action indigne, ou de s'en vanger. Je m'en retournai sur mes pas, sans rencontrer encore personne, & je me rendis chez un de mes amis, qui étoit à deux lieues de sa maison. La Dame alla faire son séjour dans une autre Terre qu'elle avoit; & j'apris deux ans après qu'elle étoit morte.

Il y a environ un mois, ajoûta Don Diego, qu'un Maître d'Hôtel qui l'avoit servie, m'écrivit qu'il avoit à me communiquer des choses très-importantes, & que je ne devois pas négliger d'apprendre pour ma satisfaction, & pour mon honneur; il me marquoit en même tems, qu'il n'étoit pas en état d'aller chez moi, & que l'affaire dont il s'agissoit étoit pressante. Je le fus voir, & je le trouvai malade, dans un lit abandonné déja des Médecins. Il me raconta en peu de mots, que cette infortunée Dame en mourant, lui avoit fait confidence de ce qui s'étoit passé avec moi; qu'elle avoit ajoûté, qu'elle étoit demeurée enceinte de la violence que je lui avois faite; que pour cacher sa grossesse, elle avoit entrepris un Pélérinage à Notre-Dame de Guadaloupe,

&

& qu'enfin elle s'étoit accouchée dans la maison où nous sommes, d'une fille qui avoit été appellée Constance. Il me mit en même tems entre les mains le parchemin, & les chaînons que vous voyez, & une Cassette où je trouvai trente mille écus d'or, avec un papier où étoit écrit de sa propre main, qu'elle avoit reservé cet argent pour être donné en Dot à cette fille. Si je ne vous remis pas d'abord cette Cassette, me dit le Maître d'Hôtel, d'une voix mourante, c'est que cette grosse somme m'avoit tenté. Mais comme me voici en état d'aller rendre compte à Dieu ; je veux décharger ma conscience. Je vous rens donc ce qui vous appartient; & je vous donne en même tems les moyens d'aquerir un plus grand trésor, qui est une fille que vous n'avez jamais cru d'avoir, & qui a toutes les perfections de sa mere ; car je dois vous découvrir encore, que j'ai fait trois voyages à Tolede, où sans me faire connoître je l'ai toûjours vûë, enchanté toûjours de ses vertus, & de sa beauté, qui certainement est extraordinaire.

Don Diego avoit à peine achevé ces paroles, qu'on ouït crier à la porte de la ruë. Avertissez Thomas Pedro, qu'on conduit en prison Asturiano son ami. Le

L 5   Corre-

Corregidor qui entendit parler de prison, donna ordre au même instant qu'on fît venir & le prisonnier, & les Sergens qui le conduisoient. Les Sergens obéïrent. Ils amenérent chez le Sevillan Asturiano, qui avoit le visage tout en sang. Asturiano ne fut pas plûtôt entré dans la Salle où étoit le Corregidor, & les deux Chevaliers, qu'il reconnut son pere, & celui d'Avendagne. La surprise ne fut pas petite, il fut confus, & déconcerté, la prison lui eût été bien plus agréable, que la vûë d'un pere qui ne pouvoit qu'être irrité contre lui; & devant lequel il n'osoit paroître dans l'état où il se trouvoit. Il se cacha le visage avec un mouchoir, feignant d'en ôter le sang qui en découloit : mais il n'étoit guères possible qu'il échapât à la connoissance des deux Chevaliers, qui l'ayant trouvé d'assez bonne mine, avoient toûjours les yeux sur lui. Le Corregidor qui vouloit savoir de quoi il s'agissoit, demanda ce qu'avoit fait ce jeune homme-là pour qu'on l'eût si mal traité. Les Sergens répondirent, que c'étoit un Porteur d'eau appellé Asturiano, à qui les enfans crioient par les ruës : *Voici l'homme de la queuë*. Ils firent ensuite un recit en peu de paroles de ce qu'avoit fait ce Porteur d'eau, après qu'il qu'il eut perdu au jeu les quatre quartiers de son âne, ce qui fit éclater de rire les deux Chevaliers & le Corregidor, qui trouvérent l'histoire fort plaisante. Les Sergens racontérent ensuite qu'Asturiano sortant par le Pont d'Alcantara, les enfans qui le poursuivoient ayant redoublé la huée, il décendit de son âne, qu'il en frappa un si rudement, qu'il le laissa presque mort, que s'étant voulu défendre lors qu'ils le saisissoient, il avoit reçû quelques petits coups sur le visage, & que quoi qu'il fût ensanglanté, ce n'étoit rien qu'un peu de sang qu'il avoit jetté par le nez. Le Corregidor lui dit alors de découvrir son visage; & comme il faisoit difficulté de le faire, un des Sergens lui arracha le mouchoir, & son pére le reconnut. On peut bien se figurer quel fut l'étonnement de Don Diego. La joye qu'il eut de voir Carriasse, parut d'abord dans les yeux du vieux Chevalier; mais cette joye fut extrêmement modérée, lors qu'il le vit dans cet équipage. Vous me faites honte, mon fils, lui dit Don Diego, d'un air sévère, & vous deshonorez notre famille par une si indigne conduite. Carriasse n'attendit pas que son Pere eût achevé ses reproches & ses justes plaintes, il se jetta à ses pieds en versant des larmes, & les tenant embrassez en lui demandant pardon; il le supplia de mettre en oubli toutes ses jeunesses. On les oubliera, lui dit Don Juan d'Avendagne, mais dites-moi prémiérement, continua-t-il, qu'est devenu Thomas d'Avendagne, mon fils. Don Thomas d'Avendagne est ici, répondit Carriasse, c'est celui qui a soin de donner l'avoine pour les chevaux de ceux qui viennent loger dans cette maison. Pardonnez-lui sa métamorphose & la mienne, c'est l'amour qui nous a ainsi transformez; quand vous voudrez bien nous écouter, nous vous apprendrons notre histoire. Le Corregidor étoit dans l'admiration, & comme il lui tardoit de voir Don Thomas d'Avendagne, il ordonna à l'Hôte de le faire venir. On ne sût pas d'abord où il étoit, mais on apprit bien-tôt, qu'il s'étoit allé cacher dans sa chambre, n'ayant pû trouver Asturiano. L'Hôte le fit appeller lui-même, mais il refusa de décendre; & il ne fût pas décendu, si le Corregidor, qui sortit à la Cour, ne l'eût appellé par son nom, en lui disant, décendez, notre cher Cousin, Don Thomas d'Avendagne, vous le pouvez faire sans aucune crainte. Avendagne décendit alors les yeux baissez, &

se

se jetta aux pieds de son pere, qui l'embrassa avec beaucoup de tendresse. Le Corregidor alla lui-mème chercher Constance, & la tenant par la main, il la présenta à son pere. C'est ici votre fille, lui dit-il, en s'adressant à Don Diego Carriasse, après quoi se tournant vers Constance, ce vénérable Chevalier est votre pere; rendez grace au Ciel l'un & l'autre, de ce merveilleux dénouëment. Constance, qui ne savoit que s'imaginer, se jetta à genoux devant son pere toute tremblante, & fondant en pleurs. Don Diego ne pût s'empêcher de s'attendrir, & ayant relevé sa fille, je vous reconnois, lui dit-il, à votre beauté, & à votre modestie; & si je verse des larmes en vous embrassant, ce sont des larmes d'une véritable joye. Un moment après on vit arriver deux Carosses, que le Corregidor avoit envoyé chercher. Ce sera chez nous, s'il vous plaît, dit-il, en s'adressant à tous, que nous irons finir cette Scene. Les deux Chevaliers s'en défendirent; mais il fallut céder aux sollicitations obligeantes du Corregidor, qui les traita le soir fort splendidement; l'Hôtesse elle-mème, qui ne pouvoit se séparer de sa chére Constance, fut de la partie. Après

le

le soupé, Carriasse fit un petit recit fort circonstantié, & fort agréable, de tout ce qui leur étoit arrivé, depuis qu'ils avoient quitté leur Gouverneur, & tombant enfin sur le chapitre de Constance, il leur aprit que Don Thomas en étoit devenu si éperduëment amoureux, que pour tâcher de s'en faire aimer, il avoit bien voulu se mettre en service dans la maison où elle étoit; & que quant à lui, il s'étoit mis Porteur d'eau, pour attendre quelle seroit l'issuë de l'entreprise de son ami. Il dit plusieurs autres choses qui furent écoutées avec plaisir, & comme il n'étoit pas de la bienséance, que Carriasse & Avendagne, parussent le lendemain dans l'équipage où ils étoient, on fit venir des Tailleurs qui travaillérent toute la nuit à leur faire des habits. Pour Constance, la femme du Corregidor lui en donna, de ceux d'une fille unique qu'elle avoit, & qui se trouvoit à peu près & de son âge, & de sa taille. Le fils du Corregidor s'apperçût bien, lors que Carriasse parloit, qu'il faloit qu'il renonçât à Constance. Don Pedro ne se trompa point : dès le même soir il fut conclut, qu'il seroit marié avec la fille le de Don Juan d'Avendagne, que Carriaffe le feroit avec la fille du Corregidor, & que Don Thomas épouferoit la belle Conftance. Les réjouïffances durérent pendant un mois, & les Nôces furent célébrées à Burgos avec la derniére magnificence.

LES DEUX AMANTES.
NOUVELLE X.

JE lûs il y a quelques jours, une Historiette, dont je vous avouë que je fus charmé. C'est une maniére d'Apologie pour votre sexe, que je vous eusse déja envoyée, mais malheureusement pour vous, elle est écrite en une langue que vous n'entendez point. Vous savez, Alcidiane, qu'on accuse les femmes d'être peu sensibles, & peu constantes ; cette Nouvelle dont je vous parle, les justifie là-dessus. On y voit deux illustres Amantes dont vous admireriez & la constance & la tendresse. Quel dommage que vous n'entendiez pas l'Espagnol. Outre que vous pourriez faire valoir cette petite Histoire, vous en seriez très-satisfaite, car elle est écrite avec art & avec beaucoup de délicatesse. Si j'étois d'humeur à me

T. Folkema del. F. A. Aveline Sculp.

me vanger des petites duretés que vous me faites, je n'en dirois pas davantage, & certainement je vous punirois ; mais ne vous allarmez pas, je vous prie. Quelque ingrate que vous foyez, je veux bien faire aujourd'hui pour vous ce que je ne ferois pour perfonne du monde; je veux vous raconter les avantures de ces deux aimables Héroïnes. N'attendez pas de moi cette politeffe, ces tours vifs, ces traits délicats, & ces agrémens qu'on voit briller dans les lettres que vous écrivez à vos amies. Vous favez que je ne fai m'exprimer que d'une manière extrêmement fimple. Ecoutez, divine Alcidiane.

Seville eft une Ville d'Efpagne, dont il ne peut pas être que vous n'ayez ouï parler, car c'eft une des merveilles du monde. Il y a à cinq ou fix lieuës de cette Ville un petit Bourg, où l'on ne voit s'arrêter que quelques perfonnes qui s'égarent, ou que la nuit furprend en chemin. Le Soleil étoit déja couché, & le Ciel commençoit à fe parfemer d'étoiles, lorfqu'un jeune Cavalier le mieux fait du monde, arriva dans ce petit Bourg, fans train & fans aucun équipage. Son cheval qui le conduifoit s'arrêta devant la porte d'une Hôtellerie. Ce jeune Inconnu mit pied à terre, mais comme il n'avoit

pas

pas la force de se soûtenir, s'étant assis nonchalamment au pied d'un gros arbre qui faisoit une espéce de berceau devant la maison où son cheval s'étoit arrété, on s'apperçût qu'il se pâmoit.

Je présente d'abord à vos yeux un spectacle qui est assez triste, mais ceci n'est rien, Alcidiane, le Cavalier revint de sa pâmoison un moment après; & comme il dit que cet accident ne lui étoit arrivé, que parce qu'il avoit trop couru, & qu'il n'avoit besoin que de repos, il ne fut pas plûtôt entré dans l'Hôtellerie, qu'il demanda qu'on lui donnât une chambre. Nous n'en avons qu'une, répondit la maîtresse de l'Hôtellerie, que nous vous allons préparer; mais comme il y a deux lits, continua-t-elle, qui sont les seuls que nous pouvons donner aux étrangers qui s'arrêtent quelquefois ici par hazard; je ne vous répons pas que vous y puissiez être seul. Il faut bien pourtant que je sois seul, repartit l'Inconnu en rougissant. Dites en cas que quelcun arrive, que tous les lits que vous avez sont pris, je prétens vous récompenser si libéralement, que vous aurez sujet d'être satisfait de m'avoir rendu ce petit service. En effet, ayant tiré d'une bourse une piéce d'or qu'il lui donna, cette femme me fut si sensible à cette libéralité, qu'elle promit qu'il seroit maître de la chambre; que quand le Doyen de Seville se présenteroit lui-même pour loger, elle le renvoyeroit ailleurs, qu'il pouvoit compter sur sa parole.

L'appartement rustique fut bien-tôt prêt, il n'y eut personne dans le logis qui ne s'empressât à servir ce jeune Inconnu, mais ce ne fut rien en comparaison de ce que fit une jeune fille de l'Hôtesse, qui vouloit à quelque prix que ce fût, lui aider à quitter ses habits. Si le Cavalier eût eu l'ame moins agitée, il se fût bien apperçu qu'Isabelle, c'est ainsi que cette jeune fille s'appelloit, n'avoit pas le cœur insensible. Mais n'ayant fait réflexion ni sur sa beauté, car elle étoit très-bien faite, ni sur ses offres obligeantes qu'elle avoit accompagnées de mille regards pleins de tendresse, il la remercia en poussant un profond soûpir, & s'enferma dans sa chambre.

Toute la maison étoit enchantée de la beauté & de la bonne mine de cet étranger. Comme chacun raisonnoit sur son avanture, Isabelle, à qui cette conversation ne déplaisoit pas, écoutoit & ne disoit rien. Mais ayant tout d'un coup rompu le silence, elle se prit à dire, que s'il s'il en faloit juger par les apparences, ce devoit être un Amant malheureux, qu'elle haïssoit déja par avance l'injuste Maîtresse qui lui causoit ses infortunes, & qu'elle confessoit que le soûpir qu'il avoit poussé en fermant la porte de sa chambre, l'avoit pénétrée & presque attendrie. Que vous êtes folle, ma fille, lui dit sa mere en soûriant, c'est dommage que vous ne soyez aimée de ce jeune Seigneur, je vous vois assez disposée à ne le laisser pas soûpirer long-tems. Je l'avouë, répondit ingenuëment Isabelle, je sens que je souhaiterois que certaines gens qui me disent de petites cajoleries, fussent aussi bien faits que lui. Vous en savez un peu trop pour une fille de quinze ans, lui dit en l'interrompant une vieille voisine, qui étoit entrée avec quelques autres femmes, j'avois le double plus d'âge que vous, que je ne savois pas même s'il y avoit des hommes au monde. Vous aviez été apparemment enfermée, repartit Isabelle, mais pour moi qui ne l'ai jamais été, je sai fort bien qu'il y en a, & que les uns sont mieux tournés que les autres. La Vieille qui se sentit piquée, alloit répondre à cette repartie, mais quelcun ayant fait du bruit à la porte, Isabelle alla voir qui c'étoit. Ce fut, Alcidiane,

un

un autre Cavalier, que la jeune Isabelle prit tout d'un coup pour celui qui étoit au lit, tant ils se ressembloient. Cependant, ayant fait d'abord réflexion que quelque ressemblans que fussent leurs traits, le premier avoit les cheveux blonds, & que celui-ci les avoit chatains, & le teint infiniment plus vif, elle revint de sa surprise, & lui dit à demi interdite ; vous ne serez pas trop bien reçû, Seigneur, il n'est pas en notre pouvoir de vous donner un lit. Pourvû que vous vouliez me tenir compagnie, répondit en riant le nouveau venu, qui s'apperçût des charmes naissans d'Isabelle, je me consolerai aisément de cette petite infortune. Mais entrons cependant, continua-t-il, nous verrons quel parti il y aura à prendre. Vous n'en sauriez prendre d'autre que celui de passer la nuit auprès du feu, lui répondit l'Hôtesse, qui s'étoit déja avancée, ma fille vous en a déja dit la raison, nous sommes logés si étroitement, que nous n'avons qu'une seule chambre que nous avons déja donnée. Il est vrai qu'il y a deux lits, & qu'il y en a un qui est vuide, mais un Inconnu, qui est déja couché les a payez tous deux afin d'être seul, & il ne nous est point permis de donner ce qui n'est plus en notre puissance.

sance. J'en conviens, dit le nouveau Cavalier, mais il y a des expédiens à prendre en toutes choses : quel homme est donc cet étranger dont vous me parlez. Je ne sai ni sa qualité, ni son rang, dit alors Isabelle, mais tout ce que je vous puis dire, c'est qu'il promet être quelque chose, & qu'il est si bien fait de sa personne, que vous l'aimeriez si vous l'aviez vû. Elle lui raconta ensuite en deux mots ce qui lui étoit arrivé en decendant de cheval ; & comme il avoit voulu s'aller reposer sans prendre la moindre nourriture. Je n'en ferai pas de même, dit le Cavalier, je souperai si je trouve quelque chose ; alors il ordonna qu'on eût soin de son cheval, & qu'on lui servît ce qu'on auroit. Dans le tems qu'il étoit à table, un Alguasil de ce petit lieu entra, car c'est assez la coûtume de ces sortes de gens de se fourrer dans les Hôtelleries. Il s'assit sans faire trop de cérémonie, & but quelques coups à la santé du Cavalier, qui fut bien aise pour tuer le tems de le faire parler un peu. L'Hôte qui étoit allé à l'Ecurie, pour voir si les chevaux de ces jeunes Seigneurs avoient ce qui leur étoit nécessaire, entra un moment après, se mêla dans la conversation, & à mesure qu'il éprouvoit son vin étoit bon, il se jetta sur les loüanges du premier Cavalier. Il en dit tant de bien, & en fit un si beau portrait, que la curiosité du dernier venu redoubla. Il pria en même tems l'Hôtesse de vouloir permettre qu'il couchât dans la chambre où étoit déja cet inconnu, lui promettant de la récompenser si bien, qu'elle seroit contente de lui avoir rendu cet office. La chose est absolument impossible, repondit l'Hôte, sans attendre que sa femme parlât, outre que nous ne sommes plus maître de la chambre, comme on l'a déja dit, elle est fermée par dedans : passez la nuit comme vous pourrez, mon bon Seigneur, nous voulons bien vous tenir compagnie, il vaut autant boire que dormir. L'Alguasil, qui vit dequoi il s'agissoit, se prit à dire, qu'il y avoit tems pour l'un & pour l'autre, que si le Cavalier vouloit entrer dans la chambre, il avoit un moyen sûr pour la faire ouvrir sans qu'aucun osât s'en formaliser. Je fraperai à la porte de la part du Juge de ce lieu, ajoûta-t-il, je dirai que j'ai sous ma garde un Gentilhomme dont je dois répondre, que n'y ayant point d'autre lit dans tout le logis, il faut que de toute nécessité j'aye celui qui se trouve vuide. Vous ferez du bruit,

conti-

continua-t-il en s'adreſſant à l'Hôte, vous direz qu'on vous fait tort, que la chambre eſt déja payée, je paſſerai outre, & ferai même ſemblant de demander main forte, ainſi vous ſerez déchargé de votre promeſſe; & pour vous, Seigneur, en ſe tournant du côté du Gentilhomme, vous viendrez par ce moyen à vos fins. Le Gentilhomme trouva l'expédient bon, & lui ayant fait préſent de quelques Réales, l'Alguaſil ſe mit bien-tôt en devoir d'executer ce qu'il avoit dit. En un mot, Alcidiane, l'Alguaſil ſe fit ouvrir la porte, & le Cavalier dernier venu entra dans la chambre, en faiſant beaucoup d'excuſes au premier, qui ſans répondre un ſeul mot, & tournant le viſage ſans le regarder, s'alla remettre dans ſon lit.

Vous vous imaginez bien, Alcidiane, que nous allons entrer dans quelque avanture, vous ne vous trompez pas, ſi vous êtes dans cette penſée. Le dernier venu ſe coucha, il étoit ſi fatigué du chemin, qu'il s'endormit quelque tems après. Il n'en fut pas de même du premier, il avoit l'ame trop agitée. Comme il n'étoit plus dans la liberté de ſoûpirer & de ſe plaindre, il ſe contraignit : mais enfin oubliant qu'il n'étoit pas ſeul dans ſa chambre, il pouſſa tout d'un coup de ſi grands

ſan-

sanglots, que le Cavalier qui dormoit s'éveilla. La chambre étoit grande, & les lits assez éloignés, cependant il soûpira, & il parla si haut, qu'il ne fut pas difficile de l'entendre. Quelle destinée est la mienne, se prit-il à dire, & à quoi se termineront enfin tant de maux & tant d'infortunes ? Ah ! jeunes années sans expérience, que vous m'avez coûté de larmes, & que vous m'en allez coûter desormais ! Fatale crédulité, pourquoi falloit-il que des discours flateurs, que des promesses accompagnées de mille sermens, que de simples paroles m'enchantassent ! Lâche & perfide Marc-Antoine, est-il bien possible que tu ayes voulu me tromper ? Où es-tu, ingrat, où fuis-tu ? Répons à celle qui te parle, attens celle qui te poursuit, soûtiens-la sur le bord de son précipice ; tu y es obligé par tant d'endroits. Ce fut là que le Cavalier se tût, marquant par la maniére dont il se plaignoit, que ses yeux ne répandoient pas moins de larmes, que son cœur poussoit de soûpirs.

Vous êtes surprise, Alcidiane, de voir que ce jeune Cavalier soit une personne de votre sexe, celui que l'Alguasil avoit introduit dans sa chambre ne le fut pas moins. Ce n'est pas ce à quoi il s'attendoit.

doit. La curiosité qu'il eut de connoître cette jeune personne, dont on lui avoit fait un portrait si avantageux, redoubla, & ce qu'il venoit d'entendre étoit trop singulier, pour demeurer plus long-tems dans l'inaction & dans le silence. Après quelques réflexions, il résolut de se lever & de l'aller trouver dans son lit, & il eût executé sa résolution, si dans le tems qu'il s'y disposoit, il n'eut entendu qu'elle se levoit elle-même, & qu'ayant ouvert la porte de la chambre, elle crioit qu'elle vouloit partir, & qu'on lui amenât son Cheval. Le Maître de l'Hôtellerie se fit appeller fort long-tems, & toute la réponse qu'il fit enfin, fut qu'il n'avoit qu'à se reposer encore, parce qu'à peine étoit-il minuit, & que d'ailleurs il faisoit si obscur, qu'il ne pouvoit se remettre en chemin sans péril, qu'il n'y donneroit jamais les mains. Elle ne repliqua rien, referma sa porte, & se remit dans son lit en versant des torrens de larmes. L'autre Cavalier crut qu'il étoit tems d'executer la résolution qu'il avoit prise; mais il voulut lui parler auparavant. Vos gemissemens, Seigneur, lui dit-il d'une maniére fort obligeante, m'ont si fort attendri, que vous ne trouverez pas mauvais que je vous témoigne que je prens

part

part à vos infortunes. Je m'estimerois très-heureux, si le Ciel m'avoit amené ici pour vous être de quelque secours : mais comme on ne sauroit donner de reméde à un mal qu'on ne le connoisse, ne me faites pas un mystére du vôtre, & si vous trouvez à propos de me le découvrir, soyez persuadé que je n'oublierai rien de ce qui pourra dépendre de moi, pour mettre fin à votre douleur, ou pour la calmer en quelque maniére. Si ma douleur, répondit ce feint Cavalier, en poussant de nouveaux soûpirs, étoit de celles qui peuvent être modérées, je me fusse ressouvenu que je n'étois pas seul en cette chambre, ainsi j'eusse pû retenir ma langue, & donner quelque trêve à mes plaintes. Mais puis que ma douleur a été si excessive, que je n'ai pû m'empêcher de me découvrir, je veux bien, puis que vous le desirez & que vous le demandez si obligeamment, je veux bien vous faire l'histoire de mes disgraces ; peut-être qu'en la renouvellant je succomberai à mon affliction, & en terminant mon infortunée vie, je terminerai tous mes maux. Cependant, puis que je veux bien vous accorder ce que vous souhaitez ; je vous demande une grace, que j'espére que vous ne me refuserez pas, c'est que quoi que je

vous

vous puisse apprendre de mes avantures, vous demeurerez dans votre lit, & que vous n'exigerez de moi de savoir autre chose que ce que je voudrai bien vous dire. Autrement, soyez-en persuadé, vous me ferez tomber dans le desespoir, je ferai ce que ma douleur, toute excessive qu'elle est, n'a pû faire encore, je me passerai mon épée au travers du corps, & ce sera même au moindre mouvement que je vous entendrai faire. Le Cavalier protesta d'abord par mille sermens qu'il obéiroit, qu'il n'avoit rien plus à cœur que de lui plaire, & de lui donner tout le secours qu'il lui seroit possible. Ce fut après ces protestations que cette fille travestie parla en ces termes.

Quoi que je sois entrée dans cette maison en habit d'homme, comme vous l'avez apris sans doute, je suis pourtant d'un autre sexe. J'étois fille, il n'y a que huit jours, & je suis à présent femme, mais la femme la plus malheureuse qu'il y ait au monde, pour avoir prêté l'oreille aux paroles trompeuses d'un homme parjure. Mon nom est Theodose, ma patrie une des principales Villes de cette Province, dont je ne vous dirai pas le nom, parce que j'ai plus d'intérêt à le taire, que vous à le savoir : mes

parens

NOUVELLE X.

parens sont nobles; ils sont assez riches, & je n'ai qu'un frere, qui étudie à Salamanque, & qui sans contredit a toutes les qualitez qu'on peut desirer dans une personne de son rang. Je puis dire que nous avons été élevez avec beaucoup de soins, on n'a rien oublié, sur tout, pour nous inspirer la vertu: & pour ce qui me regarde, je dois ajoûter, que j'avois toûjours répondu aux tendresses du meilleur pere, & de la meilleure mere qui furent jamais; que je leur avois toûjours obéï aveuglement, jusqu'au jour fatal que ma mauvaise destinée me fit voir le fils d'un Gentilhomme de nos voisins, beaucoup plus riche que mon pere, & dont la Maison a été toûjours distinguée par les plus illustres Dignités. J'avouë qu'à la premiere vuë, je ne sentis que le simple plaisir qu'on a de voir un homme bien fait & bien mis, dont les maniéres sont nobles & galantes; car c'est une loüange qu'il mérite, & que je ne saurois m'empêcher de lui donner. Mais pourquoi m'amuser à loüer mon ennemi, & à tirer par ce moyen en longueur le recit que vous attendez de moi. L'Ingrat me vit plusieurs fois d'une fenêtre qui étoit vis à vis de celles de ma chambre, & je le confesse à ma confusion, je prenois plaisir à le voir. Nous nous parlâmes enfin, & ses paroles furent accompagnées de tant de promesses, de tant de soûpirs, de tant de larmes, de tant de sermens, il fit tant de démarches, il se donna tant de mouvemens pour me plaire, il sût si bien revêtir le personnage d'amant fidelle, que je ne pûs me défendre de répondre à sa tendresse, il arracha même de ma bouche un aveu qui m'a été funeste : & pour dire tout, en un mot, me laissant persuader à ses promesses, & dans l'espérance qu'il seroit mon Epoux, malgré ses parens qui l'avoient destiné à une autre, j'eus la foiblesse de me mettre en sa puissance, sans avoir d'autres témoins de ma folie qu'un Page de l'infidelle Marc-Antoine, c'est le nom de mon ennemi, qui deux jours après, disparut, sans que qui que ce soit, non pas même ses propres parens, ayent eu la moindre de ses nouvelles.

Vous pouvez vous figurer, Seigneur, quel fut l'état où je me trouvai, ce sont de ces choses qu'on peut bien sentir, mais qui ne sauroient être représentées. Je m'abandonnai au desespoir, & peu s'en fallut que je ne me donnasse la mort de mes propres mains, pour châtier ma crédulité & mon imprudence, mais me flatant enfin

enfin après plusieurs tristes réflexions, que mes maux n'étoient pas si desespérez qu'il ne s'y pût trouver quelque reméde, j'en cherchai dans mon imagination, & je n'en trouvai point de meilleur que celui que je pris, qui fut de me travestir pour courir après ce second Enée, comme une seconde Didon. Cette résolution ne fut pas plûtôt prise, que je me mis en devoir de l'éxecuter. Je trouvai un habit de campagne de mon frere, je le mis; j'eus occasion d'avoir un cheval, je pris quelque argent, & je sortis une nuit en cet équipage, dans le dessein de me rendre à Salamanque, où je m'imaginai que je trouverois Marc-Antoine, parce que c'est là qu'il fait ses études. J'ai beaucoup de choses à craindre, mes parens me feront poursuivre, & supposé qu'ils ne le fassent pas, ou que je ne sois point rencontrée par ceux qui auront ordre de courir après moi, je vais dans un endroit où je puis être découverte par mon frere, dont je crains le juste courroux: car enfin tout modéré que je le connois, il pourroit bien n'être point maître de ses premiers mouvemens, en voyant une indigne sœur qui a deshonoré sa famille. Quoi qu'il en soit néanmoins, ajoûta-t-elle, je suis dans la résolution d'aller chercher mon infidelle Epoux, il ne sauroit desavoüer qu'il ne le soit, il m'a laissé un cachet, où sont ses Armes, & autour ces paroles qu'il y a faites graver lui-même : *Marc-Antoine est à Theodose*. Il peut démentir ses paroles & son gage, je l'avouë, mais j'ai assez de courage pour le faire repentir de m'avoir trahie, j'ai une épée; la douleur, la vengeance, le desespoir guideront mon bras, & il éprouvera que ce n'est pas impunément qu'on outrage une personne de mon rang. Voilà, Seigneur, lui dit-elle en finissant, voilà la triste & véritable histoire que vous avez voulu que je vous apprisse; je ne me flate pas que vous puissiez me secourir, mais j'espére du moins que vous ne me refuserez pas vos conseils. Le Cavalier ne répondit rien. Theodose en fut si surprise, qu'elle s'imagina qu'il s'étoit endormi, & qu'il n'avoit rien entendu de ce qu'elle venoit de lui dire, elle le crut même si bien, que pour s'en éclaircir, elle lui dit en haussant un peu la voix, vous dormez sans doute, Seigneur. Non, Theodose, répondit-il, je ne dors point, & si j'ai gardé pendant quelque tems le silence, c'est par une espéce de distraction, où m'avoient jetté les malheurs, où je vois bien que vous vous êtes précipitée

vous-

vous-même. Votre destinée me touche, & comme je suis porté naturellement à plaindre les personnes de votre sexe & de votre qualité, le recit que vous venez de me faire m'a si fort ému, que je n'ai sû d'abord où j'en étois. Ne vous affligez pas néanmoins, on trouve quelquefois des remédes dans les maux qui paroissent les plus extrêmes, je veux bien chercher avec vous les moyens de finir vos amertumes, ou de les adoucir en quelque maniére; cependant, tâchez de reposer jusqu'à ce que le jour paroisse, j'en ferai de même, si je puis. Theodose fut calme après ces paroles, & si elle ne s'endormit point, car elle n'étoit guéres en état de prendre du repos, elle fit trêve à ses soûpirs & à ses larmes. Mais le croiriez-vous, Alcidiane, le Cavalier fut si agité, qu'il ne pût s'empêcher de soûpirer & de pousser de si grands sanglots, que Theodose se vit obligée de lui demander ce qui causoit ses inquiétudes, & si elle n'y pouvoit pas apporter quelque remède. C'est vous seule qui les causez, répondit le Cavalier, mais vous n'y pouvez remédier pourtant en aucune maniére: ses soûpirs redoublérent alors, & Theodose qui ne pût rien comprendre à ces discours, se trouva bien embarrassée, elle crut, & ses paroles tendoient assez à cela, qu'il sentoit quelque passion pour elle, & qu'il tâcheroit de se prévaloir de l'occasion, pour lui faire quelque demande outrageante. Que sais-je, disoit-elle en soi-même, s'il n'entreprendra pas de me faire quelque violence, se trouvant tout seul avec moi, tandis que tous ceux du logis sont ensevelis dans le sommeil. Voici un nouveau surcroît de malheur, d'un péril je tombe dans un autre, helas ! qu'est-ce que me réservent mes destinées. Tandis qu'elle faisoit ces réflexions, elle crut qu'elle devoit se mettre en état de prévenir les desseins que ce jeune Cavalier pouvoit avoir dans l'ame; elle prit ses habits & son épée, & s'étant assise sur son lit, bien résoluë de repousser la violence par la violence, elle attendit le jour qui ne tarda pas long-tems à paroître. Le Cavalier, je ne sai pour quelle raison, avoit fait la même chose que Theodose, si bien qu'il n'eut pas plûtôt apperçû les premiers rayons de la lumière, qu'il sauta du lit, en disant, levez-vous Theodose, j'ai fait dessein de vous accompagner, je ne vous abandonnerai point, soyez-en persuadée, que vous n'ayez rencontré Marc-Antoine, & qu'il ne vous ait épousée dans toutes les formes ;

je

Ils firent une grosse journée ce jour-là, & ils continuérent leur voyage avec tant de diligence, qu'ils joignirent près d'un petit Bourg appellé Yqualada à neuf lieuës de Barcelonne, le train d'un Ambassadeur qui alloit à Rome, & qui devoit s'embarquer sur une des Galéres qu'ils alloient attendre. Cette nouvelle leur causa une joye sensible. Ils quittérent le train de l'Ambassadeur qui alloit un peu trop lentement pour eux, & arrivérent peu de tems après à l'entrée d'un petit bois, d'où ils virent sortir un homme tout effrayé qui couroit avec une vitesse extraordinaire. Qu'avez-vous, mon ami, dit Don Raphaël à cet homme, d'où vient que vous fuyez avec tant de précipitation, & quelle est la cause de la terreur que je voi peinte sur votre visage ? Un autre fuiroit peut-être aussi bien que moi, & auroit peur, répondit cet homme, je viens d'éviter par miracle une bande de voleurs qui sont dans ce bois, & qui ont détroussé bien du monde. Nous voilà mal à cheval, dit alors le Valet de Don Raphaël, nous courons risque d'arriver à pied à Barcelonne, & de n'y emporter pas beaucoup de Pistoles. Prenez courage, répondit le bon homme encore à demi essoufflé, les voleurs sont déja partis,

ayant

ayant laissé plus de trente passans en chemise attachés à des arbres; à la reserve d'un seul qui les doit délier après que les Bandits auront passé cette Colline que vous voyez. Si cela est ainsi, repartit Calvet, c'étoit le nom du Valet de Don Raphaël; nous pouvons passer sans rien craindre, car ces Messieurs-là ne retournent jamais le même jour dans l'endroit où ils ont fait un vol, j'en puis parler par expérience ; car je suis tombé quelquefois entre leurs mains. Et bien, dit Don Raphaël, passons donc. Ils entrèrent un moment après dans le bois, & ne manquèrent pas de trouver ceux que les voleurs avoient dépouillés, & celui qui avoit été laissé pour les détacher. On ne peut guères concevoir de plus triste spectacle ; tout le bois retentissoit des plaintes, & des gemissemens de ces malheureux. Don Raphaël & Theodore regardèrent ces gens-là avec compassion ; mais ce qui les émut le plus, surtout Theodore, fut de voir un jeune homme d'environ quinze ans attaché au tronc d'un chêne avec la seule chemise, & de méchans calçons de toile. Le froid étoit assez grand, car c'étoit au mois de Décembre ; mais ce qui les frappa davantage, c'est que ce jeune homme avoit quelque chose de grand sur son visage,

&

& étoit extrêmement bien fait. Theodore descendit de cheval, le délia lui-même, & lui fit donner un manteau. Don Raphaël & sa sœur lui demandérent ensuite d'où il étoit, de quel endroit d'Espagne il venoit, & où il alloit. Le jeune homme répondit qu'il étoit d'Andalousie, il leur nomma même le lieu, qui n'étoit éloigné que deux lieuës de celui où ils faisoient leur demeure; il ajoûta qu'il venoit de Seville, & que son dessein étoit de passer en Italie pour suivre les armes; mais que sa mauvaise fortune lui avoit fait rencontrer une troupe de voleurs, qui l'avoient entiérement dépouillé de tout. Je ne laisserai pas néanmoins, continua-t-il, de suivre ma pointe, on ne doit pas se refroidir pour la prémiére mauvaise rencontre qu'on a, j'en aurai bien d'autres selon toutes les apparences, ce qui me vient d'arriver ne me rebute point, je continuerai mon voyage, quoi que le commencement n'en soit pas heureux, & arrivera ce qui pourra.

La constance & la résolution de ce jeune homme, plûrent extrêmement à Don Raphaël, & à Theodore, qui ayant distribué quelque argent à ces malheureux qui venoient d'être volés, poursuivirent leur chemin. Ils amenérent le jeune homme

homme avec eux, qu'ils firent monter sur la mule de Calvet, & arrivérent peu de tems après à Ygualada, où ils apprirent que les Galères étoient arrivées à Barcelonne, & qu'elles en devoient partir en deux jours. Comme Theodore regardoit avec beaucoup d'attention ce jeune homme qui étoit extrèmement bien fait, & qui ne paroiſſoit pas être d'une maiſon obſcure, elle s'apperçût qu'il avoit les oreilles percées, & tant à cette marque, qu'à quelqu'autres; elle ſoupçonna que ce devoit être une fille. Pendant qu'on ſoupoit, Don Raphaël l'interrogea ſur diverſes choſes, il lui demanda le nom de ſon pere, parce qu'il connoiſſoit tout ce qu'il y avoit de gens remarquables, dans le lieu qu'il avoit nommé, & le jeune homme lui répondit, que c'étoit Don Henri de Cardene, qui étoit un Chevalier fort connu. Je connois très-bien Don Henri de Cardene, repartit Don Raphaël, mais je ſuis très-perſuadé qu'il n'a point de fils; je vois bien, lui dit-il enſuite, que vous ne voulez pas nous découvrir quels ſont vos parens, vous avez vos raiſons ſans doute pour cela, nous ne vous preſſerons pas là-deſſus davantage. Je l'avouë, repliqua le jeune homme tout confus, Don Henri

Henri n'a point de fils, c'est Don Sanche, qui est un de ses frères. Ils n'en ont ni l'un ni l'autre, dit D. Raphaël, mais je sai bien que D. Sanche a une fille unique, qui passe pour être extrêmement bien faite; c'est ainsi du moins que le publie la renommée, car à dire la vérité, je ne l'ai jamais vûe. Tout ce que vous dites est très-véritable, Seigneur, répondit alors le jeune homme, Don Sanche n'a qu'une fille, qui n'est pas tout à fait si belle que vous dites, & si j'ai avancé d'abord, continua-t-il, que j'étois fils de D. Henri, c'est que j'avois dessein de me faire valoir auprès de vous: cependant, je ne suis fils que d'un Maître d'Hôtel de D. Sanche, je suis né même dans sa maison; & par un caprice de jeunesse, m'étant saisi de quelque argent, je formai la résolution d'aller servir en Italie; m'imaginant que je pourrai faire fortune par les armes, à l'exemple de bien des gens, qui ne sont pas d'une famille plus illustre que la mienne. Theodore, qui étoit attentive à ce qu'il disoit, & qui avoit remarqué certaines maniéres, qui ne sont guéres ordinaires aux hommes, se confirma dans ses soupçons de plus en plus; & comme elle avoit grande envie de se trouver seule avec lui,

pour

pour achever de s'éclaircir ; on ne se fut pas plûtôt levé de table quelle le prit adroitement à part, & l'ayant attiré sur un balcon qui répondoit dans un Jardin ; ils entrérent bientôt en conversation. Je vois bien à votre air, à vos discours, & à vos maniéres, lui dit Theodore, que quoi que vous en ayez dit, vous êtes d'une maison qualifiée ; on ne voit rien en vous qui ne le marque, & je suis entiérement convaincu, que vous avez déguisé la vérité, lors que vous avez dit, que vous n'êtes que le fils d'un simple Maître d'Hôtel de Don Sanche. On a des raisons pour le cacher quelquefois, je vois assez les votres, & je ne désaprouve pas que vous nous ayez fait mistère de votre nom, de votre famille, & peut-être de votre sexe : car, croyez-moi, ajoûta Theodore, quoi que je sois aussi jeune que vous, & que je n'aye pas beaucoup d'expérience, je me suis apperçu néanmoins que vous êtes fille ; & veuille le Ciel que vous ne soyez pas aussi infortunée, que vous êtes belle & charmante. Ne vous cachez plus, je vous prie, & s'il s'agit de vous servir, je vous suis dévoué entiérement, & je ne trouverai rien d'impossible du moment que j'aurai appris la cause de votre déguisement, & l'histoire de vos avantures.

res. N'ufez plus de détours, je vous en conjure, je vous ai reconnu fille à mille marques, & je ne veux pour vous en convaincre, que vous faire appercevoir que vous avez les oreilles percées; car vous favez bien qu'il n'y a en Espagne que le beau fexe qui fe les faffe percer. Il falloit avoir pris la précaution de fermer avec de la cire incarnate ces trous de vos boucles : mais les deftins vouloient que vous tombafliez entre nos mains, & que nous vous reconnuffions, demeurez-en perfuadée; vous n'aurez jamais fujet de vous plaindre que nous vous ayons reconnuë.

Ce jeune homme, qui avoit écouté Theodore avec beaucoup d'attention, fût fort furpris de ce qu'il venoit d'entendre dire. Interdit, & ne fachant d'abord que répondre, il lui prit les mains, & les portant à fa bouche, les baifa comme par force, en laiffant couler de fes yeux des torrens de larmes. Theodore qui ne pût fe défendre d'en répandre auffi, lui dit toute émue, qu'il ne devoit pas s'affliger avec trop d'excès, qu'il entrevoyoit bien que fa vie n'avoit pas été toûjours tranquille; mais qu'il n'avoit qu'à ouvrir fon cœur, & à fe déclarer fans crainte, qu'on trouveroit quelque reméde à fes maux.

maux. Je ne veux, ni ne puis nier, Seigneur, que votre soupçon ne soit véritable, lui dit-il, en pouffant un profond soûpir. Je suis fille, & je puis dire, qu'il n'y a guères de personnes de mon sexe, qui soient plus malheureuses que je le suis. Je vous obéis, Seigneur, comme vous voyez, & je ne vous célerai plus ni qui je suis, ni quelle est la grandeur de mes infortunes. Vous me plaindrez en les apprenant je m'assure, car je vois que vous y compâtissez déja : ayez pitié de ma foiblesse, je vous en supplie, je suis d'un sexe qui a le malheur d'être fragile, comme vous l'allez voir par ce que je vai dire. Pour ce qui regarde mon Païs, continua-t-elle, je vous ai dit la vérité ; mais à l'égard de mes parens, je ne l'ai point dite. Don Henri n'est que mon oncle, son frére D. Sanche est mon pere, & je suis cette fille infortunée, dont votre frére a tant exalté la beauté, & qui n'est pas, comme vous voyez ce que la renommée en a pû publier jusqu'ici. Mon nom est Leocadie, & pour venir maintenant aux raisons qui m'ont obligée de me travestir, c'est ce que je m'en vais vous apprendre. A deux lieuës de notre maison, il y en a une autre des plus nobles, & des plus

riches

riches d'Andalousie, qui appartient à un Chevalier, qui tire son origine des anciens Adornes de Gênes. Ce Chevalier à un fils, qui est extrêmement bien fait, & dont certainement, à certains égards, je ne saurois trop exagérer le mérite. Ce jeune Gentilhomme, tant à cause du voisinage, que parce qu'il aime extrêmement la chasse, venoit très-souvent chez-nous; & comme les plaisirs champêtres qu'il y goûtoit étoient de son goût, il passoit avec mon pere des semaines entiéres. L'occasion de m'entretenir, comme vous pouvez voir, ne lui manqua pas, il le fit, & il me dit si souvent qu'il m'aimoit, il le dit même d'une maniére si tendre & si empressée, d'une maniére si propre à me persuader, que je ne doutai nullement que sa déclaration ne fut sincére : & comme je vis que s'il m'aimoit véritablement, je ne pouvois qu'être très-heureuse avec une personne de cette distinction, & qui a des richesses immenses, je lui avoüai que je prenois plaisir à sa recherche ; & quand je ne lui eusse pas fait cet aveu, il eût bien connu sans doute qu'il ne m'étoit pas indifférent. Son amour parut redoubler, le mien redoubla véritablement. Mais pourquoi m'amusai-je à vous raconter les particularités de mon

aveu-

aveugle passion. Marc-Antoine, car je ne vous veux plus cacher le nom qu'on lui donne, l'ingrat & perfide Marc-Antoine, me promit avec mille sermens qu'il ne seroit jamais qu'à moi, & que je le devois regarder, non pas comme un Amant, mais comme un Epoux: je lui répondis comme il sembloit qu'il le devoit souhaiter, je lui dis que j'avois une joye sensible, de voir qu'il me trouvoit digne d'être son Epouse, & qu'il ne tiendroit jamais à moi, que nous ne nous donnassions la main. Cependant, me défiant en quelque maniére de ses paroles & de ses sermens, je l'obligeai de me donner une promesse par écrit, qu'il signa de sa propre main, & elle étoit conçûë en termes si forts que j'en fus très-satisfaite. Je n'eus pas plûtôt cette promesse entre les mains, que je lui dis que j'étois entiérement à lui, que puis que le consentement faisoit le mariage, comme il me l'avoit dit mille fois; il ne tiendroit pas à moi que je ne l'introduisisse dans mon appartement. Nous convinmes sur cela, que dès que l'occasion se présenteroit, il entreroit de nuit dans un Jardin où les fenêtres de ma chambre donnoient, & que nous passerions ensemble autant de tems qu'il le jugeroit à propos. Cette te nuit si desirée arriva enfin. Admirez, Alcidiane, la bizarrerie de cette avanture; voyez ce que peut l'amour, vous verrez bien-tôt ce que peut la jalousie. Leocadie alloit continuer, mais Theodore, qui jusqu'alors avoit gardé un profond silence, le rompit tout d'un coup brusquement. Elle n'eut ni assez de force, ni assez de constance pour lui laisser achever son histoire. Le nom de Marc-Antoine, la beauté de sa Rivale, ce funeste rendez-vous la déconcertérent, elle ne pût s'empêcher de l'interrompre; ce qu'elle fit même d'un air chagrin, auquel Leocadie n'avoit garde de rien comprendre. Et bien, dit-elle, lors que cette nuit si attendue fut arrivée, que fit Marc-Antoine, entra-t-il dans votre chambre, fut-il heureux, confirma-t-il sa promesse, à quoi enfin se terminérent ces sages & honnêtes commencemens? Helas! répondit Leocadie, l'ingrat me trompa, je fus la dupe de ses protestations, & de ses sermens; il ne se trouva jamais au rendez-vous, je l'attens encore. Theodore commença à respirer, je vous plains, lui dit-elle, d'une maniére assez embarrassée, tous les hommes ne sont point sages, mais continuez votre histoire. Non seulement, poursuivit Leocadie, je ne vis plus Marc-Antoine ; mais je fûs sept ou huit jours après, qu'il avoit disparu, & enlevé une Demoiselle appellée Theodose, fille d'un Gentilhomme de ses voisins, d'une beauté extraordinaire. Vous pouvez penser quelles furent mes inquiétudes, & le chagrin où je me trouvai, mon imagination n'étoit remplie que de sa beauté, & des charmes de Theodose ; je me la représentois mille fois plus accomplie qu'elle n'est peut-être, tant la jalousie est ingénieuse à se faire des idées fâcheuses & mortifiantes. Mais ce en quoi je ne me trompois point, c'est que je me la représentois mille fois plus heureuse, que je n'étois misérable & infortunée ; c'est ce qui me mettoit dans le dernier accablement, & qui me dérangeoit tout à fait l'esprit. Je jettois les yeux à tous momens sur la promesse que mon perfide & infidelle Amant avoit écrite de sa propre main, mais cela ne faisoit que m'aigrir davantage, lors que je venois à me figurer que ma Rivale étoit entre ses bras, & que j'étois méprisée & abandonnée. J'étois inconsolable, j'étois au désespoir, & ce qui achevoit de rendre mes maux plus sensibles, ce qui redoubloit ma douleur, c'est que je n'osois me plaindre de ma mauvaise fortune, ne, que lors que j'étois seule; il falloit me contraindre & dissimuler ma confusion, & la honte que j'avois d'avoir été trompée. J'avoue que je n'ai jamais tant souffert de ma vie, si bien que pour me tirer de cette souffrance, & oser me plaindre en liberté, ou plûtôt pour aller exposer ma vie, qui m'étoit à charge, je résolus de courir le monde, sans savoir trop bien ce que j'allois faire, car je ne savois où Marc-Antoine étoit. Ce dessein étant formé dans mon esprit, je pris les habits d'un Page de mon pere, qui étoit à peu près de ma taille, j'eus moyen de me saisir de quelque argent, j'emportai un riche collier de perles, quelques bagues, & quelqu'autres Bijoux, & je pris la fuite une nuit sans m'être découverte à personne du monde. Je me trouvai d'abord bien embarrassée, je fus contrainte de faire plusieurs lieuës à pied, & j'arrivai enfin bien fatiguée dans un lieu appellé Ossune, où je m'accommodai d'un chariot : deux jours après j'arrivai à Seville, où je fus en lieu de sûreté à cause que la Ville est très-grande. J'achetai là des habits qui m'étoient convenables pour le dessein que j'avois formé, & m'étant accompagnée de deux ou trois Gentilshommes, qui

devoient se rendre en diligence à Barcelonne, pour ne manquer pas les Galères d'Espagne qui alloient à Naples, j'arrivai enfin dans l'endroit fatal où vous me rencontrates hier, & où avec plusieurs autres personnes, je tombai entre les mains d'une troupe de voleurs qui m'enlevérent tout. Je ne plains ni mon argent, ni mes Bijoux; la seule chose à laquelle j'ai regret, c'est la promesse de Marc-Antoine, car peut-être l'eussai-je trouvé en Italie, & je me fusse présentée à lui avec des armes, qui eussent pû prouver son inconstance & sa lâche infidélité. Je sens bien qu'ayant été capable de me faire l'affront sanglant qu'il m'a fait; il pourroit bien se moquer de cet Ecrit, & de tous les autres qu'il auroit pû me faire. D'ailleurs, étant avec l'incomparable Theodose, il n'auroit garde de se soucier de l'infortunée Leocadie. Cependant, cette promesse me seroit d'un très-grand secours; mais les Destins n'ont pas voulu permettre que je l'aye pû conserver, pour me justifier & pour le confondre. N'importe, ajoûta-t-elle, je le chercherai, & si j'ai le malheur de le trouver toûjours infidelle; j'aurai la satisfaction de le faire rougir & de le faire repentir de sa perfidie. Que cette ennemie de mon repos, con-
tinua-

tinua-t-elle toute émuë, ne s'imagine pas de m'avoir ravi impunément un bien qui m'appartenoit, & que je devois posséder seule; elle peut compter, ou que je lui arracherai cet ingrat, ou que je lui arracherai la vie. Que savez-vous, lui dit alors Theodore, peut-être que Theodose n'est pas plus heureuse que vous. Peut-elle être malheureuse, repartit Leocadie, n'est-elle pas avec Marc-Antoine, n'est-elle pas avec un Amant qu'elle aime, fût-elle dans les deserts les plus affreux de l'Afrique, ou de la Scythie, fût-elle dans les terres australes, si elle est avec lui, elle a sujet d'être contente, elle le possède en un mot, & elle est digne par là de mon ressentiment & de toute ma vengeance. Vous pourriez bien vous tromper, dit encore le saint Theodore, je connois Theodose, & je lui puis rendre ce témoignage qu'elle est extrèmement retirée, qu'elle est sage, qu'elle a de la vertu, qu'elle se plait dans la solitude; & qu'en un mot, elle est trop retenuë pour avoir suivi un Amant. Mais il y a plus, supposé qu'elle l'ait suivi, est-elle coupable à votre égard ? Croyez-vous que Marc-Antoine lui ait confié la passion qu'il vous a témoignée, & les espérances dont il vous berçoit ? N'en croyez rien, ma chére

re Leocadie, les hommes ne s'avisent guéres de faire de semblables confidences à une Maîtresse favorite. Je ne doute point, répondit Leocadie, que Theodose ne soit aussi vertueuse que vous le dites. Je l'étois, cependant je n'ai pas laissé de m'oublier, la vertu d'une femme est quelquefois un foible rempart, lors qu'elle est attaquée par certains hommes : mais quoi qu'il en soit, Marc-Antoine l'a enlevée, c'est un fait qui n'est point contesté, il n'y a personne qui l'ignore dans toute l'Andalousie, Theodose & Marc-Antoine ont disparu ; c'est un enlèvement qui a fait un éclat extraordinaire. J'avouë que lors que j'y pense sans passion & de sens froid, je trouve que Theodose est innocente à mon égard ; car enfin il n'y a pas beaucoup d'apparence qu'elle ait sû mes amours avec Marc-Antoine. Mais la jalousie ne raisonne point. Je trouve Theodose digne de toute mon aversion, & quelque innocente qu'elle puisse être, je ne puis que la traiter en coupable. Je connois bien, Seigneur, que vous n'avez jamais aimé, ou que si vous avez aimé, vous n'avez jamais eu de Maîtresse infidelle. Vous êtes émuë, repliqua Theodore, & je vois bien que vous ne recevriez pas mes conseils ; je ne prétens
pas

pas vous en donner auſſi, je me contenterai de vous dire ce que je vous ai déja dit, que je ſuis prêt à vous rendre tous les ſervices qu'il me ſera poſſible de vous rendre ; & je vous garantis que mon frére en fera de même. Nous allons en Italie, il ne tiendra qu'à vous de nous y accompagner, nous ferons en ſorte que rien ne vous manquera. Permettez ſeulement que je ne faſſe pas un ſecret à mon frére de votre avanture, il eſt de votre intérêt que je la lui communique, afin qu'il vous traite avec le reſpect qui vous eſt dû, & qu'il ſoit plus empreſſé à vous ſervir, connoiſſant & votre qualité, & votre ſexe. Je vous conſeille, au reſte, de continuer votre voyage en habit d'homme ; & s'il s'en peut trouver dans ce lieu, vous en aurez dès demain un des plus propres. Leocadie remercia Theodore, en lui témoignant qu'elle mettoit ſa deſtinée entre ſes mains ; & qu'à l'égard de ſon frére, il en uſeroit comme il le trouveroit à propos.

La converſation finit là, les deux Amantes ſe ſéparérent, Theodore ſe retira dans la Chambre de ſon frére, où il y avoit deux lits & Leocadie en une autre. Comme la converſation avoit été un peu longue, Don Raphaël s'étoit allé coucher;

mais il ne dormoit pas encore ; parce qu'il attendoit sa sœur, pour savoir si ses soupçons s'étoient trouvés véritables. Dès que Theodose fut entrée, elle lui raconta exactement tout ce qu'elle avoit apris de Leocadie, & parut fort allarmée en faisant ce recit à son frére. Don Raphaël ne le parut pas moins, mais ses allarmes procédoient d'une autre cause ; vous l'allez bien-tôt voir, Alcidiane. S'il est vrai, lui dit-il, que ce soit Leocadie, fille de Don Sanche, soyez persuadée, ma sœur, que c'est une des prémiéres Demoiselles d'Andalousie ; son pere est fort connu du nôtre, & le bruit que fait sa beauté répond sans doute à ce que nous avons vu nous-mêmes. Ce que nous avons à faire dans cette occasion, c'est que nous prenions si bien nos mesures, qu'elle ne parle point avant nous à Marc-Antoine ; car enfin, la promesse qu'il lui a faite, quoi qu'elle ne soit point entre ses mains, me fait de la peine. Couchez-vous néanmoins, ma sœur, & tâchez de reposer ; nous remédierons à tout. Theodose se coucha ; mais il lui fut impossible de fermer les yeux, tant la jalousie s'étoit emparée de son cœur. Elle se figura Leocadie mille fois mieux faite qu'elle n'étoit effectivement, elle se dit mille fois

que

que la promesse que Marc-Antoine lui avoit faite n'étoit point perduë: que c'étoit un stratagême de sa Rivale. Mais quand même cette promesse ne seroit plus en son pouvoir, continuoit-elle, Marc-Antoine ne laissera pas de lui tenir ce qu'il lui a promis; si elle vient l'en sommer elle-même, tous les mouvemens que je me donne sont inutiles. Ce fut de cette maniére qu'elle passa une grande partie de la nuit. Don Raphaël n'étoit pas plus tranquille, il n'eut pas plûtôt sû que Leocadie étoit la fille de Don Sanche, qu'il en fut éperduément amoureux, son ame se sentit embrasée; & l'idée de la beauté de cette aimable fille, fit tant d'impression sur son esprit, que dès ce moment il ne fut plus maître de lui-même. Il lui tarda que le jour parut pour la voir, pour l'entretenir, pour aller chercher Marc-Antoine; non tant pour l'obliger à épouser sa sœur, que pour l'empêcher d'épouser sa nouvelle Maîtresse. Le jour se fit voir enfin, & Don Raphaël n'eut pas plûtôt quitté le lit, qu'il fit appeller le Maître de l'Hôtellerie, pour savoir de lui s'il n'y auroit pas moyen de trouver un habit pour habiller un Page, que les Voleurs avoient dépouillé. Heureusement il s'en trouva un qu'il fit ache-

acheter, Leocadie le mit d'abord, & comme l'habit se trouva propre & bien fait, ce fut un relief à ses charmes qui réveilla autant l'amour de Don Raphaël que la jalousie de Theodose. Comme il étoit nécessaire de faire diligence, ils partirent sur les huit heures du matin. Ils avoient dessein de visiter le fameux Monastère de Montferrat; mais ils remirent à le faire à leur retour pour ne manquer pas les Galères. On ne sauroit exprimer les différens mouvemens, qui se passoient au même instant dans le cœur de Don Raphaël, & dans celui de Theodose, la jalousie & l'amour les possédoient tous deux. Theodose tâchoit de trouver des défauts en Leocadie, Don Raphaël lui trouvoit au contraire de nouvelles perfections à tous momens; il le donnoit assez à connoître, & par ses discours & par mille petits soins.

Je ne m'étendrai pas ici davantage, Alcidiane. Don Raphaël étoit jeune, il étoit galant, il aimoit; & vous comprenez assez de quels empressemens est capable une passion naissante. Nos Voyageurs arrivérent enfin à Barcelonne, charmez de la situation de cette ancienne & superbe Ville. Ils entendirent un grand bruit en y entrant, ils virent courir en foule une grande troupe de gens; toute la populace étoit émuë. Ils demandérent en même tems quelle étoit la cause d'une si grande émotion, & ils apprirent que les Soldats des Galéres qui étoient sur le rivage, en étoient venus aux mains avec ceux de la Garnison de cette Nation. Don Raphaël voulut aller voir ce que c'étoit, Calvet fit tout ce qu'il pût pour l'empêcher; car je sai, disoit-il, par expérience, qu'on se trouve quelquefois assez mal de se vouloir mêler dans ces sortes de querelles; j'en connois plusieurs, ajoûta-t-il, qui ont payé cher leur curiosité dans des occasions de cette nature; laissez battre ces gens-là tout leur sou, & gagnons quelque bonne Hôtellerie. Le conseil de Calvet ne fut point suivi, Don Raphaël marcha au rivage avec tous ceux qui l'accompagnoient; & ils s'approchérent de si près de l'endroit où se donnoit le combat, qu'ils pouvoient aisément distinguer ceux qui combattoient, car le Soleil n'étoit pas encore couché. Le nombre de ceux qui y accouroient de la Ville étoit extraordinaire, tous ceux qui étoient dans les Galéres en sortoient aussi en foule; quoi que Don Pedro Vique, qui les commandoit, fit menace de la poupe ceux qui étoient entrés déja dans des Esquifs pour aller au secours de leurs

Camarades. Cet Amiral, qui étoit un Chevalier de Valence, voyant que ses menaces ne servoient de rien, fit tourner les proues des Galéres, & commanda qu'on tirât une piéce de Canon sans bâle, pour donner à connoître, que si ce coup n'étoit pas capable de les séparer, il feroit faire des décharges à bâle ; mais les combattans étoient si animés que cela ne produisit aucun effet. Cependant, Don Raphael qui étoit attentif à tout ce qui se passoit, remarqua que celui qui se distinguoit le plus du côté des Soldats des Galéres, étoit un jeune homme très-bien fait, qui avoit un habit très-propre ; un plumet verd & un Cordon de Diamans. L'adresse & la valeur avec laquelle il combattoit, son air martial, & la richesse de son habit lui attiroient les yeux de tous ceux qui regardoient ce combat. Theodose & Leocadie s'en apperçûrent aussi-tôt que Don Raphaël, & toutes deux ravies en admiration & surprises s'écriérent ensemble : O Ciel ! ce jeune Héros est Marc-Antoine. En disant cela, elles mirent promptement pied à terre, & mettant la main à l'épée, elles se firent jour au travers des armes ; elles furent bien-tôt auprès de Marc-Antoine, Theodose à son côté droit, Leocadie

cadie à son côté gauche. Courage lui dit d'abord la derniére, courage vaillant & intrépide Marc-Antoine, vous avez ici un second qui vous servira de bouclier, & qui expose de tout son cœur sa vie pour sauver la vôtre qui lui est si chére. Soyez-en persuadé, Marc-Antoine, dit alors Theodose, puis que Theodose est auprès de vous. Don Raphaël, qui avoit vû ce qui se passoit, les suivit, & il fut aussi-tôt auprès de Marc-Antoine qu'elles. Marc-Antoine qui étoit occupé à se défendre, & à délivrer les Soldats des Galéres, n'entendit rien de ce que lui avoient dit Theodose & Leocadie; il ne les apperçût pas même. Le combat étoit si engagé qu'il ne pensoit qu'à combattre, & on peut dire que jamais Cavalier n'a combattu avec plus d'ardeur & avec plus de bravoure. Cependant, comme ceux de la Ville croissoient à tous momens, ceux des Galéres furent obligés de céder au nombre & de se retirer. Marc-Antoine étoit au désespoir; mais comme il y eût eu de la témérité à demeurer seul, il se retira comme les autres, ayant à ses côtés ces deux nouvelles & valeureuses guerriéres; & telles qu'étoient autrefois Bradamante, Marfise auprès de Roger. Tandis que ces choses se passoient, un
Che-

Chevalier Catalan de la Maison des Cardonnes, parut monté sur un superbe cheval, & se mettant entre les deux partis, fit retirer ceux de la Ville, qui voulant se prévaloir de leur avantage poursuivoient les autres : mais il ne pût pas les appaiser si bien, qu'ils ne jettassent des pierres pendant quelques momens, qui firent beaucoup de fracas, & Marc-Antoine fut assés malheureux pour être blessé à la tête dans cette occasion, d'une si terrible maniére, qu'il fut renversé par terre sans connoissance & sans sentiment. Leocadie & Theodose ne l'eurent pas si tôt vû tomber, qu'elles le relevérent & le soûtinrent entre leurs bras. Don Raphael, qui s'étoit un peu écarté pour éviter une grêle de pierres qui fondoit sur lui, courut pour s'aprocher de Marc-Antoine ; mais le Chevalier Catalan l'arrêta. Ne passez pas plus outre, Seigneur, lui dit-il, je vous garantirai de l'insolence de cette populace farouche. Ha ! Seigneur, répondit Don Raphaël, laissez-moi passer, & me permettez d'aller secourir ce que j'ai de plus cher au monde. Le Chevalier le laissa passer, mais il ne pût arriver si tôt qu'on n'eût emporté dans l'Esquif de la Capitane, Marc-Antoine & Leocadie, qui le serroit entre ses bras, & qui ne le voulut jamais quitter. Theodose voulut entrer dans le même Esquif, mais elle n'en eut pas la force, voyant que Marc-Antoine étoit entre les mains de sa Rivale ; & sans doute elle fût tombée évanouïe dans l'eau de douleur & de jalousie, si son frére ne fût arrivé pour la soûtenir. Croyez-moi, Alcidiane, l'ame de Don Raphaël n'étoit pas dans une meilleure assiette que celle de sa sœur, lors qu'il vit que Leocadie s'en alloit avec son Rival. Le Chevalier Catalan, qui s'étoit avancé pria de la maniére du monde la plus honnête Don Raphaël & Theodose de le suivre ; & comme l'Esquif étoit déja en mer, & que l'émotion n'étoit pas encore tout à fait appaisée, ils acceptérent l'offre qu'il venoit de leur faire d'une maniére si obligeante. Le Chevalier descendit alors de Cheval, & se mettant au milieu d'eux l'épée à la main, il fendit la presse, tâchant de calmer les esprits autant qu'il pouvoit, & priant le peuple de se retirer. Don Raphaël regardoit de tous côtés, pour voir s'il n'appercevroit point son Valet; mais Calvet n'étoit pas demeuré-là, il s'étoit retiré avec ses Chevaux dans une Hôtellerie, où il avoit logé autrefois. Ils arrivérent enfin chez le Chevalier, c'est

à

à dire, dans une maison des plus magnifiques de la Ville. Dans quelle Galére êtes-vous venu, dit-il d'abord à Don Raphaël, je ne suis venu dans aucune, répondit le jeune Gentilhomme, je suis arrivé dans cette Ville au commencement du combat dont vous avez été spectateur, j'ai voulu m'y rendre comme les autres, & y ayant reconnu ce Chevalier qui a été blessé d'un coup de pierre; je me suis exposé au péril pour l'amour de lui. Ha! Seigneur, continua-t-il, ayez la bonté de donner ordre qu'on l'apporte à terre; c'est une personne qui m'est chére. Je le ferai de bon cœur, dit le Catalan. En effet, étant sorti dans le moment, il l'alla demander lui-même au Commandant de la Galére, qui lui accorda d'abord sa demande. Il trouva qu'on le pançoit; & le Chirurgien lui dit sans façon, que sa blessure étoit très-dangereuse. Dès que ce prémier appareil eut été mis, on le porta dans une Chaloupe, où Leocadie entra aussi; & ils ne furent pas plûtôt sur le rivage, qu'on l'emporta chez le Chevalier dans une chaise à bras. Don Raphaël qui étoit en peine de son Valet l'avoit envoyé chercher dans ce tems-là, on l'avoit trouvé; il arriva lors que Marc-Antoine & Leocadie arrivévérent. Ils furent logés tous deux dans des Chambres magnifiques, on appella d'abord le plus fameux Chirurgien de la Ville. Leocadie & Theodose furent extrêmement mortifiées; mais elles dissimulérent leur douleur & ne dirent rien. Cependant, Leocadie, qui avoit beaucoup de résolution entra dans la Chambre de Marc-Antoine dès que les Chirurgiens se furent retirés. Le Chevalier Catalan, Don Raphaël & Theodose la suivirent; elle s'approcha d'abord du lit, & ayant pris Marc-Antoine par la main, elle lui parla en ces termes.

Vous n'êtes guéres en état, Marc-Antoine, d'entendre de longs discours, aussi n'ai-je pas fait le dessein de vous entretenir fort long-tems. Il est nécessaire néanmoins, que vous fassiez un petit effort, pour écouter un moment une personne qui vous a été autrefois si chére; il s'agit de votre repos & du mien, dans la plus triste situation où ait jamais été votre ame. Antoine ayant ouvert alors les yeux, il les arrêta sur Leocadie; mais ne l'ayant pourtant reconnuë qu'à la voix, il lui répondit dans le même instant. Dites, Leocadie, ce furent les paroles de Marc-Antoine, dites tout ce que vous souhaitez de me dire, il me reste encore quelques momens de vie pour vous écouter, & je vous écouterai même avec un sensible plaisir; car je ne saurois désavouër, que je n'aye pour vous la derniére estime. Theodose & Don Raphaël fremirent à ces mots, & avouëz, Alcidiane, que cette réponse étoit un peu mortifiante pour ce Rival & pour cette Rivale. Si le coup que vous avez reçû à la tête, poursuivit Leocadie, ou plûtôt si celui que j'ai reçû dans l'ame ne vous a point fait perdre la mémoire, vous vous souvenez de Leocadie, dont vous avez déja prononcé le nom, & de la parole que vous lui donnâtes, accompagnée d'une promesse que vous signâtes de votre propre main. Si vous n'avez point oublié ces choses, vous conviendrez que je suis cette même Leocadie, que vous n'avez pas cru autrefois indigne de vos empressemens & de votre alliance; car enfin mes parens sont nobles, ils ont de la vertu & de la valeur, ils se sont distinguer dans l'Andalousie. Si je suis travestie, Marc-Antoine, n'en soyez pas surpris, c'est un effet de mon amour & de mon desespoir: vous m'avez abandonnée, & comme je m'étois résolue de vous aller chercher dans tous les coins du monde, un autre habit me conviendroit

droit mal. Je vous ai trouvé enfin; mais helas! je vous ai trouvé mourant; & puisqu'il faut que je vous le dise, ne donnant aucune espérance de vie. Les momens qui vous restent, continua-t-elle toute en larmes, sont si précieux, que vous ne devez pas les laisser échaper sans vous accommoder avec le Ciel, que vous avez offensé en me trompant, & vous devez me donner la main comme à votre légitime Epouse. Soyez persuadé, dit-elle en finissant, & poussant un profond soûpir, soyez persuadé que je ne vous survivrai pas long-tems, & que le même jour qui mettra Marc-Antoine au tombeau, y mettra l'Infortunée Leocadie. Marc-Antoine tout foible qu'il étoit ne fut pas long-tems à répondre, je ne saurois nier, lui dit-il, belle & généreuse Leocadie, que je ne vous connoisse, je vous en ai déja fait l'aveu. Je me souviens de toutes vos bontés, & je déclare que vous êtes autant distinguée par votre vertu, que par la noblesse de votre sang, qui a donné à l'Espagne tant d'hommes illustres. Je ne saurois même desaprouver votre déguisement, puisque j'en sai la cause, je vous estime au contraire par cet endroit, c'est ici un bienfait nouveau, qui m'oblige à une reconnoissan-

noissance éternelle. Je sens mieux que vous ne le croyez, que j'ai peu de momens à vivre, & comme dans l'état où je suis, il ne m'est plus permis de dissimuler, je veux bien vous ouvrir mon cœur. Je l'avoue, charmante & vertueuse Leocadie, je vous ai aimée, & je suis convaincu que vous répondiez à ma tendresse. J'avoue encore, que je vous ai fait une promesse, que je serois un jour votre Epoux; mais je proteste en même tems que je ne la fis que dans la seule vûë de vous complaire; car enfin il y avoit long-tems que j'avois engagé ma foi à Theodose que vous connoissez, & dont la Maison n'est pas moins illustre que la vôtre. Je vous donnai une promesse signée de ma main, & je lui avois donné auparavant ma main propre, & d'une maniére si autentique, qu'il ne m'est plus permis de la donner à une autre. Je n'ai obtenu de vous que des fleurs qui ne vous ont fait aucun tort; mais j'avois obtenu des fruits de Theodose, & ce furent des faveurs qu'elle ne m'accorda que sous la foi d'être son Epoux, comme je ne saurois desavouer que je ne sois. Il est vrai, je vous abandonnai toutes deux, je vous laissai incertaine de votre destinée, & sans es-
pé-

pérance; mais je la laissai deshonorée; le Ciel qui est juste m'a puni, mais il me fait pourtant la grace de reconnoître ma faute, de vous demander pardon, Leocadie, & de déclarer en mourant que Theodose est mon Epouse; en achevant ces paroles, Marc-Antoine qui se tenoit appuyé sur une de ses mains, tomba évanoui. Don Raphaël s'avança alors. Revenez, Marc-Antoine, lui dit-il en l'embrassant, & jettez les yeux sur un tendre ami, qui devient aujourd'hui votre frere. Oui, vous l'étes, Don Raphaël, dit Marc-Antoine, qui étoit revenu de sa pâmoison, & je le tiens à grand honneur. Alors il le baisa & l'embrassa avec la derniére tendresse, le conjurant de ne se plus souvenir des chagrins qu'il avoit causés à Theodose & à toute sa famille. O Theodose, s'écria-t-il à l'instant, charmante & incomparable Theodose, oubliez que je vous ai offencée, & ne laissez pas d'aimer un Epoux qui meurt plûtôt de regret de s'être oublié jusques-là, que des blessures mortelles qu'il a reçûes. Oui, Theodose, je vous conjure de m'aimer, parce que j'ai raison de croire, que vous ne m'aimez pas. Du moins votre amour, s'il vous en reste encore quelque ombre, est
bien

bien au-dessous de celui de Leocadie : si vous m'aimiez autant qu'elle, j'aurois la joye de vous donner la main à ce moment, & de mourir entre vos bras. Vous aurez cette joye, Marc-Antoine, repliqua Don Raphaël. Alors il alla chercher sa sœur, qui se tenoit derriére en fondant en pleurs, & qui ne savoit si elle devoit ajoûter foi à ses yeux & aux paroles qu'elle venoit d'entendre. La voici cette Theodose que vous reclamez, lui dit-il, en lui présentant cette aimable fille, qu'il avoit prise par la main, vous n'avez rien à lui reprocher qu'un peu trop d'amour, s'il est vrai qu'on puisse trop aimer un Epoux de votre rang & de votre mérite. Marc-Antoine la reconnut, ils ne se dirent rien ; mais ils s'embrassérent en versant des larmes. N'admirez-vous pas, Alcidiane, un dénouément si surprenant ? vous l'admirez sans doute ; mais vous plaignez en même tems Leocadie, j'en conviens avec vous, elle est à plaindre, & digne d'une plus belle destinée, tandis que Theodose est heureuse, elle est dans un triste embarras. Cette infortunée Amante, qui n'avoit garde de s'imaginer, que le jeune Cavalier à qui elle avoit fait confidence de ses amours, fût Theodose, ne sût plus où elle en étoit.

Ce

Ce que venoit de dire & de faire Marc-Antoine, fut un coup de foudre qui l'accabla, elle vit avorter dans un moment toutes ses plus douces espérances, & ne sachant quel parti prendre, elle prit enfin celui que lui inspira le desespoir. Elle se déroba tout d'un coup de sa compagnie, qui étoit occupée à voir & à admirer ce qui se passoit, elle sortit à la ruë, & marcha sans savoir proprement où elle alloit, dans l'intention néanmoins d'aller chercher les occasions de se faire tuer, les armes à la main, ou de s'aller cacher toute sa vie. Elle ne fut pas plûtôt dehors, que Don Raphaël en fut allarmé, il s'informa où elle étoit, avec beaucoup d'empressement, personne ne lui pût donner de ses nouvelles. Le voilà éperdu & au desespoir, il sort, il court après cette Amante inconsolable, il prend son Valet pour le conduire à l'Hôtellerie où il étoit allé décendre, pour s'informer si Leocadie n'y avoit point été pour prendre un cheval; elle n'y avoit pas même pensé : il traversa toutes les ruës de Barcelonne, toutes ses courses furent inutiles. Enfin s'imaginant que Leocadie seroit allée du côté de la mer, pour tâcher de s'embarquer dans une des Galéres qui alloit à Naples, il porta ses pas

de

de ce côté là, il y vola, & un moment avant que d'arriver à l'endroit, où les Galéres étoit à la Rade, il entendit qu'on appelloit à grand cris l'Esquif de la Générale. Il crut entendre la voix de Leocadie, il ne se trompoit pas, c'étoit Leocadie elle-même qui crioit, & qui vouloit s'embarquer dans cette Galére. Leocadie qui entendit que quelcun venoit à elle à grands pas, & qui ne savoit ce que ce pouvoit être, mit d'abord l'épée à la main, & se tenant sur ses gardes, elle attendit de pied ferme Don Raphaël, qu'elle reconnut d'abord. Elle fut fâchée de se trouver seule avec lui dans la nuit, & dans un lieu assez écarté; car elle s'étoit déja aperçûe que Don Raphaël avoit quelques tendres sentimens pour elle. Pourquoi venez-vous troubler mon repos, Don Raphaël, lui dit la triste Leocadie, ne triomphez-vous pas assez, & me venez-vous chercher pour me faire suivre le Char de triomphe de Theodose? Ha! divine Leocadie, répondit Don Raphaël, que je suis éloigné de vouloir insulter à vos infortunes, & que vous connoissez mal ce qui se passe dans mon ame. Je sens autant que vous-même votre douleur, & je sacrifierois mille fois ma vie pour la calmer, si elle pouvoit se calmer par

par ce sacrifice. Je cours après vous, pour tâcher d'essuyer vos larmes, pour empêcher s'il m'est possible, que vous ne vous abandonniez au desespoir, où vous plongeroient infailliblement les premiers mouvemens de la jalousie, & d'un amour méprisé, ou plûtôt, ne le feignons point, je cours après vous pour vous offrir un cœur, à la place de celui que vous venez de perdre : car enfin, divine Leocadie, je ne puis plus vous celer que je vous adore, je ne dois pas même le faire en cette rencontre. Faites y réflexion, si votre juste douleur vous le peut permettre, Marc-Antoine est un Amant ingrat, un Amant qui vous a trompée, un Amant qui vous a endormie, sous de feintes promesses, un Amant enfin sur lequel vous ne pouvez plus compter, puisque le Ciel l'a donné à ma sœur : & cet Amant d'ailleurs n'a d'autre avantage sur moi, que le bonheur qu'il a de vous plaire ; car pour ce qui regarde les biens de la fortune, l'ancienneté de la Noblesse, la bravoure & la vertu, j'ose bien le dire, ma famille ne cede en rien par ces endroits-là, à la sienne. Je dis ceci, que je sai bien que je devrois taire, incomparable Leocadie ; mais je le dis pour tâcher de vous faire ouvrir les yeux

dans une occasion, où il est tant de votre interêt que vous vous vengiez de l'aveugle & infidelle Marc-Antoine, en faisant voir qu'il ne vous tient plus desormais au cœur. Pensez-y bien, Leocadie, vous perdez un Epoux chimérique, & vous aquérez un Amant, qui en même tems qu'il vous donne son cœur, vous offre sa foi & sa main, qu'il est prêt à vous donner, du moment que vous l'en croirez digne. Peut-être vous imaginez-vous, ajoûta Don Raphaël tout transporté, que ce que vous avez fait en faveur de Marc-Antoine me refroidira quelque jour. Non, adorable Leocadie; car outre que Marc-Antoine vous a justifiée, & que votre vertu n'a souffert aucune atteinte dans tout le cours de vos amours, j'admire votre fidélité & votre constance, ce que vous avez fait pour lui, est un nouveau charme pour moi, car enfin je suis persuadé, connoissant à présent votre caractère, que si vous venez jamais à m'aimer, vous m'aimerez éternellement. Leocadie ne répondit à ces paroles, qu'en poussant de profonds soupirs. Don Raphaël lui prit alors les mains & les baisa plusieurs fois; elle n'eut pas la force de s'y opposer. Achevez, dit ce nouvel Amant, qui crut
s'être

s'être apperçû que Leocadie s'attendrissoit, achevez à la vûe de ce Ciel, parsemé d'étoiles qui nous couvre, de cette mer tranquille qui nous écoute, de ces sables humides qui nous soûtiennent, achevez de me rendre heureux, & finissons vos maux & les miens, en nous unissant pour toûjours par un doux & prompt himenée. Où iriez-vous, ajoûta-t-il, & à quoi se termineroient enfin toutes vos courses, après avoir erré des années entiéres à l'avanture? Ha! non, Leocadie, ce n'est pas le parti que vous devez prendre, celui que je vous offre est l'unique qui vous convient. Retournez dans votre maison sous les auspices d'un tendre, d'un passionné & fidelle Epoux, que le Ciel semble vous avoir choisi, pour vous tirer du labirinthe où vous vous êtes engagée. Vous ne parlez point, insensible Leocadie, voulez-vous mourir de douleur & de desespoir? mourons je le veux bien, mourons tous deux, ma destinée n'est pas plus heureuse que la vôtre, si je ne deviens votre Epoux. Ne vous imaginez pas, Alcidiane, de voir ici quelque chose de tragique, Leocadie est trop raisonnable. Elle écouta les conseils de Don Raphaël, elle goûta ses raisons, elle s'y rendit, elle convint qu'on

devoit oublier un Amant ingrat & inconstant, & qu'il y avoit de la sagesse à ne se desespérer point, & à s'accommoder d'un Epoux qui s'offroit à elle, avec tant de démonstrations de tendresse. Et bien, s'écria-t-elle, en rompant le silence qu'elle avoit gardé si long-tems, puis que les Destins l'ont ainsi ordonné, je ne resiste point à leurs loix, j'oublie Marc-Antoine pour vous, généreux & tendre Don Raphaël, je vous donne toute mon affection, toute mon estime, persuadée que je suis, que vos démarches sont sincéres, & que vous ne me reprocherez jamais les foiblesses d'une passion qui ne fût jamais née dans mon cœur, si j'eusse connu Don Raphaël, dans le tems que je connus Marc-Antoine. Je prens vôtre cœur, prenez le mien, je vous donne toute ma tendresse, ne me refusez jamais la vôtre, jurons-nous dans ce moment une fidélité éternelle, & de ces tendres & sinceres promesses, soient témoins ces Cieux, cette Mer & ces Rivages qui l'ont été de vos persuasions & de vos priéres. En achevant ces paroles Don Raphaël l'embrassa tendrement, ils versérent tous deux des larmes de joye, & s'étant pris par la main ils retournérent chez le Chevalier Catalan,
qui

qui commençoit déja à s'inquiéter de ce qu'ils avoient disparu, & qui, à la sollicitation de Theodose, qui craignoit pour la vie de Marc-Antoine, avoit envoyé chercher un Ecclesiastique qui les avoit épousés sur le champ. Jamais joye ne fut plus générale, que celle qui se répandit dans cette Maison, dès que Don Raphaël & Leocadie eurent raconté ce qui venoit de se passer entr'eux. L'Ecclesiastique, qui ne s'étoit pas retiré encore, exhorta les deux Amantes travesties, à prendre des habits conformes à leur sexe, & dans le moment le Chevalier leur en fit donner de sa femme, qui étoient très-riches: elles parurent alors avec tous leurs charmes, on n'a jamais rien vû de plus brillant. La joye de cette aimable troupe eût été entière sans la blessure de Marc-Antoine; mais rien n'est parfait dans ce monde, belle Alcidiane, les plus pures douceurs sont toûjours mêlées de quelque petite amertume, il n'y a personne dans ce monde qui soit au comble du bonheur. Cette blessure étoit estimée mortelle, on s'attendoit à tout moment à quelque fâcheux simptome, on entrevoyoit quelque chose de funeste dans ses yeux, au travers d'un grand contentement qu'il faisoit paroître. Comme me ceux qui en avoient soin s'en étoient aperçûs, ils avertirent les Chirurgiens qu'on le faisoit un peu trop parler, les Chirurgiens ordonnérent qu'on le laissât seul. Cependant, ce qui sembloit devoir altérer sa santé, avança sa guérison. Du moins reconnut-on dès le lendemain qu'il n'étoit nullement en danger, s'il n'arrivoit quelque nouvel accident qu'on tâcha sagement de prévenir. Marc-Antoine en un mot, quitta le lit en moins d'un mois, & peu de tems après il fut en état de se mettre en chemin.

Pendant que Marc-Antoine tenoit le lit, il fit vœu, s'il guérissoit, d'aller à pied en pelerinage à S. Jaques de Galice; il voulut executer son vœu. Don Raphael, Theodose, Leocadie, & Calvet l'accompagnérent. On se prépara pour le saint Voyage, & jamais on n'a vû de pelerinage plus galant. Marc-Antoine & Don Raphaël avoient des maniéres de longues vestes d'un Droguet obscur, qui s'agraffoient avec quelques boutons d'or massif, des bourdons d'un bois extrèmément leger & joli, dont les pommes étoient d'ébene, & des Coletins de velours noir embellis de quelques coquilles d'argent. Ils portoient de petites Calebaces de même matiére; mais brunes, & des Chapeaux à grand bord, sur lesquels étoient attachées de petites plaques de vermeil doré, où étoient représentées une partie des avantures de Marc-Antoine & de Theodose. L'habit des Pelerines, étoit d'un gros grain de soye de la même couleur, que les vestes des Pelerins, leurs bourdons & leurs coletins étoient à peu près semblables, & leurs chapeaux étoient ajustés en gondoles, avec les mêmes représentations, & deux coquilles naturelles d'une beauté extraordinaire, sur les retroussis. Elles avoient mis leurs Coliers & leurs bagues, & outre cela, ils portoient tous à la ceinture de longs & riches Chapelets, dont les grains étoient d'or, ou de perles. Calvet n'avoit rien d'extraordinaire. Ce fut dans cet équipage où ils partirent, après avoir donné mille marques d'une véritable reconnoissance à Don Sanche de Cordoüe, c'étoit le nom du Chevalier qui les avoit recueillis avec une générosité si digne de l'illustre Maison dont il étoit issu. Ils ne firent pas de longues journées, les Pelerines étoient un peu trop délicates, ils n'arrivèrent que trois jours après à Montferrat, où ils accomplirent leur vœu. Il leur étoit permis alors de quitter leurs habits de Pelerin; mais ils ne le trouvèrent pas à propos, ils dirent qu'ils ne les quitteroient que chez eux, où ils arrivérent enfin; mais ce ne fut pas, Alcidiane, sans quelque nouvelle avanture. Ils étoient déja à la vûe de la maison de Leocadie, & cette Héroïne & Theodose, répandoient des larmes de joye, faisant réflexion sur leurs infortunes passées, & sur le succès heureux qu'elles avoient eu. Ils la contemploient du haut d'une petite Coline, d'où on découvroit un fertille Valon, qui séparoit cette maison de celle de Theodose; car elles n'étoient qu'à une lieue l'une de l'autre. Occupés de leur joye & de l'espérance d'aller bien-tôt embrasser leurs parens, auxquels ils n'avoient pû causer que de mortelles inquiétudes; car ils ne leur avoient point donné de leurs nouvelles, ils apperçûrent dans ce Valon, sous un gros arbre, un puissant Chevalier, armé de toutes piéces, tenant un bouclier au bras gauche, & une lance à la main droite; il étoit monté sur un grand & superbe Cheval. Un moment après, deux autres Chevaliers parurent armés à peu près de la même maniére, ils furent joindre le troisieme, & s'étant parlés quelque tems, l'un des deux derniers s'étant tiré à l'écart avec le premier, ils poussérent leurs Cheveaux tout d'un coup

coup, & rompirent leurs lances avec tant de bravoure & d'adresse, qu'ils donnoient bien à connoître que ce n'étoit pas la premiére fois qu'ils s'etoient trouvés sous les armes. Le troisiéme n'étoit que Spectateur, il se tenoit ferme sur son Cheval, qui écumoit sans changer de place, & les deux tenans faisoient merveille l'un & l'autre. Don Raphaël n'eut pas plûtôt vû le combat de ces deux Chevaliers, qu'il descendit de la Coline, suivi de Marc-Antoine, & des deux charmantes Pelerines, & il arriva aux combattans avant qu'ils se fussent encore blessés. Le casque de l'un des Chevaliers lui étant tombé de la tête dans ce moment-là, Don Raphaël vit que c'étoit son pere. L'autre Chevalier qui avoit levé la visiére pour prendre un peu l'air, car le combat l'avoit échauffé, fut reconnu par Marc-Antoine pour être le sien. Le troisiéme Chevalier qui étoit Spectateur du combat étoit celui de Leocadie, il se fit connoître à sa fille.

Marc-Antoine & Don Raphaël ne se furent pas plûtôt apperçûs que c'étoit leurs peres qui étoient aux mains, qu'ils se jettérent entre leurs deux chevaux, & s'écriérent tous à la fois; Arrêtez Seigneurs, arrêtez, ceux qui vous en conjurent sont vos enfans. Je suis Marc-Antoine, je suis Raphaël, modérez votre ardeur & & votre fureur, jettez bas les armes, ou les tournez contre quelqu'autre ennemi; car celui à qui vous en voulez est votre frere. Les deux Chevaliers s'arrêtèrent. Don Raphaël & Marc-Antoine ayant tourné la tête dans cet instant, virent que Don Sanche étoit décendu de Cheval; & qu'il embrassoit Leocadie, qui lui avoit déja raconté en peu de paroles, ce qui s'étoit passé à Barcelonne. Don Sanche s'avança d'abord pour aller séparer les deux Chevaliers; mais il trouva que cela étoit fait, & qu'étant décendus de cheval, ils embrassérent tendrement leurs enfans, en versant des larmes, ils se joignirent tous alors, & recommencérent leurs embrassemens & leurs tendresses.

Dans le tems que ceci se passoit, on vit paroître dans le même Valon deux troupes de gens armés, les uns à pied, & les autres à Cheval, c'étoient les Sujets du pere de Theodose & de celui de Leocadie, qui ayant sû la querelle de leurs Seigneurs, avoient pris les armes pour les défendre. Don Sanche qui vit bien ce que c'étoit, alla au devant d'eux, leur dit que la querelle étoit accommodée

dée, & Don Raphaël qui le joignit dans le même instant, leur raconta en peu de mots de quelle maniére sa Maison & celle de Don Sanche s'étoient alliées, jamais joye ne fut plus universelle. D'abord on choisit dans les deux troupes cinq chevaux des meilleurs pour monter les cinq Pelerins, & étant convenus de la Maison où ils iroient accomplir les nôces, ils marchérent vers celle de Marc-Antoine qui se trouva la plus commode. La cause de cette querelle, qui avoit déja fait tant d'éclat, procédoit de ce que le pere de Theodose & le pere de Leocadie avoient défié celui de Marc-Antoine, comme sachant la supercherie que son fils avoit faite à leurs filles, & y consentant. Pour cet effet, s'étant portés tous deux sur le Pré, où le pere de Marc-Antoine s'étoit rendu seul, ils lui dirent qu'ils ne prétendoient point se servir d'aucun avantage; mais qu'ils étoient là pour se battre avec lui l'un après l'autre, comme braves & généreux Chevaliers. Tout le Bourg où ils arrivérent sur le soir fut en joye; & dès le lendemain on célébra dans toutes les formes, avec une magnificence extraordinaire, les noces de Marc-Antoine & de Don Raphaël, qui vécurent heureux & contens avec leurs Epoufes, & laissèrent une illustre lignée, qui fait la première figure encore en Andalousie. Vous vous attendez peut-être, à apprendre quel est le nom de cette famille, c'est Alcidiane, ce que l'Historien nous a voulu cacher par respect; aussi n'étoit-il guéres nécessaire qu'il marquât une particularité qui ne faisoit rien à son sujet, & qui eût pû faire du chagrin aux illustres descendans de Theodose & de Leocadie. Calvet ne demeura pas sans récompense, il étoit encore assez jeune, & d'humeur assez agréable, chacun voulut bien lui faire quelque présent: & peu de tems après, le pere de Marc-Antoine lui ayant fait obtenir un petit Emploi, il se crut assez riche pour prendre femme. Il la fut chercher dans ce petit Bourg, où Don Raphaël & Theodose se rencontrérent, & cette jolie Isabelle, qui trouvoit si fort à son gré Theodose, voulut bien s'en accommoder.

J. Folkema del.   F. A. Aveline Sculp.

CORNELIE.

NOUVELLE XI.

DOn Antoine Ifunça & Don Juan de Gamboa, étoient deux jeunes Gentilshommes, qui étudioient à Salamanque, & qui tout d'un coup firent deſſein de quitter leurs études, pour ſuivre l'exercice des armes. Cette réſolution ne fut pas plûtôt priſe qu'elle fut executée, ils partirent & ſe rendirent en Flandres, qui étoit alors le théatre de la guerre, mais malheureuſement pour eux, on y négocioit la Paix en ce tems là, & deux ou trois mois après, cette Paix fut concluë. Comme ils avoient entrepris leur voyage ſans l'avoir communiqué à leurs parens, ils leur écrivirent dès qu'ils furent à Anvers, & ils reçûrent en fort peu de tems des réponſes extrèmement tendres. On ſe plaignoit d'eux de ce qu'ils s'étoient engagez dans le parti des armes, ſans avoir achevé leurs études & ſans avoir du moins conſulté les perſonnes auxquelles ils devoient

voient le jour, car enfin, disoient leurs parens, loin de nous être opposez à un si noble dessein, nous y eussions donné les mains, puis que c'étoit-là votre penchant; nous n'eussions point forcé votre inclination, & vous vous verriez en état de faire un peu plus de figure que vous ne faites : mais les enfans, ajoûtoient-ils, ne sont pas toûjours sages, & c'est aux peres à prendre patience & à tâcher de se consoler. Ces tendres reproches les touchérent si bien, que voyant qu'ils avoient fait du chagrin à leurs familles, & qu'il n'y avoit rien à faire pour eux dans les Païs-Bas, ils résolurent de retourner en Espagne : ils voulurent néanmoins voir auparavant les principales Villes d'Italie, ce qu'ils firent. Ils les virent presque toutes, & la derniére fut Bologne, où ils s'arrêtérent quelque tems. Ils furent charmez de cette Ville, & faisant réflexion qu'ils se trouvoient dans une Université qui étoit célébre, ils crurent qu'ils ne feroient pas mal de reprendre leurs études, qu'ils avoient quittées avec un peu trop de précipitation. Ils en écrivirent à leurs parens, qui en eurent une joye si sensible, qu'ils leur firent tenir tout ce qui leur étoit nécessaire pour paroître avec un éclat digne de la grandeur

deur de leurs Maisons. Dès que ces deux jeunes Gentilshommes se firent connoître, ils furent estimez généralement, car quoi que Don Antoine n'eût qu'environ vingt-quatre ans, & Don Juan vingt-six, ils avoient l'esprit mûr; & comme ils étoient libéraux, bien élevez, extrêmement propres, & n'affectant en aucune manière cette fierté dont on accuse la Nation Espagnole, ils s'attirérent l'amitié de tout ce qu'il y avoit de personnes de distinction, tant Italiens qu'étrangers. On peut bien s'imaginer qu'étant jeunes & bienfaits, qu'ayant de la vivacité & de l'esprit, & que pouvant faire de la dépense, ils se firent un plaisir de voir les Dames. Ils virent d'abord tout ce qu'il y avoit de plus beau, ils furent de toutes les parties de divertissement, de toutes les promenades, de toutes les assemblées d'éclat, & il n'y eut guéres de maisons qualifiées, où ils n'eussent entrée, si l'on en excepte celle de Cornelie Bentivoglio, parce que l'on n'y recevoit point compagnie. Cette illustre fille, qui descendoit de l'ancienne famille des Bentivoglio, qui avoient été autrefois Seigneurs de Bologne, étoit une des plus belles personnes de son siécle. Depuis la mort de son pere & de sa mere, qui

l'avoit

l'avoit laiſſée fort jeune & fort riche, elle vivoit ſous la conduite de Laurent Bentivoglio ſon frere, qui étoit un jeune Seigneur des plus accomplis, & elle étoit ſi retirée, qu'il avoit été impoſſible à nos Eſpagnols de la voir. La beauté de Cornelie faiſoit tant de bruit qu'ils avoient mis tout en uſage pour avoir accès auprès d'elle, mais leurs mouvemens furent inutiles, elle fut toûjours inacceſſible; ſi bien que faiſant réflexion que c'étoit en vain qu'ils aſpiroient à une faveur qu'elle n'accordoit à perſonne, ils prirent le parti de n'y plus penſer.

C'eſt une coûtume dans toutes les Villes d'Italie de faire de petites promenades pendant la nuit. Don Antoine & Don Juan ſortoient rarement à ces heures-là, mais toutes les fois que cela leur arrivoit ils ſortoient enſemble. J'aurois deſſein, dit un ſoir Don Juan, d'aller prendre un moment le frais. Je le veux bien, répondit Don Antoine, mais je me ſuis opiniâtré à finir quelque choſe que j'ai entrepris, prenez les devants, je vous en conjure, je vous vais ſuivre inceſſamment. J'aimerois bien mieux que nous euſſions pû ſortir enſemble, repartit Don Juan, mais puiſque vous le voulez ainſi, je vais vous attendre dans les

en-

endroits à peu près où nous avons accoûtumé de nous promener : sur cela D. Juan sortit. La nuit étoit obscure, & il étoit même si tard, qu'il ne rencontra qui que ce fût dans les rues, & comme Don Antoine ne paroissoit point, il prit la résolution de l'aller rejoindre dans leur logis. Il se vit obligé en se retirant de passer sous un grand Portique qui régnoit dans une rue qu'il falloit qu'il traversât, & il ne fut pas plûtôt au pied des colonnes qui le soûtenoient, qu'il crut entendre quelcun qui l'appelloit par son propre nom. Il s'arrêta dans le moment, & tâchant de découvrir s'il s'étoit trompé, il vit entrouvrir une porte, & en même tems celui qui l'avoit entrouverte lui dit d'une voix basse : Est-ce vous, Fabio, hélas ! vous vous êtes bien fait attendre. Don Juan, sans penser trop bien à ce qu'il faisoit, répondit oui. Prenez donc ce paquet, lui dit-on, allez le porter en lieu assuré, & revenez le plû-tôt qu'il vous sera possible, vous nous êtes absolument nécessaire. Don Juan tendit la main, mais il falut qu'il se servît de toutes les deux, parce que le paquet étoit un peu gros. Celui qui venoit de se décharger du fardeau ferma incontinent la porte, Don Juan marcha sans savoir ce

qu'il

qu'il tenoit entre les bras, mais il en fut bien-tôt éclairci. A peine avoit-il traversé le Portique, qu'il entendit crier un enfant, & il connut fort bien à la voix que c'étoit un enfant qui ne venoit que de naître. On peut bien concevoir quel fut l'embarras où ce jeune Espagnol se trouva, il ne sût s'il devoit aller heurter à la porte où on l'avoit chargé de ce desagréable paquet, ou s'il devoit laisser l'enfant dans la ruë. Non, dit-il en soi-même, je ne dois point exposer la mere de ce jeune enfant qui m'a été confié par mon imprudence, peut-être est-ce une personne considérable, moins encore dois-je laisser au milieu d'une ruë, un innocent dont je serois coupable de la mort; & puis que j'ai été chargé d'ailleurs, de le mettre en lieu de sûreté, puis que je m'y suis même engagé par mon silence, je l'emporterai chez moi, & il en arrivera ce qui pourra, une promesse pour être tacite n'en doit pas être moins inviolable. Cette résolution étant prise, il s'avança à grands pas vers son logis, il y arriva un moment après, mais Don Antoine étoit sorti. Voici de l'ouvrage pour vous, dit-il à la femme qui les servoit, mais ne vous épouvantez point, ce n'est qu'un enfant je l'ai trouvé sur
mes

mes pas, & j'ai bien voulu m'en charger. La femme le prit en soûriant, elle le découvrit, & Don Juan & elle demeurérent d'accord qu'ils n'en avoient vû de leur vie un plus beau. Elle le démaillota ensuite, on trouva que c'étoit un garçon : & à la propreté & à la richesse de ses langes on reconnut que c'étoit un enfant qui ne pouvoit appartenir qu'à des personnes très-distinguées. Il faut que nous en ayons soin, dit Don Juan, mais il faut en même tems que nous agissions avec prudence par une infinité de raisons : ôtez-lui, ajoûta-t-il, les langes qu'il porte, envelopez-le avec d'autres, portez-le ensuite chez une Sage femme qui vous soit connuë, donnez lui l'argent qu'elle vous demandera, & lui nommez tels parens que vous voudrez, je laisse cela à votre bonne conduite. Sur cela il tira quelques piéces d'or de sa bourse qu'il lui donna, & un instant après il sortit pour se rendre sous le Portique où il avoit eu cette avanture, car il comprenoit bien qu'ayant été pris pour un autre, celui qui lui avoit donné cet enfant devoit être dans de terribles inquiétudes, il le vouloit tirer de peine, le plûtôt qu'il fût possible. Il entrevoyoit déja l'endroit, & il étoit sur

le

le point d'y arriver, lors qu'il entendit un grand bruit d'épées. Comme il crut bien que c'étoient des gens qui se battoient, il s'arrêta pour écouter, & pour tâcher de se mieux éclaircir, mais il n'entendit aucune parole: les coups étoient sourds, & à la clarté qui sortoit des étincelles des pierres contre lesquelles les épées donnoient quelquefois, il crut voir assez distinctement que c'étoit un seul homme qui se battoit contre plusieurs. Ce qui le confirma dans cette pensée, c'est qu'il entendit un moment après que celui qui étoit attaqué s'écrioit: Ha! traîtres, vous êtes plusieurs contre moi, mais votre lâcheté ne vous servira de rien. Don Juan n'eut pas plûtôt entendu ces paroles, qu'il s'approcha de celui qui les avoit proférées, & mettant l'épée à la main, il lui dit en langue Italienne, pour n'être pas reconnu pour Espagnol: Courage, Chevalier, vous ne combattez plus tout seul, voici un second qui vient vous défendre, & qui combattra pour vous jusqu'à la derniére goute de son sang; je me range de votre côté, afin que la partie soit moins inégale. N'appréhendez rien, nous ménerons battant vos ennemis; car puis que ce sont des traîtres nous n'avons rien à craindre, fussent-ils

encore

encore en plus grand nombre qu'ils ne font. Nous ne sommes nullement traîtres, répondit un de ceux contre lesquels Don Juan commençoit déja à se battre, nous combattons pour une affaire d'honneur, & si nous avions le tems de vous éclaircir là dessus, nous ne doutons en aucune maniére que vous ne prissiez notre parti, généreux & brave comme vous êtes. Don Juan ne repondit rien, il étoit assez occupé à parer les coups qu'on lui portoit & à écarter les ennemis, qui en vouloient principalement à celui en faveur duquel il s'étoit déclaré, contre lequel ils étoient acharnez de la maniére du monde la plus furieuse; & qui enfin reçût un si grand coup qu'il en fut renversé par terre. Don Juan crut qu'il étoit mort, & comme il se trouva seul contre plusieurs, ayant fait de nécessité vertu, il se défendit avec tant de valeur qu'il les repoussa tous contre une muraille. Cependant n'étant pas possible qu'il pût résister, son intrepidité & sa bravoure lui eussent été inutiles si sa bonne fortune ne s'en fût mêlée. Les voisins que le bruit avoit éveillez sortirent de leurs maisons, & comme ceux qui combattoient contre lui ne vouloient pas être connus, ils se retirérent & lui laissérent

le

le champ de bataille. Dans ce tems-là, celui que le jeune Espagnol avoit secouru avec tant de générosité se releva, & il dit à Don Juan, qu'à la vérité il avoit reçû un grand coup, mais qu'il n'étoit pas blessé néanmoins, parce qu'il avoit une cotte d'armes. Don Juan avoit perdu son chapeau dans la mêlée, & en le cherchant il en avoit trouvé un autre qu'il avoit mis sur sa tête, sans examiner si c'étoit le sien. Généreux Chevalier, lui dit dans ce moment-là celui qu'il venoit de secourir, je confesse que je vous suis redevable de la vie, & j'en aurai une reconnoissance éternelle. Ayez la bonté, continua-t-il, de me dire votre nom, afin que je connoisse mon libérateur, & que je puisse chercher les occasions de perdre pour votre service cette vie que vous m'avez conservée, & tout ce que je possède au monde. Je veux vous obéir, Seigneur, lui dit Don Juan, je suis Espagnol, je fais mes études dans cette Ville, & je m'appelle Juan de Gamboa. C'est une nouvelle obligation que je vous ai, repliqua l'Inconnu, cependant je ne vous dirai point qui je suis, j'aime mieux que vous l'appreniez d'une autre bouche que de la mienne, & je

preuprendrai soin que vous soyez satisfait là-dessus.

Dans le tems que Don Juan & cet Inconnu s'entretenoient ainsi, ils virent venir à eux une troupe de gens armez. Voici vos ennemis, qui reviennent à la charge, dit le jeune Espagnol, mais ne perdons pas courage, tenons nous seulement sur nos gardes, ce n'est pas toûjours le nombre qu'on doit redouter, nous en avons déja fait l'expérience, aidons-nous, Seigneur, & le Ciel nous aidera. Vous vous trompez, Don Juan, repondit l'Inconnu, j'espére que ce sont de nos amis, & effectivement à mesure qu'ils s'approchoient il reconnut qu'il ne se trompoit point : ils se dirent quelques mots à l'oreille, après quoi ce Seigneur Italien se tournant vers Don Juan, lui dit, après lui avoir témoigné de nouveau qu'il lui seroit obligé toute sa vie, que si ce secours ne lui fût venu il l'eût supplié de le remettre chez lui, mais que pour des raisons qui étoient de la dernière importance, il le conjuroit de le laisser, qu'il lui donneroit de ses nouvelles. Il apperçut en disant cela qu'il n'avoit point de chapeau, je l'ai dit-il perdu dans la mêlée, cherchons, peut-être le trouverons-nous. Don Juan qui mania
dans

dans ce moment-là, celui qu'il avoit sur la tête, & qui s'aperçût que ce n'étoit pas le sien, le lui présenta en disant que c'étoit le chapeau qu'il cherchoit. Je reconnois que c'est le mien, répondit l'Inconnu, mais vous le garderez néanmoins, j'ai des raisons pour vous le laisser, ne vous opiniâtrez pas à le refuser, Don Juan, je ne le reprendrai point, vous devez l'emporter pour trophée d'armes. Don Juan n'ayant pû se défendre de garder le chapeau se retira, après quelques complimens, sans avoir pû découvrir qui étoit ce Seigneur Italien. Tout ce qu'il pût conjecturer fut, que ce devoit être une personne de distinction, car outre que ceux qui étoient venus le joindre le traitoient avec beaucoup de respect, il y en eut un qui lui donna le chapeau qu'il avoit sur la tête, lequel il prit sans beaucoup de façon.

A peine Don Juan avoit-il fait trente pas, qu'il rencontra Don Antoine. Je vous trouve enfin, mon cher Don Juan, lui dit-il, il y a long-tems que je vous cherche, & j'avoue qu'à l'heure qu'il est j'étois extrêmement en peine de vous. Depuis que je ne vous ai vû, ajoûta-t-il, j'ai eu une grande avanture, & vous m'avés bien manqué dans l'embarras où où je me suis trouvé. Marchons, continua Don Antoine, je vous l'apprendrai chemin faisant, elle est singuliére sans doute, vous en demeurerez d'accord. Je ne sai, répondit Don Juan, quelle est l'avanture que vous avez euë, mais je sai bien qu'il m'en est arrivé une fort surprenante, & la plus surprenante peut-être dont on ait jamais entendu parler. Un moment après que vous avez été hors du logis, dit Don Antoine, je vous ai suivi dans le dessein de vous aller joindre. Je marchois à mon pas ordinaire vers l'endroit où je croiois de vous trouver, lorsque tout d'un coup j'ai aperçû une femme couverte d'un grand voile, qui venoit à ma rencontre. Je ne m'attendois guéres que cette femme voulût entrer en conversation avec moi, je me trompois, elle n'a pas eu plûtôt jetté les yeux sur moi, qu'elle m'a demandé d'une voix foible & interrompuë de soûpirs, si j'étois étranger, ou si j'étois de la Ville. Je lui ai répondu que j'étois Espagnol. Je rends graces au Ciel, m'a-t-elle dit dans le moment, de ce que je suis tombée entre vos mains. Je vous supplie, Seigneur, a-t-elle ajoûté, je vous supplie par cette générosité qui se trouve parmi la Noblesse de votre Nation, que vous me tiriez de cette rue, & que vous m'emmeniez à votre logis avec le plus de diligence qu'il vous sera possible, vous saurez là qui je suis, si vous desirez de le savoir; quoi que ce soit, a-t-elle continué en soûpirant, au prix de ma réputation. Comme j'ai bien vû que je ne pouvois guéres me dispenser de lui rendre ce petit service, je l'ai prise d'abord par la main sans lui rien répondre, & je l'ai conduite peu à peu chez nous par des rues détournées. Un de nos Valets, c'est Saint Estevan, m'a ouvert la porte, & l'ayant fait retirer, avant que d'entrer, de peur qu'il ne vit cette inconnuë, je l'ai fait monter dans ma chambre, où elle n'a pas plûtôt été qu'elle s'est jettée sur mon lit, & est tombée évanouïe. Je me suis aproché d'elle pour la secourir, & lui ayant découvert le visage, j'ai été d'une surprise que je ne vous saurois exprimer, j'ai vû, mon cher Don Juan, la plus belle personne qu'il y ait peut-être dans le monde ; elle peut avoir environ vingt ans ; c'est une beauté accomplie. Elle n'a pas été long-tems à revenir de sa pâmoison, & la première chose qu'elle m'a dit a été de me demander si je la connoissois. Non, Madame, ai-je répondu, je ne méritois pas de connoître

une

une personne qui a tant de charmes. Malheureux charmes ! s'est-elle mise à dire, en poussant un profond soûpir, ce sont des biens qui sont très-souvent funestes à celles qui en sont pourvûës. Mais, Seigneur, a-t-elle ajoûté à l'instant, ayez pitié de mes infortunes. Je vous conjure par cette générosité que j'ai déja éprouvée, laissez-moi seule dans cette chambre, & rendez-vous sans perdre tems dans l'endroit où vous m'avez trouvée, je ne doute pas que vous n'y rencontriez des gens qui se battent, tâchez de les séparer, & ne prenez aucun parti, ils me sont chers les uns & les autres. J'ai obéï, je l'ai laissé enfermée, & j'allois maintenant chercher les gens dont elle m'a parlé, pour tâcher d'apaiser leur querelle. Ce que vous venez de m'apprendre est particulier sans doute, dit Don Juan, mais l'avanture que j'ai euë ne l'est pas moins je vous assure ; vous en jugerez : sur cela il fit un recit de ce qui lui étoit arrivé, sans oublier la moindre circonstance. A quoi il ajoûta, que la querelle qu'il alloit tâcher de terminer étoit entiérement terminée, que c'étoit pour cette nuit là une affaire vuidée, & qu'ils n'avoient qu'à s'en retourner chez eux. Il me tarde, continua Don Juan, de voir cette charmante personne que vous avez dans votre chambre, & sur le portrait que vous venez de m'en faire, je me ferai un plaisir de lui rendre conjointement avec vous tous les bons offices que je puis être capable de lui rendre. Je doute, repliqua Don Antoine, qu'elle veuille que vous la voyiez, je dois vous dire ici, mon cher Don Juan, qu'elle m'a fait promettre que personne ne la verroit, & qu'il n'y auroit que moi seul qui pût entrer dans la chambre où elle est enfermée. Il faut pourtant, ajoûta-t-il, que nous trouvions quelque expédient pour la faire consentir à vous voir.

En s'entretenant ainsi sur leurs avantures, ils arrivérent insensiblement chez eux, on leur ouvrit la porte, & à la clarté d'un flambeau que portoit un de leurs valets pour les éclairer, Don Antoine s'apperçût que Don Juan avoit à son chapeau un cordon de Pierreries de la derniére beauté, qui pouvoit bien valoir douze mille Ducats. Don Juan qui n'avoit point douté que le jeune Seigneur qu'il avoit secouru ne fût d'une qualité très-distinguée, acheva de se confirmer dans son sentiment, sur tout lors qu'il vint à faire attention à la maniére obligeante avec laquelle il l'avoit pressé de
garder

garder ce riche chapeau. Voilà un riche trophée, dit Don Antoine, cette nuit n'est qu'un tissu d'avantures, & je ne sai à quoi tout ceci aboutira. En achevant ces paroles il fit retirer le valet qui les éclairoit, il monta à la chambre où étoit la Dame, il la trouva assise sur son lit, soûpirant & versant des larmes.

Don Juan, qui avoit grande envie de la voir, suivit Don Antoine, & mit en même tems la tête à la porte de la chambre. Les Diamans de son Cordon, qui brilloient d'une maniére extraordinaire, le firent appercevoir bien-tôt. La Dame, que l'éclat de ces Pierreries frappa, jetta d'abord les yeux dans l'endroit où il s'étoit posté, & comme elle connut le chapeau, elle dit tout d'un coup: Hélas! est-ce bien vous mon cher Duc; entrez je vous en conjure, ne vous faites pas desirer plus long-tems. Il n'y a point ici de Duc, Madame, lui dit Don Antoine, vous n'y pensez pas bien sans doute; & votre douleur vous a distraite. Quoi ajoûta-t-elle, celui qui a paru sur la porte de cette chambre, n'est-ce pas le Duc de Ferrare? C'est lui-même, continua-t-elle, je l'ai reconnu à son chapeau; & je suis bien persuadée que je ne me trompe pas. Vous vous trompez sans doute,

Madame, repartit Don Antoine; & si vous souhaitez de voir celui qui porte ce chapeau, vous n'avez qu'à lui permettre d'entrer. Qu'il entre donc, dit la Dame, mais helas! ajoûta-t-elle; s'il est véritable que je me trompe, je suis au comble de mes malheurs. Don Juan qui avoit entendu ces paroles se prévalut de la permission, il entra dans la chambre son chapeau à la main: mais quelle fut la douleur de cette Dame, lors qu'elle se fut apperçûë que ce n'étoit pas celui qu'elle cherchoit. Ha! Seigneur, lui dit-elle d'une voix troublée, & entrecoupée de mille sanglots; ha! Seigneur, dites-moi je vous supplie, sans me tenir plus en suspens, connoissez-vous le maître de ce chapeau? Où l'avez-vous laissé? Est-il en vie, ou venez-vous m'apporter les tristes nouvelles de sa mort? Helas! mon cher Duc, qu'êtes-vous devenu, & quelle est votre destinée; ou plûtôt, quel est le déplorable état où je me vois réduite, éloignée de vous, privée peut-être pour toute ma vie de ce que j'aime, tandis que je me vois entre les mains de personnes qui me sont inconnues. Rassurez-vous, Madame, dit alors Don Juan, le maître de ce chapeau n'est point mort, & vous êtes en lieu de sûreté, n'apprehendez rien, puisque la for-

NOUVELLE XI.

fortune nous a été si favorable, que de vous mettre entre nos mains; nous ne nous rendrons jamais indignes d'un si grand bonheur: & bien loin de perdre le moins du monde le respect qui vous est dû, nous sommes prêts à sacrifier notre vie pour votre service. Je vous suis obligée, Seigneur, dit la Dame; mais, ajouta-t-elle, comment ce chapeau est-il venu en votre pouvoir, & où est maintenant Alphonse d'Est à qui il appartient? Don Juan, pour la tirer de peine, lui raconta tout ce qui s'étoit passé il n'y avoit pas une heure, dans le combat où il s'étoit trouvé; il n'oublia pas la moindre circonstance. Le Duc de Ferrare, continua-t-il, car je vois bien que c'est le Chevalier que j'ai secouru, est chez lui en parfaite santé; il n'y a eu ni morts, ni blessés de côté, ni d'autre, c'est une vérité dont vous devez être persuadée. Je vous en crois, Seigneur, dit la Dame, pardonnez à mon empressement & à mon ardeur; j'ai intérêt à la vie du Duc, vous n'avez qu'à m'écouter un moment pour vous en convaincre. Elle alloit commencer son histoire, lorsqu'elle entendit la voix de l'enfant dont Don Juan avoit été chargé de la maniére qu'on a déja dit. La femme qui servoit les deux

Espagnols lui avoit mis de nouveaux langes, elle l'emportoit chez une Sage-Femme; & comme elle passoit près de la chambre où étoit la Dame, l'enfant se mit à crier. Qu'est-ce que j'entens, dit-elle toute émue, n'est-ce pas un jeune enfant ? C'en est un, Madame, qu'on a mis, il n'y a qu'un moment, à la porte de notre logis, dit Don Juan en se mettant à sourire; & la femme qui nous sert va chez quelque voisine pour la prier de lui donner du lait. Qu'on me l'apporte, je vous en conjure repartit la Dame, je lui en donnerai moi-même; je veux bien rendre à cet innocent ce bon office, puis que je ne suis pas assez heureuse pour en pouvoir rendre de semblables à mes enfans propres. L'enfant lui fut apporté dans le même instant : qu'il est aimable, s'écria la Dame, en le baisant, & le serrant tendrement entre ses bras; mais s'il en faut juger par ses langes, il n'est pas né d'un pére & d'une mére qui soient fort riches. Elle lui donna le sein en versant des larmes, mais l'enfant ne pût jamais le prendre. Tous mes efforts sont impuissans, dit-elle, en poussant de profonds soûpirs, l'enfant est trop foible encore, ou je n'ai pas assez d'adresse pour lui faire part de mon lait

le

le Ciel se contentera de mon intention. Reprenez-le, ma bonne amie, dit-elle, en s'adressant à la femme de service, tâchez vous même de lui faire prendre quelque chose, frotez lui le palais avec du miel, ou avec quelqu'autre liqueur, & ne l'exposez pas dans les ruës pendant la nuit; peut-être pourai-je faire demain au matin ce qui n'est point en mon pouvoir de faire à cette heure. Quoi qu'il en soit, continua-t-elle, apportez-le encore avant que de le remettre à une Sage-Femme; je veux me consoler quelques momens en voyant le plus bel enfant que j'aye vû de ma vie. Don Juan voulut prendre l'enfant lui-même, & en le donnant à la femme, il lui dit de lui remettre les riches langes qu'elle lui avoit ôtés, il lui recommanda à diverses fois de n'y point manquer; nous voici sur le point d'un dénouement, dit-il en soi-même; c'est assurément la mere de cet enfant. La femme ne se fut pas plûtôt retirée, qu'on présenta à la Dame quelques conserves dont elle mangea; elle laissa alors tomber sur ses épaules le voile qui lui couvroit la tête, & comme elle parut avec tous ses charmes, les deux Espagnols demeurérent d'accord que c'étoit peut-être la beauté la plus accomplie qu'il y eût

eût au monde. Elle ne pût s'empêcher de verser des torrens de larmes, & après les avoir essuyées & avoir arrêté ses soûpirs, elle commença à faire son histoire.

Je ne me serai pas plûtôt nommée, que vous me connoitrez sans doute, dit cette charmante Dame, en baissant les yeux & en rougissant; j'ai fait trop de bruit jusqu'ici pour que vous puissiez ignorer mon nom : je suis Cornelie Bentivoglio, pour ne vous tenir pas en suspens davantage. Je fus laissée orpheline dès mon enfance la plus tendre, & j'ai été jusqu'à présent sous la conduite de Laurent Bentivoglio mon frére, qui outrant les maniéres de ce Païs-ci, n'a jamais voulu permettre que j'aye paru dans le monde. J'ai été élevée dans la solitude, dans un Palais d'où il ne m'étoit point permis de sortir; n'ayant pour toutes compagnies que les femmes qui me servoient. Cependant, quoi que je ne me sois jamais montrée en public, on n'a pas laissé de parler de quelques petits charmes dont le Ciel a daigné me pourvoir; & qui, quelques médiocres qu'ils soient, n'ont pas laissé de m'être funestes. Mes femmes de service furent les prémiéres qui les publiérent, elles surent les exagérer, & ce qui acheva de me mettre au

rang

rang des personnes distinguées par leur beauté, ce fût mon portrait que mon frére fit faire lui-même à un très-habile Peintre; & je fûs beaucoup flatée dans cette peinture. Ce n'est pas pourtant ce portrait que bien des gens eurent la curiosité de voir, qui a été la cause de mes infortunes. J'eusse passé mes jours d'une maniére fort tranquille, accoûtumée comme j'étois à une vie solitaire, si le Duc de Ferrare ne fût venu aux nôces d'une de mes parentes, où mon frére voulut que j'assistasse. Ce fut la prémiére fois que je vis des hommes; ce fut la prémiére fois que je m'entendis dire des douceurs, & que je sentis le plaisir que donnent les loüanges, quelque flateuses qu'elles puissent être. Ce fut, en un mot, dans cette nôce si fatale à ma réputation & à mon repos, que le Duc de Ferrare s'attacha à moi, que je l'écoutai, & que j'avalai à longs traits ce funeste, mais agréable poison, qui jette dans les derniers égaremens les personnes de notre sexe, qui n'ont ni assez d'expérience, ni assez de fermeté naturelle pour se défier d'un Amant. Je n'aurois jamais fait, Seigneur, si je voulois vous apprendre en détail les mesures que nous prîmes le Duc & moi, pour venir à bout du dessein que nous

nous formâmes la prémiére fois que nous nous vîmes, qui fut de nous donner la main; car enfin ce ne fut que sous la promesse mille fois réïtérée & jurée qu'il seroit un jour mon Epoux, que je lui donnai toute ma tendresse. Comme j'affectionnois cet hymen, qui effectivement étoit avantageux pour moi, par rapport à la Maison du Duc, & par rapport même à ses qualités personnelles; je le priai mille fois de me demander publiquement à mon frere. Je sai fort bien, me répondit toûjours le Duc, que la Maison de Bentivoglio ne céde en rien à celle d'Est, & quand même nos qualités ne seroient pas égales, votre beauté me forceroit à vous préférer aux plus grandes Princesses d'Italie; mais j'ai des raisons très-puissantes pour ne faire rien éclater encore: soyez contente pour le présent de ce que je puis faire pour vous, soyez contente de mon cœur, & soyez persuadée que je travaille nuit & jour à vous donner la satisfaction que vous souhaitez; & cet heureux moment n'arrivera jamais sitôt que je le desire. Il me répéta mille fois ces mots. Il m'allégua même quelques-unes de ses raisons, & comme un des effets de l'amour est de rendre crédules les personnes qui aiment, je trouvai que ses rai-

sons

sons étoient légitimes. Je n'écoutai que ma seule tendresse, & d'un autre côté, entraînée par les sollicitations d'une de mes femmes de service, que le Duc avoit sû mettre dans ses intérêts à force de présens; j'oubliai ce que je me devois à moi-même, je permis que le Duc fût introduit dans mon appartement, je l'y reçûs à diverses fois, il passa des nuits entiéres avec moi, & je n'eus pas assez de force pour m'opposer à ses desirs. Epargnez-moi, Seigneurs, un détail trop circonstancié, mon Amant que je regardois comme mon Epoux, eut les derniéres faveurs; & je sentis enfin que j'étois enceinte. Avant que mes habits me découvrissent, je feignois d'être indisposée; & comme mon frére m'a toûjours aimée tendrement, je le fis consentir à permettre que j'allasse passer quelques jours chez cette parente dont je vous ai déja parlé. J'écrivis au Duc ce qui se passoit, & le péril où son amour indiscret m'avoit engagée. Je lui fis sentir que je n'oserois retourner chez mon frére, que j'avois même tout à craindre de son juste courroux; & qu'il étoit enfin tems que j'éprouvasse si j'avois prodigué mes faveurs à un Amant fidelle, ou au plus ingrat de tous les mortels. Le Duc fut touché de de mon état ; il me répondit de la manière la plus tendre. Il m'assura en un mot, que puisque les choses étoient au point où elles étoient, il n'avoit plus de ménagemens à garder; qu'il vouloit à quelque prix que ce fût exécuter les promesses qu'il m'avoit si souvent réitérées ; qu'il se rendroit à Bologne bien accompagné, qu'il m'enléveroit, & qu'il m'emmeneroit à Ferrare, & que là il m'épouseroit publiquement. C'étoit précisément cette nuit même où nous sommes qu'il devoit exécuter son dessein, & je l'attendois à tous momens ; lors que j'ai ouï passer dans la ruë des gens armés, qui faisoient assez de bruit. Tout étoit capable de m'émouvoir dans la situation où je me trouvois. Je me suis remplie d'abord l'imagination de mille pensées qui m'ont allarmée ; & je n'ai été que trop convaincuë peu de tems après, que ce n'étoit pas sans raison que je m'étois épouvantée : mon frère étoit du nombre de ces gens armez, & j'ai bien vû qu'il se préparoit quelqu'événement, qui ne pouvoit que m'être funeste, de quelque maniére que les affaires tournassent. Imaginez-vous ce qui a pû se passer dans mon cœur dans la conjoncture où je me trouvois, mes allarmes ne se sauroient décrire ; & la terreur

reur qui s'étoit emparée de mon ame a été si violente, que j'en ai accouché sur l'heure. Du moment que l'enfant est venu au monde, cette femme de service qui a été la médiatrice de mes amours, l'a emmaillotté, & l'a donné, à ce qu'elle proteste, à un des serviteurs du Duc. Pour moi, m'étant accommodée le mieux qu'il m'a été possible, & avec toute la diligence que la circonstance le demandoit; je suis sortie du logis, croyant de trouver le Duc à la ruë, ce que j'avoüe que je ne devois point faire qu'il n'eût paru, & qu'il ne se fût fait connoître; mais la crainte où j'étois que mon frére ne vint me surprendre, ne m'a pas permis de refléchir : ainsi comme une personne peu sage, & par la plus grande de toutes les imprudences, je suis sortie à la ruë, où il m'est arrivé ce que vous savez vous-mêmes. Avoüez, Seigneurs, que je ne saurois être guéres plus infortunée que je le suis; je me voi sans mon enfant & sans mon Epoux; je me voi dans la disgrace de mon frére, & il n'y a rien que je n'aye à craindre; cependant, au milieu de mes malheurs, je rens graces au Ciel de ce que je suis tombée entre vos mains; car j'ose bien me promettre tout ce qu'on peut espérer de la civilité, &
de

de l'honnêteté de ceux de votre Nation. En achevant ces paroles elle se laissa tomber sur le lit, & renouvella ses soûpirs & ses larmes.

Nous pouvons vous assûrer, Madame, lui dit alors Don Juan, que nous avons été d'abord sensiblement touchez de vos infortunes ; mais à présent que nous en connoissons la grandeur, & que nous ne pouvons plus douter que vous ne soyez une personne extrêmement distinguée, nous n'en sommes pas seulement touchez, mais nous nous voyons dans une obligation indispensable de vous rendre tous les services dont nous pouvons être capables, & vous pouvez compter que nous le ferons. Ne vous laissez pas abattre à la douleur, faites voir dans cette occasion votre fermeté & votre constance, vos maux quelque grands qu'ils soient, ne sont pas si désespérez qu'on n'y puisse trouver du remede ; attendez tout de votre beauté, attendez tout de votre naissance, & de la grandeur d'ame d'un Amant qui ne peut que vous adorer, & qui jusques ici ne me paroit en rien coupable. J'avouë qu'avec tant de qualitez qui vous distinguent des autres personnes de votre sexe, vous êtes digne d'une meilleure destinée ; mais souvenez-vous que la prospérité n'est pas toûjours la compagne du mérite ; ne vous opposez pas à la volonté du Ciel, il se déclarera enfin en votre faveur ; & j'ose même me flatter que le dénouëment sera prompt. Ce que vous avez à faire, Madame, c'est de prendre courage, & de vous reposer. Nous n'oublierons rien, soyez-en persuadée, pour tâcher d'adoucir vos amertumes ; nous vous ferons servir le mieux qu'il nous sera possible ; nous vous donnerons notre femme de service, sur laquelle vous pourrez compter comme sur nous-mêmes, & qui ne saura pas moins taire vos infortunes, que vous donner le secours dont vous aurez besoin. Dans la triste situation où je me trouve, répondit la Dame, je dois franchir toutes sortes d'obstacles, & courir tous les risques où m'expose ma mauvaise fortune : que cette femme que vous avez la bonté de me vouloir donner, entre donc, je veux bien me mettre entre ses mains, puis que vous le trouvez à propos ; aussi sait-elle déja une partie de mes déplorables avantures. Don Juan fut dans le moment dire à la femme qu'elle entrât dans la chambre de Cornelie, & qu'elle apportât l'enfant revêtu de ses prémiers langes. La femme se présenta quelque tems après. Cornelie ne la vit pas plûtôt

tôt paroître qu'elle lui cria de s'approcher, la femme obéit; & l'infortunée Dame ayant pris l'enfant entre ses bras, & l'ayant examiné fort exactement, elle dit toute émue: dites-moi, ma chére amie, est-ce là le même enfant qui m'a été déja présenté? C'est le même, repartit la femme de service. Mais, ajoûta Cornelie toute troublée, & ne sachant où elle en étoit; ce ne sont pas les mêmes maillots où il étoit envelopé. Je l'avouë, répondit la femme. Et d'où les avez-vous eus, dit Cornelie, qui flottoit entre la crainte & l'espérance, & qui ne savoit si elle devoit ajoûter foi à ses yeux; tirez-moi de peine, je vous en conjure, dévelopez-moi un mystére, d'où dépend une partie de mon repos; car enfin ce sont des langes qui m'appartiennent.

Les deux Espagnols qui étoient sur la porte de la chambre, & qui écoutoient ces paroles, entrérent là-dessus. Je ne dois plus vous laisser en peine, dit Don Juan à Cornelie; ces langes, Madame, & cet enfant sont à vous. Il lui fit alors un recit fort ample de ce qui lui étoit arrivé sous le Portique où l'enfant lui avoit été donné; Cornelie n'avoit jamais été plus surprise. Je veux bien vous l'avoüer, Madame, ajoûta Don Juan, j'ai été convainvaincu dès que vous avez eu achevé votre histoire, que c'étoit l'enfant dont vous avez accouchez cette nuit; & si je ne vous l'ai pas dit d'abord, c'est que j'ai voulu vous surprendre agréablement, pardonnez-moi cette petite supercherie. Chacun peut s'imaginer quels furent les transports de joye de Cornelie, ils ne pouvoient pas être médiocres. Don Juan & Don Antoine la laissèrent, & allèrent reposer le peu qui restoit de la nuit, dans le dessein de n'entrer jamais dans sa chambre, qu'elle ne les fit appeller. Dès que le jour parut ils s'allèrent promener par la Ville, ils passèrent dans la ruë où s'étoit donné le combat la nuit précédente; mais ils n'entendirent parler en aucune maniére ni de ce combat, ni de la fuite de Cornelie. Ils s'en retournérent chez eux, où ils apprirent de la femme qui les servoit, que l'enfant avoit été mis entre les mains d'une nourrice; que Cornelie avoit assez bien reposé, & qu'elle souhaitoit de les voir. Ils entrérent un moment après dans sa chambre, & dans le tems qu'ils lui apprenoient qu'ils avoient été déja se promener par la Ville, qu'ils avoient passé dans son quartier, & que personne ne parloit d'elle, ni du Duc de Ferrare, ni du combat qui s'étoit donné

pen-

pendant la nuit; un de leurs Valets vint leur dire à la porte, qu'on demandoit Don Juan de Gamboa, que c'étoit un jeune Seigneur bien fait, accompagné de deux Eftafiers, qui ne cachoit pas même fon nom, que c'étoit Laurent Bentivoglio. Cornelie fut épouvantée, lors qu'elle entendit prononcer ce nom. Ah! Seigneur, dit-elle d'une voix baffe & tremblante, mon frére a été informé que j'étois ici, il vient pour m'en arracher; & comme j'ai deshonoré notre Maifon, j'ai tout à craindre pour ma vie. Ne craignez rien, Madame, dit Don Antoine, nous ne fommes pas gens à permettre qu'on faffe des violences chez nous, & comme nous vous en avons déja affurée, nous faifons notre propre affaire de la vôtre. Don Juan ira voir ce que ce Chevalier fouhaite, & je demeurerai auprès de vous. Sur cela, il fit apporter deux Piftolets chargez, il commanda à fes gens de prendre leurs épées, & de fe tenir fur leurs gardes; & Don Juan fans s'émouvoir defcendit à la porte de la ruë, où il trouva Bentivoglio.

Vous ferez furpris, Don Juan, lui dit le Seigneur Italien, que je prenne la liberté de vous arracher de vos occupations; quoi que je n'aye pas l'honneur d'être connu

de

de vous. Si vous y faites attention néanmoins vous n'aurez pas tout à fait lieu de le trouver étrange; les personnes qui se distinguent par autant d'endroits que vous le faites, se doivent attendre à tout, & vous vous convaincrez dans un moment que c'est votre mérite seul qui vous attire cette visite. J'ai à vous entretenir sur une affaire très-importante; mais comme ce n'est pas ici le lieu où je le puisse faire, je souhaiterois que vous voulussiez prendre la peine d'entrer un moment avec moi dans une Eglise, qui n'est qu'à quatre pas d'ici. Je vous suivrai partout, Seigneur, lui dit Don Juan, après avoir répondu à ses complimens en peu de mots; je m'estimerois très-heureux ajoûta-t-il, si je pouvois me rendre digne par quelque endroit de votre faveur & de votre estime. Sur cela Bentivoglio le prit par la main, ils marchérent vers cette Eglise, où ils ne furent pas plûtôt entrez qu'ils s'assirent sur un banc, à l'écart; & le Chevalier Italien voyant que personne ne les pouvoit entendre, il parla en ces termes.

On vous l'a déja dit, je suis Laurent Bentivoglio. Vous n'ignorez pas, Seigneur, que la famille dont je porte le nom, est une des plus nobles, & des plus anciennes Maisons d'Italie. J'ai tâché

ché jusqu'à présent de ne me rendre pas indigne de ce nom illustre, & il se présente une occasion où je dois faire voir que je ne dégénére point de la vertu, & de la bravoure de mes glorieux ancêtres. Je n'ai qu'une sœur, & s'il m'étoit permis de la loüer, je pourrois dire sans exagération, que le Ciel l'a pourvûë de tant de charmes, que c'est une beauté parfaite. Ceux qui nous ont donné la naissance nous laissérent fort jeunes, & comme elle a été depuis ce tems-là sous ma conduite, je n'ai rien oublié pour lui inspirer la vertu; mais elle n'a pas été aussi sage qu'elle est belle. Pour ne vous ennuyer pas par un trop long discours, je vous dirai que le Duc de Ferrare, Alphonse d'Est, a sû triompher de ma vigilance, & de la crédulité de cette imprudente fille. Il l'enleva hier au soir chez une de mes parentes, où elle étoit en visite, depuis quelque tems; & ce qui m'afflige le plus, ce fut après en avoir eu des faveurs qui la deshonorent. Je fus averti quelques momens après de ce qui se passoit, je sortis en même tems pour l'aller chercher, je le rencontrai, je l'attaquai d'une maniére fort vigoureuse; mais lorsque j'étois sur le point de l'obliger à me dire qu'elle étoit sa vûë dans l'enlévement,

vement de ma sœur, il échapa à mon ressentiment & à ma juste vangeance; il fut secouru par son Ange tutelaire sans doute. Quoi qu'il en soit, celui qui vint à son secours le défendit avec tant de valeur, & avec tant d'adresse, que je fus dans l'impuissance de le faire expliquer, ou d'effacer dans son sang la tache qu'il a faite à notre Maison. Ce n'est pas tout, j'ai sû de cette parente, que le Duc a promis à ma sœur de l'épouser, & que son dessein néanmoins est de n'exécuter jamais sa promesse, il l'a abusée sous cette espérance; il lui veut persuader à présent, que pour des raisons de politique, & qui intéressent sa fortune, il ne lui est pas permis de lui donner encore la main : prétextes de la plûpart des hommes, lors qu'ils sont venus à bout de faire succomber une maîtresse un peu trop crédule. Cependant, je voi ma sœur enlevée, je la voi deshonorée pour toute sa vie, si le Duc de Ferrare ne l'épouse; & ce qu'il y a de plus triste dans cette conjoncture, je n'ose découvrir ce malheur à personne; car ces sortes d'éclats font toûjours du tort à une famille; vous en convenez je m'assure. Comme il faut néanmoins qu'un honnête homme prenne son parti dans ces occasions, j'ai pris celui d'aller à Ferrare re, je demanderai au Duc lui-même ce qu'il a fait de ma sœur, je le sommerai d'exécuter la promesse qu'il lui a faite; & s'il me refuse une si juste satisfaction, je lui ferai un appel : car enfin, il faut qu'il meure de ma main, ou que je meure de la sienne. Je vous l'ai déja fait sentir, Don Juan, je ne veux confier mon dessein ni à mes parens, ni à mes amis, parce que je ne souhaite pas que cette affaire éclate; & comme vous êtes étranger & que votre bravoure m'est connuë, je m'adresse à vous pour vous supplier de m'assister de vos conseils & de votre bras dans cette rencontre. Je me flatte que vous ne me refuserez pas cette grace, & que vous aurez bien la bonté de m'accompagner dans mon entreprise. Je vous demande beaucoup, je l'avouë; mais connoissant le caractére de ceux de votre Nation, je me flatte que je vous fais plaisir. Vous le faites sans doute, dit Don Juan, qui l'avoit laissé parler sans l'interrompre, je vous suivrai par tout, Seigneur, vous pouvez compter sur moi comme sur vous-même, je fais mon affaire de la vôtre. Ce n'est pas, ajoûta-t-il, parce que je suis Espagnol; mais parce que je suis Chevalier comme vous, que j'accepte l'offre que vous me faites, je vous remercie même

de

de ce que vous avez jetté les yeux sur moi, car enfin vous me faites un honneur qui est le plus grand auquel je puisse prétendre; vous n'avez qu'à choisir le jour que vous voulez exécuter votre résolution, je suis prêt à vous y seconder, & le plûtôt n'est sans doute que le meilleur, on ne sauroit trop tôt tirer parti d'une injure, sur tout quand elle est de la nature de celles dont on se doit vanger nécessairement. Bentivoglio embrassa alors Don Juan, je ne vous propose, lui dit-il, en le serrant entre ses bras avec la derniére tendresse, je ne vous propose d'autre récompense que l'honneur que vous aquerrez dans cette action, dont je vous donne par avance toute la gloire. Cependant, si dans les occasions je puis vous rendre quelque service, je suis entiérement à vous; & je vous offre absolument tout ce qui peut dépendre de moi. Je suis au reste de votre sentiment, on ne sauroit trop se hâter de tirer satisfaction d'un affront, lors qu'il est aussi sanglant que celui que le Duc a fait à notre famille; je souhaite donc que nous partions dès demain, & j'employerai tout le jour à nous pourvoir de ce qui nous sera nécessaire. Je le veux, Seigneur, répondit Don Juan, mais je croi, ajoûta-t-il, que vous ne désaprouverez pas que je communique notre voyage, & notre dessein à Don Antoine Isunça; c'est mon compagnon d'études & de voyage, un Chevalier qui a de la prudence & de la valeur, & sur la fidélité duquel vous pouvez compter comme sur la mienne. J'y consens de bon cœur, dit Bentivoglio, vous pourrez faire là-dessus tout ce que vous jugerez à propos, je me confie aveuglement en vous. Sur cela ils s'embrassérent encore, & se séparérent, étant convenus, qu'ils monteroient à cheval le lendemain dès le matin, après s'être travestis.

Don Juan retourna chez lui, il fit le recit à Cornelie, & à Don Antoine de tout ce qui s'étoit passé dans la conversation qu'il avoit euë avec Bentivoglio; & du dessein qu'ils avoient formé. Cornelie parut toute émue. J'admire, Seigneur, votre générosité & votre confiance, lui dit-elle, & n'avez-vous point prévû les périls où vous allez vous engager? savez-vous bien si mon frére n'a point d'autres vûës que celle de vous mener à Ferrare; ne craignez-vous pas que ce ne soit un piége? Je crains tout, continua-t-elle. Ah! Madame, repartit l'Espagnol, en l'interrompant, ne vous allarmez point.

Et

Et pourquoi ne voulez-vous pas que je sois allarmée, dit Cornelie? Je tremble pour vous, à qui j'ai déja des obligations infinies; car qui sait si mon frére, qui peut avoir découvert que je suis ici, ne veut point se vanger de ce que vous m'avez recueillie? & supposé qu'il agisse avec vous de bonne foi, que n'ai-je point à craindre pour moi-même; puis que ma vie & ma mort dépendent de la réponse du Duc? Qui me peut assurer, Don Juan, ajoûta Cornelie en poussant un profond soûpir, qui me peut assurer que le Duc réponde à mon frére d'une maniére qui le satisfasse, & que mon frére puisse se modérer dans cette occasion? Le Duc & mon frére me sont également chers, ainsi la situation où je me trouve est sans doute des plus tristes, où une personne de mon sexe se puisse trouver. Je crains également pour tous deux, & vous demeurerez d'accord que jamais crainte n'a été mieux fondée. J'en conviens, Madame, répondit Don Juan; mais il ne faut pas toûjours prendre les choses par leur mauvais côté. Dans une affaire où il y a à espérer & à craindre, il faut prendre le parti le moins désagréable, & ne se tourmenter pas sur l'avenir. En un mot, Madame, le voyage de Ferrare est d'une nécessité indispensable ; & pour ce qui me regarde, je ne saurois me défendre d'y accompagner votre frére. Nous ignorons jusqu'à présent quelle est l'intention du Duc ; & il n'y a personne qui puisse mieux que moi le faire expliquer là-dessus. Soyez persuadée, continua-t-il, que la vie de ce Prince & celle de votre frére me sont également chéres ; & que je n'oublierai rien pour prévenir ce qui pourroit être funeste à l'un ou à l'autre. J'ose même me promettre que notre voyage aura un succès heureux ; car enfin lors qu'on y reflèchit tant soit peu, on entrevoit bien que le Duc vous ayant aimée, il ne sauroit cesser de vous aimer, & qu'il consentira sans peine à exécuter les promesses qu'il vous a jurées. Je voi bien, dit Cornelie, que vous mettez tout en usage pour me consoler, & je vous en remercie ; vous ne me guérissez pas néanmoins de mes justes inquiétudes : partez cependant, ajoûta-t-elle, puis qu'il le faut, & que le Ciel seconde nos vœux. Don Antoine approuva la résolution de Don Juan, & pour lui témoigner qu'il l'approuvoit ; il lui dit qu'il vouloit bien l'accompagner dans son voyage. Vous n'en ferez rien, Don Antoine, repartit Don Juan, car outre que nous ne devons pas laisser Cornelie

nelie seule; Laurent Bentivoglio pourroit s'imaginer que je me défie de mes forces. J'admire votre délicatesse, dit Don Antoine, mais remettez-vous, je ne veux vous suivre que de loin comme un inconnu; & pour ce qui regarde Cornelie, nous lui laissons notre femme de service, qui en aura tous les soins imaginables, elle n'a pas besoin d'autre compagnie. Cornelie en convint elle-même, & dans le moment ayant tiré de son sein une croix de Diamans, & un autre riche Bijou, elle les pria de les prendre. On a besoin de tout, dit-elle, quand on s'engage dans une entreprise aussi périlleuse que celle où vous vous allez engager; j'espére que vous ne les refuserez pas. Les Espagnols prirent les deux Joyaux, mais ce ne fut que pour les examiner. Ils demeurérent d'accord qu'ils n'avoient jamais rien vû de mieux travaillé, & de plus riche; en effet la seule croix valoit beaucoup plus que le Cordon de Diamans que Don Juan avoit eu du Duc de Ferrare. Ils remirent d'abord ces riches Bijoux à Cornelie, en lui protestant qu'ils n'en avoient point besoin, & qu'ils admiroient sa générosité.

Bentivoglio fut le lendemain dès le bon matin chez les Espagnols. Don Juan ne le fit pas long-tems attendre, il ne fit que prendre congé de Cornelie, & un moment après ils sortirent tous deux de la Ville, où ils trouvérent deux bons chevaux, que deux valets leur tenoient dans un lieu un peu écarté du chemin. Don Juan avoit pris son riche chapeau, & avoit couvert le cordon d'un ruban noir, & d'un bouquet de plumes jaunes & noires. Ils prirent des chemins détournez afin de mieux cacher leur entreprise, & comme ils étoient très-bien montez; ils perdirent bien-tôt la Ville de vûë. Don Antoine qui étoit aussi bien monté qu'eux, les suivoit de loin, & prenoit la même route qu'eux; mais s'étant apperçû que pour tâcher de lui faire prendre le change, ils marchoient quelquefois à travers champs; il prit le grand chemin qui conduisoit à Ferrare, étant bien assuré qu'il les trouveroit-là.

A peine Bentivoglio & les deux Espagnols étoient-ils sortis de la Ville, que Cornelie découvrit toutes ses avantures à la femme qu'on lui avoit laissé pour la servir. Elle lui en fit un recit exact: & lors qu'en le finissant elle dit, que les Espagnols accompagnoient son frére pour aller faire un défi au Duc de Ferrare; la femme s'écria toute épouvantée, en l'interrompant: Quoi, Madame, est il possible

ble que tout ce que vous venez de me dire vous soit arrivé, & que vous osiez demeurer ici; vous avez un terrible courage. Etes-vous assez crédule pour vous imaginer que votre frére aille à Ferrare? N'en croyez rien, Madame, ajoûta-t-elle, c'est une feinte, c'est une supercherie, votre frére qui sait fort bien que vous êtes ici, en a voulu faire sortir mes Maîtres, pour y revenir, & vous égorger; & il faut que vous sentiez que la chose ne peut être autrement, à moins que vous ne soyez tout à fait insensible. Faites-y tant soit peu réflexion : quelle apparence y a-t-il, que votre frére qui a tant d'amis, ait eu recours à des étrangers, pour tirer raison de l'injure qu'il a reçûë du Duc de Ferrare; qu'un Seigneur Italien se fie à de jeunes Espagnols? Le croira qui voudra; mais permettez-moi, Madame, de n'en rien croire, & de me tirer d'ici, car je ne veux pas risquer d'être envelopée dans votre malheur, ou d'être le témoin & la spectatrice des maux inévitables qui vous attendent. Prenez vîte votre parti, continua-t-elle, & si vous voulez suivre mes conseils, je puis vous en donner de très-salutaires. On peut se figurer aisément l'état où se trouva Cornelie, après le discours de cette femme, elle ne sût où elle en étoit, la crainte s'empara de son cœur; & n'étant pas moins épouvantée que l'étoit la femme, elle lui dit d'une voix tremblante : Quels sont les conseils que vous avez à me donner, je les prendrai, ma chére amie? car je comprens bien que vous n'avez pas tout à fait tort d'être aussi allarmée que vous l'êtes. Les conseils que j'ai à vous donner, reprit la femme, sont que nous sortions incessamment de cette maison sans rien dire aux Valets de mes Maîtres; c'est par là qu'il faut commencer, pour prévenir tout d'un coup les périls où vous êtes ici exposée. Je sai un azile où vous serez en sûreté, & où vôtre frére ne vous déterrera jamais, quand il vous chercheroit mille ans, & que pour venir à ses fins il auroit recours à la Magie noire. J'ai servi autrefois un Prêtre, qui possède à présent un gros Bénéfice à deux lieuës de Ferrare : c'est un Ecclésiastique, qui non seulement est sur l'âge, mais qui d'ailleurs est homme de bien, il passe du moins pour tel; c'est un témoignage que tous ceux qui le connoissent lui rendent. Allons nous-en chez lui, Madame, dit la femme, il nous recevra je vous assure; & il nous donnera même des avis, dont nous n'aurons pas sujet de nous repentir.

Nous

Nous trouverons un Carosse dans un moment, nous sommes en Ville pourvûë; & pour la Nourrice de votre enfant, c'est une femme qui dépend de moi, nous la prendrons avec nous, elle n'en fera nulle difficulté, elle nous suivroit même jusqu'au bout du monde. Je suppose, Madame, que par hazard, ou par le plus grand de tous les miracles, vous soyez découverte; il sera bien plus honorable pour vous sans doute, d'être trouvée chez un Ecclesiastique vieux, sage, & qui vit comme un Saint, qu'entre les mains de deux jeunes Ecoliers Espagnols, qui sont gens de bon appetit, je pourrois vous en dire bien des nouvelles. A présent que vous êtes malade, ils font les honnêtes, ils vous portent du respect; mais croyez-moi, ce ne sera pas toûjours la même chose, lorsque vous commencerez à vous porter bien. J'ai éprouvé ce qu'ils savent faire, & bien m'en a pris d'être sage, & d'avoir sû résister à leurs cajoleries & à leurs promesses; je ne serois plus fille il y a long-tems. Tout ce qui reluit n'est pas or, ce sont deux bons petits hypocrites, ils disent une chose, & ils en pensent une autre; mais ils ont trouvé avec moi à qui parler. J'avouë qu'ils sont bons, qu'ils sont généreux, qu'ils sont libéraux; mais une femme qui ne seroit point résoluë, auroit à courir avec eux de terribles risques : quant à moi, Madame, je ne voudrois pas être en leur puissance, jeune & belle comme vous êtes : vous êtes bonne & sage, poursuivit-elle, vous y aviserez. Que pourvoit faire Cornelie après un discours de cette nature ? Elle résolut sans balancer de suivre les avis de cette femme ; & la résolution ne fut pas plûtôt prise, qu'on se mit en devoir de l'exécuter. Tout fut prêt quelques heures après, elles montérent en Carosse avec la nourrice & l'enfant, sans que les Valets des Espagnols s'en apperçussent, & prirent le chemin du Village où elle devoit aller se réfugier. La femme qui venoit de toucher une année de ses gages, voulut faire les frais du voyage, & par là Cornelie se vit dispensée d'engager ses riches Bijoux ; laissons-la pour un moment, & voyons ce qui arriva à Bentivoglio & à Don Juan de Gamboa. Ils étoient déja près de Ferrare, lors qu'ils apperçûrent de loin une troupe de gens à cheval qui les suivoient. Ce sera le Duc qui sera parti après nous, dit Don Juan à Bentivoglio, séparons-nous pour un moment ; car si c'est lui-mème comme il y a apparence, il faut que je l'entretretienne seul. Bentivoglio approuva l'avis, il se retira, & alors Don Juan ôta le ruban dont il avoit envelopé son cordon. La troupe arriva, elle étoit leste & nombreuse; il y avoit même une femme fort propre, montée sur une Pie baye. Don Juan qui s'étoit arrêté au milieu du chemin, s'attira d'abord les regards du Duc; qui l'ayant reconnu à son chapeau, s'avança vers lui dans le moment. Ou je me trompe fort, Chevalier, lui dit-il en l'abordant, ou vous êtes Don Juan de Gamboa. C'est moi-même, répondit Don Juan, je ne veux point vous cacher mon nom; mais Seigneur, oserai-je bien vous demander le vôtre, afin que je vous rende ce que je vous dois. Vous ne me devez rien, repliqua le Duc, & je vous dois tout; je suis le Duc de Ferrare, qui vous est redevable de la vie. Le Duc n'eut pas plûtôt achevé de parler que Don Juan descendit de Cheval, le Duc en fit de même de son côté; & ils s'embrassèrent avec toute la tendresse possible. Bentivoglio qui voyoit de loin ces choses, & qui ne comprenoit rien à ces embrassemens, crut que le Duc de Ferrare & Don Juan en étoient déja venus au mains: il poussa son Cheval droit à eux, mais s'étant apperçû qu'ils s'embrassoient effec-

Q 6 tive-

tivement, il s'arrêta, & comme il étoit assez après, le Duc n'eut pas de peine à le reconnoître. N'est-ce pas Laurent Bentivoglio que j'apperçois, dit le Duc à Don Juan, en le tenant encore embrassé. C'est lui-même, répondit l'Espagnol, nous avons fait ensemble une petite partie dont je dois vous entretenir ; mais je le dois faire sans témoins. Ecartons-nous donc un peu, lui dit le Duc, il me tarde de savoir ce que vous avez à me dire : ils se séparérent alors de la troupe, en se disant mille honnêtetez ; & lors qu'ils furent hors de portée d'être entendus, Dom Juan lui parla ainsi.

Laurent Bentivoglio que vous voyez, a de grandes plaintes à vous faire. Il prétend qu'il y a quelques nuits que vous enlevâtes Cornelie sa sœur dans la maison d'une de ses parentes, que vous l'avez deshonorée, que vous l'avez trompée ; & il desire de savoir de vous quelle satisfaction vous lui voulez donner, car il y va de son honneur d'en exiger une de vous dans cette rencontre. Il m'a prié de l'accompagner à Ferrare, & de vous parler de sa part. Je n'ai pû me dispenser de faire ce qu'il exigeoit de moi, & je l'ai fait d'autant plus volontiers, que j'ai cru qu'il me seroit permis de vous parler

parler avec liberté ; car enfin, par toutes les circonstances de votre querelle, dont il m'a fait tout le détail, j'ai bien compris que vous étiez le maître du riche chapeau que je porte, & que vous ne feriez point difficulté de m'écouter. Je ne me suis point trompé, Seigneur, vous m'écoutez favorablement, & ce prélude me fait espérer que vous m'apprendrez si les plaintes de Bentivoglio sont justes ; voilà, ajoûta-t-il, dequoi il s'agit.

Les plaintes de Bentivoglio, dit alors le Duc, sont très-bien fondées, quoi que je n'aye point enlevé sa Sœur, & je regarde comme une grande injure, continua le Duc tout ému, que Bentivoglio prétende que j'aye trompé Cornelie. Non, Don Juan, je ne l'ai point trompée, je l'aime, je l'estime ; & pour vous dire tout en un mot, je suis lié avec elle par des nœuds qui ne se peuvent rompre. L'adorable Cornelie est mon épouse. J'avoue que nous ne sommes pas mariez publiquement ; mais elle n'en ignore pas les raisons. J'ai à ménager une mere qui est fort âgée ; & qui s'est mis en tête que je dois épouser une fille du Duc de Mantoüe. Cornelie comme je l'ai dit, ne l'ignore pas, & nous étions convenus elle & moi, que nous attendrions la mort de la Princesse

ma

ma mere, avant que de rendre notre mariage public. Si je ne lui ai pas donné ma main, je lui ai donné mon cœur & ma foi, & je suis prêt à faire aveuglément tout ce qu'elle exigera de moi; il n'y a aucun obstacle que je ne franchisse. Je ne dois pas vous céler pourtant, quel est le sujet de plainte de Bentivoglio. Je vous dirai donc, mon cher Don Juan, que la nuit que vous me secourûtes, je devois enlever Cornelie, & l'amener à Ferrare, parce qu'elle étoit dans un état qu'elle ne pouvoit plus rester auprès de son frére, qui devoit la venir prendre chez sa parente, & la remener chez lui. Je me rendis à la maison de cette parente, mais je ne trouvai point ma chére Cornelie; je ne trouvai que sa Demoiselle, qui me dit en versant des larmes, que sa Maîtresse étoit sortie, & que cette même nuit elle avoit accouché d'un fils, qui étoit d'une beauté extraordinaire. Elle ajoûta, qu'elle avoit donné elle-même cet enfant à un de mes Domestiques appellé Fabio; la Demoiselle, continua t-il, est celle que vous voyez montée sur cette Pie, & Fabio est aussi dans la troupe; ils peuvent confirmer ce que je vous dis. Je cherchai Cornelie toute la nuit, poursuivit le Duc,

mais

mais ce fut inutilement, elle avoit entiérement disparu, & l'enfant même ne se trouva point. J'ai demeuré deux jours à Bologne pour tâcher de découvrir la mere, ou l'enfant ; je me suis donné mille mouvemens en vain ; & il ne m'est resté que la douleur de me voir privé de ce que j'ai de plus cher au monde. Cela veut dire donc, Seigneur, repartit Don Juan en interrompant le Duc, que si Cornelie & son fils paroissoient, vous en auriez une joye sensible. La joye que j'en aurois, repliqua le Duc, seroit si grande, que je n'ai pas de termes assez forts pour vous représenter la satisfaction que je recevrois dans cette rencontre. Si vous connoissiez Cornelie, mon cher Don Juan, vous la jugeriez digne d'un Empire : ah ! plût à Dieu, continua-t-il, en soûpirant, que la divine Cornelie parût, elle éprouveroit que je l'aime, elle éprouveroit que je l'adore, & quoi que la Princesse ma Mere soit encore en vie, je lui donnerois la main publiquement, je ne garderois plus de mesures ; il en arriveroit ce qui pourroit. Ce que je vous déclare à vous, Don Juan, ajoûta le Duc, je suis prêt à le déclarer à Bentivoglio, & je suis fâché qu'il doute de ma fidélité, & de la tendresse que j'ai pour sa sœur, qui n'est

pas

pas moins illustre par sa beauté que par
ses grands biens & par sa noblesse. Don
Juan transporté de joye fit signe de la
main à Bentivoglio de descendre de Cheval,
& de venir à eux. Bentivoglio s'approcha
sans savoir quelle étoit la vûe de l'Espagnol : le Duc qui le vit venir, s'avança
d'abord pour le recevoir, & la prémiére parole qu'il proféra fut de l'appeller son
frére ; il lui dit ensuite mille choses obligeantes. Bentivoglio qui ne s'étoit pas attendu à un accueil si favorable, fut si surpris & si interdit, qu'il ne pût dire au
Duc aucune parole. Ce ne fut que par
des marques extérieures, qu'il répondit aux discours obligeans qu'il lui avoit
tenus. Don Juan, qui vit d'abord le desordre où la joye avoit jetté Bentivoglo,
crut qu'il devoit prendre la parole. Le
Duc de Ferrare, dit-il en s'adressant à
Bentivoglio, confesse qu'il a eu des conversations secrettes avec Cornelie, votre
illustre sœur ; il confesse qu'il en a reçû des
faveurs, mais que ce sont des faveurs légitimes ; puis que ce n'a été qu'après lui
avoir donné en secret une main qu'il ne
pouvoit lui donner encore en public, par
des raisons qui sont très-fortes, & que
vous gouterez sans doute. En un mot,
le Duc veut faire éclater son hymen ;
mais

mais il faut que Cornelie paroisse, car il ne l'a point enlevée, comme vous vous l'êtes imaginé ; & il sait aussi peu que vous ce qu'elle est devenuë elle & son enfant. Le Duc avoüe à la vérité qu'il y a quatre nuits, qu'il avoit fait dessein de la tirer de la maison de votre parente pour la mener à Ferrare, & attendre là l'occasion de célébrer ses nôces, qu'il avoit été contraint de différer, pour ne faire pas du chagrin à la Princesse sa mere ; mais il ne trouva point Cornelie, il ne trouva que Sulpicie sa Demoiselle, qui est dans la troupe. C'est un mystére, ajoûta Don Juan, qui n'est point encore dévelopé. Sulpicie donna, ou crut donner l'enfant dont votre sœur venoit d'accoucher à un Domestique du Duc. Cornelie courut dans ce moment à la porte, & dans la crainte où elle fut, sur quelque bruit qu'elle entendit dans la ruë ; que vous ne la surprissiez, elle disparut. Cornelie se trouvera, & le Duc de Ferrare vous promet, qu'il a pris son parti pour ce qui regarde la Princesse sa mere ; & qu'il est prêt à lui déclarer que Cornelie est sa légitime Epouse. Bentivoglio parla après ce discours, & fit mille protestations au Duc, auxquelles le Duc répondit de la maniére du monde la plus tendre.

Tandis

Tandis que ces choses se passoient, Don Juan découvrit de loin Don Antoine Isunça, il lui fit signe de s'approcher, & dans le moment, il aprit au Duc & à Bentivoglio, que ce jeune Cavalier qui les venoit joindre, étoit son Compagnon de voyage, il leur en fit en deux mots un portrait fort avantageux. Don Antoine mit pied à terre, & Don Juan lui ayant fait connoître le Duc de Ferrare, le jeune Espagnol le salua, & le Duc, de même que Bentivoglio qu'il salua ensuite, le reçûrent avec beaucoup de marques de distinction. Don Juan fit d'abord un recit succint de ce qui venoit de se passer entre le Duc & Bentivoglio. Je me réjouis de ce bon succès, dit alors Don Antoine, mais je suis surpris, ajoûta-t-il, que vous ne leur ayez pas dit, que nous avons à leur donner de bonnes nouvelles de Cornelie & de son enfant. Si vous ne fussiez arrivé, répondit Don Juan, je l'allois faire. Mais puisque vous êtes ici, vous m'en dispenserez s'il vous plaît, & vous en prendrez la charge vous-même. Que voulez-vous dire, Seigneurs, s'écriérent tout à la fois le Duc & Bentivoglio? Je veux vous apprendre, répondit Don Antoine, que Cornelie n'est point

point sortie de Bologne, & qu'il ne tiendra qu'à vous de la voir quand il vous plaira, elle & son enfant. Après cela, il leur raconta au long par quelle avanture elle étoit réfugiée chez eux. Don Juan confirma le recit, & l'on peut dire que le Duc de Ferrare & Bentivoglio ne ressentirent de leur vie une semblable joye. Ils appellérent Sulpicie, qui fut dans un terrible embarras, lors qu'elle s'apperçût que Laurent Bentivoglio étoit dans la troupe : On lui fit voir le faux Fabio, à qui elle avoit donné l'enfant de Cornelie, & elle convint de tout ce qui s'étoit passé dans cette occasion entre elle & Don Juan, lequel elle avoit pris véritablement pour Fabio. Soit que ce fût de joye, ou de crainte, Sulpicie versoit en parlant des torrens de larmes. Ce n'est pas le tems de pleurer, dit le Duc, essuyez vos pleurs, Sulpicie, nous avons de trop grands sujets de nous réjouïr pour nous abandonner aujourd'hui à la tristesse : allons joindre Cornelie, dit-il en s'adressant à Laurent Bentivoglio & aux deux Espagnols, allons la tirer des inquiétudes où elle est plongée, allons nous convaincre par nous-mêmes que nous sommes véritablement heureux, & que notre joye n'est point chimérique.

Il

Il n'en fallut pas davantage, toute la troupe donna les mains au deſſein qu'avoit le Duc de Ferrare, d'aller tirer Cornelie de peine le plûtôt qu'il ſeroit poſſible; & ils remontérent à cheval à l'inſtant pour s'en retourner à Bologne. Don Antoine voyant que la réſolution s'executoit, crut qu'il étoit néceſſaire qu'il s'avançât pour avertir Cornelie de ce qui ſe paſſoit, & il y avoit de la ſageſſe en cela; il y a des ſurpriſes qui ſont funeſtes quelques agréables qu'elles puiſſent être. Il s'avança après avoir pris congé du Duc & des autres, qui approuvérent ſa précaution, mais la précaution fut inutile, Cornelie n'étoit plus à Bologne. Don Antoine fut extrèmement ſurpris, il eut beau queſtionner ſes Valets, ils n'eurent rien à répondre là-deſſus; la ſeule choſe qu'il en aprit, fut, que la Gouvernante avoit diſparu dès le même jour qu'il étoit parti : en effet, la femme s'étoit ſi bien cachée d'eux, qu'ils n'en pouvoient pas ſavoir davantage. Chacun peut s'imaginer quelle dût être la conſternation de l'Eſpagnol : outre qu'on pouvoit accuſer Don Juan & lui d'être des impoſteurs, le Duc de Ferrare & Bentivoglio pouvoient concevoir de certains ſoupçons qui ne leur faiſoient pas honneur, & qui en

faiſ-

faisoient moins encore à Cornelie. Ils s'exposoient d'ailleurs au ressentiment d'un Amant & d'un frere, qui étoient puissans; & comme les Italiens sont vindicatifs, ces deux étrangers avoient à craindre, que le Duc & Bentivoglio ne les fissent assassiner, si Cornelie ne se trouvoit pas, quoi qu'ils avoüoient eux-mêmes qu'elle avoit été en leur puissance. Confus & interdit si jamais homme le fut, Don Antoine s'étoit jetté sur un fauteüil où il lui passoit dans l'esprit mille imaginations funestes, lors que le Duc de Ferrare, Bentivoglio & Don Juan arrivérent. Ils étoient entrez dans la Ville tout seuls, & pour n'être pas reconnus ils avoient passé par des ruës détournées. Don Juan ne fut pas plûtôt dans la chambre où étoit Don Antoine, qu'il lui demanda ce qui lui étoit arrivé, & en quel endroit étoit Cornelie. Je suis au desespoir, lui dit-il d'une voix languissante & entrecoupée; Cornelie n'est point ici, la femme que nous lui avions donnée pour la servir a disparu aussi bien qu'elle, elles sortirent le même jour que nous partîmes pour Ferrare, & elles s'éclipsérent si secrettement, que nos Valets n'en eurent aucune connoissance. Don Juan pâlit à ces paroles, le Duc & Bentivoglio

glio se regardérent sans rien dire, ils furent, en un mot, si consternez les uns & les autres, qu'il seroit bien difficile de représenter leur abattement & leur douleur.

Dans ces entrefaites un des Valets des Espagnols s'approcha de Don Antoine, & il lui dit à l'oreille que Santestevan avoit dans sa chambre une femme qui étoit fort bien faite, & je pense, ajoûta-t-il, qu'elle s'appelle Cornelie, au moins en a-t-il parlé quelquefois sous ce nom. Ces paroles furent un coup de foudre qui achevérent de déconcerter Don Antoine. Il dissimula pourtant ce qu'il sentoit, & sans perdre un moment de tems, il sortit de la chambre où ils étoient tous, & monta à celle de Santestevan, mais cette chambre étoit fermée. Comme il lui tardoit de s'éclaircir, il heurta doucement à la porte & il appella Cornelie. Venez Cornelie, lui dit-il, venez recevoir votre frere, & le Duc qui vous cherchent. Don Antoine n'eut pas plûtôt parlé qu'on lui répondit : Vous vous pensez moquer, qui que vous soyez, mais croyez-moi, je ne suis pas si laide, ni si déchirée que les Ducs & les Comtes ne me puissent bien chercher. Don Antoine reconnut à cette voix que ce n'étoit point Cornelie.

Il alloit descendre pour faire enfoncer la porte, lorsque Santestevan arriva: il fut bien surpris de trouver Don Antoine qui lui demanda la clef de sa chambre. La voici, lui dit-il, en se jettant à genoux, pardonnez-moi ce coup de jeunesse, j'ai été tenté par une malheureuse, & il y a déja trois nuits que je la tiens enfermée, je mérite votre châtiment, je le sais très-bien, mais je vous demande grace, je ne m'oublierai plus de ma vie de la sorte; puissiez-vous, Seigneur, en récompense de votre pardon, recevoir bientôt de bonnes nouvelles d'Espagne. Nous verrons, répondit Don Antoine fort irrité, nous verrons ce que nous aurons à faire là dessus, cependant comment s'appelle cette femme: Santestevan, lui dit qu'elle s'appelloit Cornelie. Ce ne fut pas tout, dans le tems que Don Antoine étoit monté à la chambre de Santestevan, le Valet qui avoit découvert le mistére & qui s'étoit contenté d'en parler à l'oreille à son Maître, lui dit tout haut, soit par malice, ou par simplicité: Ma foi, Santestevan, vous en tenez, & on vous fera bien payer le plaisir que vous avez pris pendant quelques nuits avec Madame Cornelie: il la tenoit enfermée, le galant, continua-t-il, & il eût bien souhaité

haité que la campagne de nos Maîtres eût été un peu plus longue qu'elle n'a été, qu'il prenne une autrefois mieux ses mesures. Bentivoglio, qui ne comprit pas bien ce que disoit ce Valet, ou qui faisoit semblant de ne le point comprendre, le fit expliquer. Que dis-tu de Cornelie, lui dit-il, & en quel endroit est-elle? Elle est en haut enfermée dans une chambre, répondit le Valet. Le Duc de Ferrare, qui n'avoit ouï que ces derniéres paroles, croyant que Cornelie étoit trouvée, & que la crainte d'être découverte l'avoit fait cacher au plus haut de la maison, courut à la Chambre de Santestevan, où Don Antoine étoit déja entré, & tout transporté de joye il demanda d'abord où étoit Cornelie. Cornelie est ici, répondit en même tems une femme qui étoit envelopée dans un drap de lit, & qui avoit le visage couvert : & Dame, s'écria-t-elle d'un air assuré, est-ce une chose si nouvelle & si extraordinaire qu'une femme couche avec un Page, pour en faire un si grand miracle? Bentivoglio qui avoit suivi le Duc, & qui étoit fort chagrin, tira tout d'un coup un bout de ce drap, & découvrit une jeune femme assez belle, qui se couvrant de honte le visage avec les mains accou-

rut

rut à ses habits, & ce fut alors qu'on reconnut que c'étoit une Courtisane. On lui demanda s'il étoit vrai qu'elle s'appellât Cornelie, elle répondit que c'étoit son nom, qu'elle étoit de bonne famille, & qu'il n'y avoit que très-peu de tems qu'elle menoit une vie si déréglée. Le Duc de Ferrare fut fort honteux, il crut d'abord que les Espagnols avoient fait dessein de le joüer, mais y ayant fait réflexion, il leur rendit justice. Cependant, ne sachant quelle contenance tenir, il sortit de la chambre, Bentivoglio le suivit, ils montérent à cheval tous deux & se retirérent sans rien dire. La mortification des deux Espagnols fut grande, il n'y avoit qu'un seul parti à prendre, qui étoit de mettre tout en œuvre pour déterrer l'endroit où Cornelie Bentivoglio s'étoit retirée : ils résolurent de ne rien oublier pour y réüssir. Cependant, Santestevan fut congédié, & chassé honteusement avec la créature qui se trouva enfermée dans la chambre. La consternation & la confusion où D. Juan & D. Antoine s'étoient trouvez, les avoient entiérement étourdis, ils n'avoient sû où ils en étoient, & ils n'avoient pas eu la précaution de parler au Duc de Ferrare de la Croix de Diamans, & de l'autre Bijou,

Bijou, que Cornelie leur avoit offerts. C'eût été un moyen, se dirent-ils l'un à l'autre, pour le convaincre du moins que Cornelie a été en notre puissance, car peut-être s'imagine-t-il qu'on ne lui a conté que des chiméres : une description de ces riches joyaux l'eût persuadé, la preuve eût été démonstrative, mais ce qui ne s'est point fait se peut faire encore. Ils sortirent un moment après, ils se rendirent chez Bentivoglio, où ils crurent trouver le Duc, mais il étoit déja parti pour se rendre à Ferrare. Ils parlérent de ces Bijoux à Bentivoglio, & après lui avoir témoigné le chagrin où ils étoient, que sa sœur ne se fût point trouvée chez eux, où ils l'avoient laissée, ils le priérent d'écrire au Duc en leur faveur. Le Duc, répondit Bentivoglio, est si convaincu que tout ce que vous lui avez dit est véritable, il est même si satisfait & si content de toutes vos maniéres, que ma lettre seroit inutile ; vous êtes pleinement justifiez dans son esprit, & il est demeuré d'accord avec moi, que Cornelie n'ayant pas cru d'être en sûreté chez des étrangers & des inconnus, elle devoit profiter de votre absence, pour se retirer dans un endroit, où elle fût exposée à moins de périls, ou à moins de soupçons.

Cor-

Cornelie se trouvera, ajoûta Bentivoglio, en embrassant les deux Espagnols, elle se sera jettée apparemment dans quelque maison Religieuse, d'où elle nous donnera bien-tôt de ses nouvelles ; soyons tranquilles là-dessus les uns & les autres, le plus difficile est fait, puis que le Duc de Ferrare est traitable ; ma sœur se trouvera encore un coup, notre joye sera bien-tôt parfaite.

Le Duc de Ferrare avoit l'ame beaucoup plus agitée que Bentivoglio. Il avoit quitté Bologne machinalement & sans réflexion, il ne savoit à proprement parler, ce qu'il alloit faire à Ferrare, car il voyoit bien que ce n'étoit pas là qu'il rencontreroit ce qu'il alloit chercher, il en convenoit en soi-même. Cependant, il continua son voyage sans savoir pourquoi il le continuoit, & sa bonne fortune, qui lui servoit de guide, fit qu'il arriva fortuitement au Village où la femme qui servoit les deux Espagnols avoit conduit Cornelie. L'Ecclesiastique qui l'avoit recueillie étoit riche ; c'étoit un Curieux qui ramassoit toutes sortes de raretés, un homme d'esprit & de conversation : & comme d'ailleurs il étoit dans un Païs de chasse, il étoit connu du Duc de Ferrare, qui le visitoit fréquemment. Le Duc

ne se fut pas plûtôt apperçû qu'il étoit dans ce Village, qu'il s'en alla tout droit chez Ferdinand, c'étoit le nom de l'Ecclesiastique. Ferdinand ne fut pas surpris de voir le Duc, mais il le fut extrèmement de le voir triste & mélancolique, ce qui n'étoit pas sa coûtume, & il ne lui fut pas difficile de conclurre qu'il devoit être agité de quelque passion véhémente, le voyant si métamorphosé. Cornelie sût bien-tôt que le Duc de Ferrare étoit-là. Cette nouvelle, quelque agréable qu'elle dût être, la troubla pourtant. Par quelle avanture, disoit elle, le Duc se trouve-t-il ici, & quelles peuvent être ses vûës ? Inquiéte de ce qui lui devoit faire du plaisir, parce qu'elle ne savoit si elle avoit à espérer, où à craindre, Cornelie souhaitoit avec ardeur de s'entretenir avec Ferdinand, mais le bon Ecclesiastique étoit obligé d'entretenir le Duc, qui lui avoit dit d'abord qu'il avoit quelque chose qui le chagrinoit, qu'il souhaitoit de passer la journée avec lui, & qu'il le prioit de faire avertir ceux qui l'avoient accompagné de s'en aller tous à Ferrare, à la réserve de Fabio. Ferdinand le quitta en lui disant qu'il seroit obéi, & comme il étoit dans l'impatience de faire savoir à Cornelie qu'il
avoit

avoit chez lui le Duc de Ferrare, il profita de l'occasion, & entra un moment dans sa chambre. Ah! mon Pere, que veut le Duc, s'écria Cornelie toute éplorée, dès qu'elle le vit, me venez-vous annoncer la mort, ou la vie? Je ne viens vous annoncer ni l'un ni l'autre, lui dit le sage Ecclesiastique, mais modérez-vous, Cornelie, vous saurez votre destinée dans quelques momens, je mettrai tout en œuvre pour découvrir ce qui se passe dans son cœur à votre égard: mais soyez-en persuadée, Cornelie, vous n'avez été ici conduite que par un effet de la Providence; & comme le Ciel ne fait rien à demi, ce jour couronnera mes vœux & vos espérances. Le Duc a quelque chose qui l'inquiéte sans doute, il n'a plus sa gayeté naturelle, il est sombre, rêveur, distrait, à peine lui peut-on arracher une parole, je ne doute point, ajoûta-t-il, que vous ne soyez la cause de cette grande mélancolie qui le possède, & qui le rend entiérement méconnoissable. En attendant que nous soyons éclaircis de ce que je viens de dire, continua l'Ecclesiastique, je vous conseille de parer votre enfant de tous vos plus riches Bijoux, & particuliérement de ceux que vous avez eus du Duc; j'ai un dessein

sein qui peut-être nous réüssira, & tout ce dont je vous puis assurer, Cornelie, c'est qu'il ne tiendra pas à mes soins, que vous ne soyez contente & heureuse.

Ferdinand se retira, & Cornelie après l'avoir remercié mille fois, commença à parer son fils: elle pénétra à peu près la vûë de ce sage & vertueux Conseiller. Dès que l'Ecclesiastique fut auprès du Duc de Ferrare, il prit occasion de lui demander d'où procédoit cette grande tristesse qu'il voyoit peinte dans ses yeux & sur son visage. J'ai fait tout ce que j'ai pû, lui dit le Duc, pour cacher cette tristesse; mais mes yeux & mon visage m'ont trahi. Je ne veux point le desavoüer, Ferdinand; mon ame n'est plus dans son assiette naturelle, chacun a ses déplaisirs dans ce monde, j'ai les miens, & ce qui me rend mille fois plus malheureux que les autres personnes de mon rang, qui ont des traverses dans leur vie, c'est que ces chagrins sont d'une nature, qu'il ne m'est pas permis de les découvrir: Je n'exige plus donc que vous me les découvriez, dit Ferdinand, & je suis persuadé que vous avez de bonnes raisons pour en faire mystére à toute la terre: permettez seulement, ajoûta-t-il, que je travaille à les calmer pendant le sé-

séjour que vous ferez ici, & que j'exposé à vos yeux quelque chose qui vous fera plaisir, je m'assure. C'est sans doute quelque nouvelle rareté dont vous avez enrichi votre Cabinet dit le Duc, vous me ferez plaisir de m'en régaler, je l'admire même par avance, parce que je sai que vous avez du goût pour tout ce qui concerne les Sciences & les beaux Arts ; toute l'Italie vous rend là-dessus justice. Ferdinand le remercia de son compliment en peu de paroles, & ayant fait une profonde révérence, il s'en alla tout droit à l'appartement de Cornelie, qui avoit déja chargé son enfant de tous ses joyaux, dont la plûpart avoient été des présens du Duc. Donnez-moi cet enfant, lui dit l'Ecclesiastique, & laissez-moi faire le reste. Il le prit alors entre ses bras, & étant rentré un moment après dans la chambre où il avoit laissé le Duc de Ferrare, il lui dit en souriant, voici la curiosité que j'avois promis de vous faire voir, vous vous attendez sans doute à voir une Antique ; mais les Curieux s'accommodent de tout, & vous conviendrez aujourd'hui, que les ouvrages des Anciens ne sont pas toûjours préférables à ceux des Modernes. Le Duc fut surpris, il voyoit des Bijoux qui lui avoient appartenu, & ce qui redoubloit sa surprise, il voyoit un enfant qui lui ressembloit; il ne savoit que s'imaginer. Quel enchantement est ceci, dit-il tout d'un coup, & quel spectacle présentez-vous à mes yeux? Eclaircissez-moi, Ferdinand, je vous en supplie, ne me laissez plus en suspens, tirez-moi de l'embarras nouveau où je me trouve, apprenez-moi à qui appartient cet enfant. Je ne vous en dirai rien, répondit l'Ecclesiastique, tout ce que je puis vous en apprendre, c'est qu'il me fut apporté il y a deux ou trois nuits, par un Gentilhomme de Bologne, qui me pria d'en avoir soin, parce qu'il appartenoit à des personnes distinguées, voilà ce qu'il m'aprit en général. Ce Chevalier, continua Ferdinand, étoit accompagné d'une femme, qui est la nourrisse de l'enfant, & si la mere est aussi belle que la nourrisse, elle doit être d'une beauté extraordinaire. Ne la pourrions-nous pas voir, dit le Duc, avec beaucoup d'empressement. Il ne tiendra qu'à vous, dit l'Ecclesiastique, prenez la peine de me suivre; c'est une nouvelle rareté, qui ne vous râvira pas moins que celle qui vous occupe: le Duc avoit l'enfant entre ses bras, qu'il ne pouvoit cesser d'admirer.

Ferdi-

Ferdinand prit les devants pour avertir Cornelie de s'avancer au devant du Duc. Jamais cette aimable personne n'avoit été si belle qu'elle le fut daus ce moment-là, une petite rougeur qui lui monta d'abord au visage, redoubla sa beauté : & toute négligée qu'elle affecta de paroître, il sembloit qu'elle avoit emprunté de nouveaux charmes, elle n'avoit jamais été si brillante. Le Duc ne se fut pas plûtôt apperçû que c'étoit Cornelie, qu'il fut frapé de cette vûe, il ne sût plus où il en étoit, il ne prononça pas une seule parole, & s'étant déchargé de l'enfant sur l'Ecclesiastique, il se retira dans le moment que Cornelie se disposoit à se jetter à ses pieds. Est-il possible, s'écria Cornelie, en s'adressant à Ferdinand, qui n'étoit pas moins surpris qu'elle de l'action du Duc de Ferrare, est-il possible que le Duc me traite avec tant d'indifférence, ou plûtôt avec tant de mépris, & avec tant d'ingratitude ! Si je n'étois pas capable de l'attendrir, son fils qu'il tenoit entre ses bras, ne devoit-il pas lui inspirer quelque pitié. Ah ! Ferdinand, les Destins se déclarent contre moi, le Duc ne m'a jamais aimée, il n'a feint de m'aimer que pour me tromper, & je ne puis me regarder que comme me la plus infortunée personne qu'il y ait au monde. Ferdinand ne savoit que répondre, la fuite du Duc de Ferrare lui faisoit de la peine, il ne savoit quelle couleur y donner, pour moderer l'affliction de Cornelie. Cependant le Duc, qui n'avoit pû se posséder, tant la joye qu'il avoit ressentie en voyant Cornelie avoit été violente, ne s'étoit rétiré que pour aller dire à Fabio, qu'il n'avoit qu'à partir sur le champ pour Bologne. Il faut, lui dit-il, aller chez Laurent Bentivoglio, & le prier lui & les deux Espagnols, de se rendre incessamment auprès de moi, leur présence est ici nécessaire, elle est de la derniére importance ; il faut voler ajoûta-t-il, & ne revenir point sans eux, il y va de ma vie que je les voye. Fabio partit, & le Duc de Ferrare se rendit dans le moment dans l'endroit où il avoit laissé Cornelie, qui gemissoit & fondoit en pleurs. Je vous demande pardon, adorable Cornelie, lui dit le Duc en l'embrassant, & en mêlant ses larmes aux siennes ; j'étois si peu maître de moi-même, & si peu capable de faire des réflexions, que je ne vous ai témoigné en vous revoyant aucune marque de ma tendresse. Eblouï d'un bonheur où je n'osois aspirer aujourd'hui,

vous

vous m'avez vû disparoître dans un tems où vous aviez lieu de vous attendre à toute autre chose: mais divine Cornelie, je m'apperçois que c'est l'amour qui m'a conduit lui-même dans cette rencontre, j'ai disparu pour un moment, pour être avec vous sans interruption dans la suite, & pour vous posséder entiérement. J'ai été donner ordre à un de mes Domestiques, de se rendre incessamment à Bologne, pour prier votre Frére de me venir joindre ici, avec les deux Seigneurs Espagnols chez qui vous vous êtes réfugiée, je les attens & je les attens avec impatience, parce que dès le même jour qu'ils arriveront, je souhaite que notre hymen soit public, quelques obstacles qui se rencontrent. Ils se racontérent avec des tendresses inexprimables, tout ce qui leur étoit arrivé depuis qu'ils ne s'étoient point vûs, & ils se virent enfin au comble de leur joye par l'arrivée de Bentivoglio, & des deux Espagnols, qui ne savoient point encore ce qui se passoit; car Fabio ne le savoit pas lui même. Le Duc n'eut pas plûtôt appris qu'ils étoient arrivés, qu'il le fut recevoir à la porte, & les conduisit dans une Salle qui étoit vis-à-vis de la Chambre de Cornelie, dont il ne leur dit pas un seul mot. Il les fit asseoir, & ayant pris place ensuite lui-même, il adressa la parole à Bentivoglio. Vous savez, Seigneur, lui dit-il, que je n'ai jamais trompé votre sœur, le Ciel & ma conscience m'en seront éternellement garants; vous n'ignorez pas d'un autre côté avec quelle diligence je l'ai cherchée, & le desir que j'ai eu de découvrir le lieu où elle étoit, pour l'épouser solemnellement, comme je m'y étois engagé, par mon amour & par mes promesses. Cornelie cependant ne se trouve point, & je doute que mes promesses me doivent engager toute ma vie. Je suis jeune, continua-t-il, je suis homme, je ne suis pas né pour le célibat, & pour vous dire les choses comme elles sont, avant que de m'engager avec Cornelie, je m'étois engagé avec une jeune fille de ce Village, qui est maintenant dans la maison de l'Ecclesiastique où nous sommes, & qui me somme de ma promesse. J'avouë que je préférerois Cornelie à toutes les Princesses du monde; mais puisque Cornelie ne se trouve point, & que je dois même présumer qu'elle me fuit, je me sens pressé par ma conscience, d'épouser cette Villageoise. Voyez, Seigneur Laurent, quelle satisfaction vous desirez que je

je vous fasse, pour une injure que je ne vous ai point faite, je ne saurois épouser votre sœur, puisque votre sœur ne paroît point ; ne vous opposez pas donc à la juste résolution que j'ai prise, donnez-y généreusement les mains. Bentivoglio, qui ne s'étoit pas attendu à un tel discours, changea de couleur ; le dépit & la colére parurent dans ses yeux, il ne savoit quelle contenance tenir : les deux Espagnols n'étoient pas moins surpris, ni moins irritez. Appaisez-vous, mon cher Bentivoglio, poursuivit le Duc, qui voyoit bien ce qui se passoit dans son ame, je souhaite, avant que vous répondiez, que vous ayiez vû la personne dont je vous parle, & je suis persuadé que vous demeurerez d'accord, que je ne puis me dispenser de l'épouser, vous m'y soliciterez vous-mème, vous n'avez qu'à m'attendre un moment. Il n'eut pas plûtôt achevé ces paroles qu'il se leva, & entra dans la chambre de Cornelie, qui s'étoit ce jour-là extrèmement parée. Dès que le Duc fut sorti de la Salle, Don Juan se leva, & s'étant appuyé des deux mains sur les bras du fauteüil où étoit assis Bentivoglio, il lui dit à l'oreille tout émû, qu'il n'avoit rien à craindre, & que Don Antoine & lui étoient là pour faire rendre

dre raison au Duc, de la nouvelle injure qu'il venoit de faire à Cornelie, ou plûtôt de l'insulte outrageante qu'il venoit de leur faire à tous. Le Duc épousera sa nouvelle Maîtresse, dit-il, en haussant un peu plus la voix, comme je me ferai Maure, ce ne sera du moins, qu'après qu'il m'aura arraché la vie, que je lui arracherai si je puis, moi-même; à moins que nous ne sachions auparavant ou que Cornelie ne vit plus, ou qu'elle a pris le parti de se renfermer dans un Couvent, pour toute sa vie. Je vous suis obligé, dit Bentivoglio, je suis résolu de périr dans cette occasion, le Duc ne se joüera plus de moi. Don Antoine l'interrompit, pour lui témoigner qu'il ne périroit pas seul, & ils commençoient à s'entretenir sur les mesures qu'ils devoient prendre, pour se tirer glorieusement de cette affaire, lorsque Cornelie entra dans la Salle. Elle marchoit entre Ferdinand & le Duc qui la menoit par la main, & ensuite venoient Sulpicie, que le Duc avoit envoyé querir à Ferrare, la Nourrisse de l'enfant, & la femme qui servoit les Espagnols: on peut juger qu'elle fut la surprise. Voici la Villageoise que j'ai dessein d'épouser, s'écria le Duc, je vous avois bien dit, mon cher Bentivoglio,

que

que vous ne vous opposeriez pas à mon himenée. Bentivoglio & les Espagnols rirent de la supercherie, & les noces furent célébrées le même jour, Ferdinand en fit lui-même les cérémonies. La Duchesse de Ferrare étoit malade, on crut qu'on lui devoit cacher ce mariage, qu'elle avoit toûjours désaprouvé. Cornelie retourna à Bologne avec son frere, & ce ne fut qu'après la mort de la Duchesse, qui arriva bien-tôt, qu'elle alla joindre le Duc son Epoux à Ferrare, où elle fit une entrée magnifique. Sulpicie fut mariée avec Fabio, & il ne tint qu'aux deux Espagnols, d'épouser deux parentes du Duc qui étoient très-riches: mais ayant fait connoître que les Chevaliers de Biscaye, ne se marioient pour l'ordinaire que dans leur Païs, ils retournérent en Espagne chargés de présens, qui leur furent faits de si bonne grace, qu'ils n'osérent les refuser.

LE MARIAGE TROMPEUR.

NOUVELLE XII.

Il y a, comme chacun fait, à Valladolid un Hôpital hors de la Porte du Champ, appellé l'Hôpital de la Réfurection. Un jour on vit fortir de cette Maifon un Soldat, qui par la pâleur de fon vifage, & par la foibleffe de fes jambes, qui l'obligeoit de s'appuyer fur fon épée, aprenoit clairement à tous ceux qui jetterent les yeux fur lui, que quoi que le tems ne fût pas fort chaud, il devoit avoir fué plus d'une fois pendant la faifon. Il chancelloit dès qu'il vouloit faire un pas, comme un homme qui fort d'une grande maladie : il ne pouvoit en un mot, fe tenir fur fes pieds, tant il étoit exténué & défait.

A

J. Folkema del.　　　　　　　F. A. Aveline Sculp.

A peine étoit-il à l'entrée de la porte de la Ville, qu'il vit venir à lui un Licentié de ses amis, appellé Peralte, qu'il n'avoit point vû depuis plus de six mois. Cet ami, qui avoit de la peine à le reconnoître, s'approchant de lui, lui dit, en faisant une exclamation, comme s'il eût vû un fantôme: Qu'est-ce que ceci, mon cher Campuçano; est-il possible que vous soyez en ce Païs, je vous croyois en Flandres en bonne santé, & je vous vois ici pâle & défiguré comme un mort? Oui j'y suis, dit Campuçano à Peralte, & j'y suis pour mes péchez. Tout ce que je vous puis dire, c'est que je sors de cet Hôpital, où j'ai été assez long-tems, pour me guérir d'une maladie, qu'une femme que j'ai épousée depuis quelques mois, a pris la peine de me communiquer. Vous êtes donc marié, dit Peralte. Je ne le suis que trop, dit Campuçano, c'est de là que procéde tous les maux que j'ai soufferts & que je souffre encore. Je ne saurois vous représenter, ajoûta-t-il, d'un air lugubre, les tourmens par où il a fallu que j'aye passé, & la mélancolie affreuse, où m'a jetté jusqu'ici ma triste & cruelle destinée. Mais pardonnez-moi, mon cher Peralte, si je ne puis vous entretenir davantage sur la ruë, un autre jour je pourrai avec plus de commodité vous raconter mes avantures, qui sont les plus singuliéres & les plus étranges, dont vous ayez ouï parler de votre vie. Il n'en ira pas ainsi, dit le Licencié, je veux, s'il vous plaît, que nous allions chez nous, nous mangerons un morceau ensemble. Je vous avertis par avance, que je ne vous ferai pas fort bonne chére; mais vous êtes accoûtumé à faire pénitence; nous renforcerons pourtant le dîner; un Pâté en fera la raison, & quelque autre petite chose. Le meilleur plat que nous aurons, c'est que ce que je vous donnerai, je vous le donnerai de bon cœur, ne me refusez pas je vous en prie. Campuçano le remercia, & accepta l'offre. Ils furent à S. Laurent faire leurs dévotions, & de là au logis de Peralte, qui le traita comme il lui avoit promis, il lui fit mille & mille amitiez, lui offrit sa bourse, & le pria après le dîner, de lui faire son histoire, Campuçano sans se faire prier, commença en ces termes.

Vous vous souvenez sans doute, Peralte, que j'étois intime ami en cette Ville, du Capitaine Pedro de Harrera, qui sert maitenant en Flandres. Je m'en

sou-

souviens, répondit Peralte. Un jour, poursuivit Campuçano, que nous achevions de dîner, dans une maison où nous étions logés, nous vîmes entrer deux femmes de fort bonne mine, avec deux servantes qui les accompagnoient. L'une de ces femmes se mit à parler avec le Capitaine, appuyez tous deux sur une fenêtre, & l'autre s'assit sur une chaise près de moi ; mais elle avoit le visage si couvert, qu'il me fut impossible de le voir. Je la priai instamment de se découvrir, je ne pûs jamais obtenir cette faveur ; j'avouë que cela enflamma mon desir, car nous ne desirons jamais rien si fort que ce qui nous est défendu, c'est un défaut qui est de tous les Païs & de tous les siécles, & qui est aussi ancien que le monde. Ce qui augmenta ma curiosité, c'est que par hazard, ou par un dessein prémédité, elle fit voir une main très-blanche, où reluisoient de fort belles bagues. Dans ce tems-là j'étois fort propre, j'avois un habit qui étoit magnifique, un très-beau plumet, & cette grande chaîne que vous pouvez m'avoir vûë ; je me croyois beau & bien fait, & je m'imaginois que je devois faire mourir d'amour, toutes les femmes. Rempli d'une très-bonne opinion de moi-même, me, je la pressai de se faire voir. Mes instances furent inutiles. Ne me pressez point là-dessus, me dit-elle, d'un ton fort honnête, j'ai une maison, faites-moi suivre par un de vos gens, rendez-moi ensuite visite, je me ferai honneur de vous recevoir, & lors que nous nous connoîtrons un peu mieux que nous ne faisons à présent, vous verrez de votre côté si vous pouvez vous accommoder de moi, & je verrai du mien, si vos qualités & votre vertu répondent à votre bonne mine. Je la remerciai d'une grace à laquelle je n'eusse osé m'attendre, & je lui fis mille protestations, auxquelles elle répondit en très-beaux termes, & de la maniére du monde la plus obligeante. Ces femmes se retirérent enfin, je les fis suivre par un Valet. Pedro de Herrera me dit, du moment qu'elles furent parties, que la Dame avec laquelle il s'étoit entretenu, l'étoit venu prier de lui faire tenir une lettre en Flandres, à un Officier de ses parens; mais que pour l'autre il ne la connoissoit pas. J'entrevis bien qu'il y avoit là-dedans quelque mistére. Quoi qu'il en soit, je demeurai amoureux de cette inconnue, qui venoit de me donner rendez-vous chez elle. Son ton de voix,

voix, ses expressions, ses maniéres, sa taille, sa main, tout m'enchanta, & je soûpirai après l'heureux moment qu'il devoit m'être permis de la voir, & de m'entretenir seul avec elle. Ce moment ne tarda pas à venir. Dès le lendemain je me fis conduire à sa maison, par l'homme qui l'avoit suivie. Je fus reçû avec mille témoignages d'affection, & de la maniére que je pouvois souhaiter. Je trouvai une maison très-bien meublée, & une femme d'environ trente ans, que je reconnus, non-seulement à la voix & à la main, mais à ses habits, car elle étoit ajustée de la même maniére que le jour précédent. Elle n'étoit pas extrêmement belle, mais elle l'étoit assez pour donner de l'amour, elle parloit bien, & de bonne grace, jamais on n'a vû tant d'agrémens, jamais un extérieur plus beau. J'eus un long entretien avec elle. Elle me fit adroitement mille questions, & n'oublia rien pour savoir de moi, quoi que d'une maniére indirecte, en quoi pouvoient consister mes biens. J'en déclarai beaucoup plus que je n'en avois, je lui promis des montagnes d'or, je m'épuisai en protestations & en promesses; car je ne voulois pas laisser échaper l'occasion de me rendre heureux pour toute ma vie. Comme elle en savoit plus long que je ne croyois, elle me fit connoître d'un air modeste, que le langage que je lui tenois ne l'émouvoit en aucune maniére, & qu'elle me conseilloit de m'adresser à une personne qui eût moins d'expérience qu'elle. Tout cela n'étoit que pure hipocrisie. Cependant, j'enrageois dans mon ame, parce que je croyois qu'elle agissoit fort sincérement, & qu'elle s'imaginoit que j'étois un trop grand Seigneur, pour qu'elle osât aspirer à moi. J'en fus avec elle en ces termes pendant quatre jours, sa maison m'étoit toûjours ouverte, je la trouvai toûjours seule avec ses servantes, occupée à de petis ouvrages très-honnêtes, & je ne vis dans aucune de mes visites aucun visage, qui me pût faire entrer dans le moindre soupçon à l'égard de sa conduite. Je n'apperçûs en elle rien qui ne marquât une éducation heureuse. Plus je la voyois, en un mot, & plus j'étois enchanté de sa personne, & de la maniére dont elle parloit & agissoit avec moi. L'affaire pourtant sur ce pied-là, n'accommodoit pas mon impatience. Il faut que je me retire, lui dis-je, au bout de ces quatre jours, il faut que je me retire, & que je suive votre conseil, charmante Estefanie;

fanie, car c'est ainsi qu'elle s'appelloit, ou que sache aujourd'hui, si j'ai quelque place dans votre cœur, & si je dois me flater de vous posséder un jour. Je vous parle un peu cavaliérement, ajoûtai-je, en lui demandant pardon; mais c'est qu'il me tarde de savoir, si je dois être le plus heureux ou le plus malheureux de tous les hommes.

L'adroite Estefanie, qui étoit bien aise, je m'assure, de se voir pressée, feignit néanmoins d'être surprise de ce que je venois de lui dire; elle rougit, & parut interdite pendant un moment, comme si elle ne savoit ce qu'elle avoit à me répondre. Elle parla pourtant tout d'un coup. Puis que vous voulez que je m'explique, me dit-elle, je veux bien le faire, & je vous parlerai naturellement. Comme je reconnois que vous n'avez pas dessein de me tromper, je ne veux pas vous tromper aussi, vous en jugerez par ma naïveté & ma franchise. Si je vous disois que je suis une Sainte, je mentirois, continuat-elle en baissant les yeux, j'ai eu des galanteries, j'en ai encore; mais ce sont des galanteries qui ne m'ont fait jusqu'ici aucun tort, tellement que je puis aller par tout la tête levée. Il n'y a dans ce monde,
que

que la manière de faire les choses, qui mette en mauvaise réputation ; car pour le reste, les personnes de notre sexe sont toutes semblables, mais les unes sont bien plus prudentes que les autres, voilà la différence qu'il y a.

Après cet aveu que j'ai bien voulu faire, pour que vous n'ayez rien à vous reprocher, ni à me reprocher dans la suite, je vous dirai que je n'ai hérité aucun bien de pere ni de mere, ni d'aucun parent, & toutefois ce que j'ai dans ma maison, vaut bien trois ou quatre mille écus. Vous le voyez, ce sont tous ameublemens propres & bien assortis, dont on pourroit avoir de l'argent du soir au lendemain, on n'auroit qu'à les exposer en vente. Avec ce peu de bien, ajoûta Estefanie, je cherche un mari, auquel je veux obéir & complaire, je veux renoncer entiérement à tous les plaisirs, pour faire d'un Epoux mon plaisir unique, je veux être à lui toute entière, l'aimer par devoir & par vertu, & n'oublier rien pour le rendre aussi heureux que j'espére d'être heureuse ; car je me flate, que le Ciel qui connoît mes bonnes intentions, me partagera d'un homme vertueux & raisonnable. Telle que vous me voyez je sai mettre la main

à

à l'œuvre, & je le fais toutes les fois qu'il est nécessaire. Ce ne sont pas toûjours mes serventes qui font la cuisine, je la fais le plus souvent moi-même, & je puis dire que je m'y entens. Ce linge, dit-elle, en me montrant un tas de chemises, de mouchoirs, de tabliers, de cornettes & autres telles choses, ce sont mes propres doigts qui l'ont filé, il y a peu d'ouvrages que j'ignore, & auxquels même je ne me plaise; mais ma meilleure qualité, c'est que je ne suis, ni bizarre, ni contredisante, que je ne gronde jamais mes Domestiques, & que j'aime tendrement, lorsque j'aime: je sens bien, poursuivit-elle, d'un air agréable, que j'aimerai peut-être un peu trop un mari. Quoi qu'il en soit, ajoûta-t-elle d'abord, j'en cherche un; car enfin il est bien juste que j'aie un appui, on ne peut pas être fille toute sa vie, vous savez les petites railleries auxquelles nous sommes exposées, lorsque nous avons atteint un certain âge. Pour des Amans j'en suis lasse, je veux un Epoux: & si après ce que je viens de dire, vous voulez bien l'être, il ne tiendra qu'à vous, mais je ne veux point d'entremetteur. Vous me trouvez à votre gré, vous me l'avez dit déja plusieurs fois; de mon côté, je ne trouve rien en vous qui ne me plaise, soyons nous-mêmes nos entremetteurs.

J'avoue, Peralte, dit alors Campuçano en soûpirant, j'avoue que je me laissai éblouïr aux discours de cette Enchanteresse. Aussi imprudent que je croyois être sage, je donnai dans les piéges qu'elle m'avoit tendus. Charmé de toutes les paroles qu'elle avoit prononcées, & croyant déja tenir en argent, ces riches & magnifiques meubles que je voyois, & qui valoient bien plus qu'elle ne disoit, je me jettai à ses genoux sans faire la moindre réflexion, & prenant ses mains entre les miennes, que je baisai mille & mille fois, je lui dis, transporté de joye, cet Epoux que vous cherchez vous l'avez trouvé, belle Estefanie, & je benis ma destinée, qui jusqu'à présent ne m'avoit pas fait entrevoir que je dusse avoir un si grand bonheur, que d'être aimé de vous & de vous plaire. Je lui dis ensuite, qu'outre la chaîne que je portois, & quelques autres Bijoux, j'avois bien trois mille Ducats, que cet argent joint à celui qu'elle avoit, seroit une somme plus que suffisante pour nous retirer dans un petit Bourg, d'où j'étois natif, & où j'avois encore quelque petit héritage; que là elle se delasseroit du grand

grand monde, & moi du métier de la guerre, dont je commençois à me dégoûter, parce qu'on n'y reconnoissoit pas toûjours le mérite; qu'enfin nous ne pouvions faire elle & moi, une plus douce & plus honorable retraite, que nous n'avions qu'à nous bien aimer, que pour moi j'avois résolu de l'aimer & de l'adorer jusqu'au tombeau.

Estefanie aquiesça à tout, & nous ne pensâmes dès ce moment-là, qu'à conclure notre mariage. Ce fut une affaire bien-tôt expédiée, les parties étant d'accord, comme vous venez de l'entendre. Nous fîmes publier nos bans, personne n'eut garde de les arrêter, & ces cérémonies finies, nous nous mariâmes. Deux de mes amis se trouvérent à mes noces, & du côté de ma nouvelle Epouse, un de ses parens, ou se disant tel. Je puis dire que je n'ai jamais goûté de si grands plaisirs, que ceux que je goûtai d'abord; mais je n'avois pas prévû qu'il n'en est point de purs dans le monde, & que cette femme, sous un faux dehors qui m'avoit fasciné l'esprit, me préparoit des amertumes, qui m'ont réduit dans le triste état où vous me voyez aujourd'hui. Mon Valet eut ordre de faire transporter chez Estefanie tout ce que j'avois, cela fut

fut bien-tôt executé. J'enfermai en sa présence, dans un coffre ma magnifique chaîne, je lui en fis voir trois ou quatre autres, qui ne paroissoient pas à la vérité si riches, mais qui étoient d'un travail exquis. Je lui fis passer en revûë, trois ou quatre beaux cordons de différentes sortes, mes plumets, mes habits, toutes mes nipes, & je lui remis entre les mains, sept ou huit cens Réales, qui étoient franchement tout ce que j'avois. Je mangeai sept ou huit jours du pain de la noce, sans éprouver le moindre desagrément. Je marchois sur les tapis de Turquie, je couchois dans des draps de toile de Hollande, je n'étois éclairé qu'avec des flambeaux d'argent, je déjûnois au lit, je me levois à onze heures, je dînois à douze, & dormois toutes les après-dînées. Le tems qu'Estefanie n'étoit pas à mon côté, elle étoit à la cuisine, occupée à faire des sauces & des ragoûts, & toutes sortes de pâtisseries, je n'ai jamais fait meilleure chére. Mes chemises, mes rabats & mes mouchoirs éblouïssoient la vûë, je ne sentois que l'Iris & l'eau d'Orange. C'étoient de beaux jours, comme vous voyez; mais ces jours passèrent en volant, de même que passent les années

qui

qui sont sous la jurisdiction du tems, & ma destinée fut bien différente de celle sur laquelle j'avois compté.

Un jour, environ vers les neuf heures du matin, que nous étions encore au lit, car comme je vous l'ai déja raconté, nous dormions la grasse matinée, nous entendîmes fraper à grands coups à la porte. Une des servantes descendit, & étant entrée un moment après dans notre chambre, elle dit : Elle vient nous surprendre agréablement, & plûtôt qu'elle n'avoit marqué dans la derniére lettre qu'elle avoit écrite ; mais qu'elle soit la bien venuë. De qui parlez-vous dis-je alors, à la servante ? Je parle, me répondit-elle, de Donna Clemence Bueso, ma maîtresse qui vient d'arriver, & qui vient en bonne compagnie ; car elle a avec elle Don Lope Mendez d'Almendarez, Hortigosa, & trois ou quatre Valets de pied. Levons-nous, mon ami, dit alors Estefanie, & que cette grosse visite ne vous effraye pas. J'ai, mon cher, une grace à vous demander, c'est que vous ne soyez surpris de rien, quelque chose que vous voyez faire, & que vous ne repliquiez pas un seul mot, quelque chose qu'on puisse me dire. Et que vous pourroit-on dire qui vous offensât, ou qui vous pût chagriner, repartis-je, viendroit-on vous insulter chez vous, c'est ce que je n'ai garde de croire ? Mais dites-moi, Estefanie, quelle sorte de gens sont ceci, vous me paroissez troublée & toute interdite ? Je n'ai pas le tems de répondre à votre demande, me dit-elle, tout ce que je vous dirai pour le présent, c'est que tout ce que vous verrez faire, n'est qu'une feinte. Nous allons jouër un rôle qui vous divertira, je ne puis pas vous en dire davantage, attendez le denouëment.

Dans le tems que j'allois repliquer, Donna Clemence entra dans la chambre, parée comme une véritable Reine. Son habit étoit d'un satin vert à fleurs, relevé d'un galon d'argent, & de quelques agraffes argent & soye. Elle avoit à la maniére du Païs, une grande écharpe de la même étoffe, & un chapeau garni de plumes incarnates & blanches, où l'on voyoit briller une riche Croix de Diamans. Son visage étoit couvert d'un voile de gaze; mais on voyoit bien néanmoins que c'étoit une personne très-bien faite, & qui avoit une grande majesté. Elle étoit menée par Don Lope Mendez, qui étoit un Cavalier de très-bonne mine, & dont l'habit étoit de la derniére magni-

magnificence. Hortigoza entra ensuite, & ce fut cette Hortigoza qui parla la prémiere; c'étoit une Suivante, comme il n'étoit pas difficile de le concevoir. Qu'est-ce que je vois, s'écria-t-elle, en faisant une grande exclamation, je vois le lit de Madame occupé, & je le vois même occupé par un homme. Je ne sai si je dors, ou si je veille, j'ai peine à ajoûter foi à ce que j'apperçois de mes propres yeux; jamais peut-être rien de plus singulier. Vrayement, ajoûta la Suivante d'un air fâché, Estefanie s'est terriblement émancipée, j'en suis toute épouvantée, continua-t-elle, sur le même ton, elle a sû se donner au cœur joye, au dépens du lit de Madame, elle a sû profiter de son absence, pour passer les nuits entre les bras d'un ami, ceci passe un peu la raillerie. Tu as raison, Hortigosa, dit la Dame, je ne suis pas moins surprise que toi du manége d'Estefanie. C'est une avanture si plaisante, que j'aye trouvé un homme couché dans mon lit, que toute irritée que je suis, je ne saurois m'empêcher d'en rire. Mais je n'ai pas moins de tort qu'Estefanie, ajoûta-t-elle, en tâchant de prendre son sérieux, de l'avoir laissée maitresse chez moi, je tâcherai une autrefois

de

de me connoître mieux en gens. Elle alloit dire quelqu'autre chose; mais Estefanie l'interrompit. Ne vous fâchez point, Madame, lui dit elle, je vous en supplie très humblement. Ce que vous voyez est un mistére, où il n'y a rien de criminel, je veux bien vous le déveloper du moment que vous voudrez m'entendre, & je suis persuadée que bien loin de blâmer ma conduite, vous y donnerez votre approbation.

Tandis que cette scene se passoit, j'achevois de prendre mes habits, & quoi que m'eût pû dire ma femme, que ce n'étoit qu'une Comédie, j'étois un Spectateur, comme vous pouvez fort bien le comprendre, qui faisoit-là une très-méchante figure. Je ne savois que m'imaginer d'une avanture si singuliére. Dans le tems que j'étois occupé de mille imaginations toutes différentes, Estefanie me vint prendre. Elle me conduisit par la main dans une autre chambre, où elle me dit, que cette Dame étoit de ses bonnes amies, que son dessein étoit de tromper Don Lope, avec lequel elle souhaitoit de se marier, & que la supercherie dont elle prétendoit se servir, étoit de lui faire accroire, que notre Maison

&

& tous nos ameublemens lui appartenoient.

Vous me direz ajoûta Estefanie, que Donna Clemence jouë un méchant jeu, & qu'elle s'expose terriblement. Vous vous trompez, mon cher Epoux continua-t-elle, Donna Clemence, a tant de beauté, & Don Lope l'aime si éperduëment, qu'il ne fera que rire de cette petite tromperie, lors qu'elle sera découverte. Peutêtre sait-il bien ce qui en est, & qu'il veut bien fermer les yeux. Quoi qu'il en soit, du moment qu'ils auront épousé elle me remettra ma maison, & je crois d'être obligée en amie de lui rendre ce petit service. Ce que nous faisons elle & moi n'est pas régulier, je le confesse; mais pour attraper un si gros parti qu'est Don Lope, je crois que nous ne serons point blâmées d'avoir employé cette ruse. Les hommes savent bien nous tromper quelquefois, nous en avons tous les jours des exemples; pourquoi ne les tromperions-nous pas aussi, lorsque l'occasion s'en présente? Cependant, dormez en repos, tout le mal qui nous arrivera de ceci, c'est que nous aurons un présent, qui nous dédommagera de la complaisance que nous aurons euë, d'avoir cédé pour quelques jours notre maison à une personne pour laquelle vous aurez autant d'amitié que moi-même, du premier moment que vous l'aurez connue. Je croirai tout ce qu'il vous plaira, lui répondis-je ; mais ce que j'ai à vous dire, c'est que c'est pousser la complaisance bien loin, que d'en user de la maniére que vous faites, Dieu veuille qu'il ne vous en arrive aucun mal : Ha ! du mal, vous n'y pensez pas, me dit Estefanie, en m'embrassant. Dans huit jours d'ici le mariage sera conclu & consommé, & je déclarerai l'artifice à Don Lope, il en rira, il ménera dans une de ses Terres son Epouse, & nous rentrerons chez nous très-contens d'avoir rendu un si bon service à une amie, pour laquelle je sacrificerois tout ce que j'ai au monde, & qui en feroit de même pour moi, s'il s'agissoit de me faire le moindre plaisir. Le parti que nous avons à prendre pendant sept ou huit jours, c'est d'aller loger chez une autre de mes amies, je crois que vous ne le trouverez pas mauvais. Non Estefanie, lui dis-je, j'irai par tout où vous souhaiterez, cependant, oserai-je bien vous dire ma pensée ? Ha, mon cher, ne vous défiez de rien, répondit-elle, en m'interrompant. Croyez vous que je fusse si imprudente,

ou

plûtôt que je fusse si insensée, de faire ce que je fais aujourd'hui, s'il y avoit à courir le moindre risque ? Serois-je si ennemie de moi-même ? Il y a ici plus à gagner qu'à perdre : sept ou huit jours vous en convaincront.

Après ces propos & quelques autres de cette nature, dont il seroit inutile de vous entretenir, Estefanie prit congé de Donna Clemence & de Don Lope. Je dis alors à mon Valet de prendre le coffre où j'avois mes hardes & mes nipes, & de la suivre. Je la suivis moi-même sans prendre congé de personne ; car à vous dire les choses comme elles sont, je ne savois guéres ce que je faisois ; vous eussiez été je m'assure aussi embarrassé que moi dans une pareille rencontre. Estefanie s'arrêta à la maison d'une de ses amies, avec laquelle elle parla fort long-tems. Je commençois à m'impatienter, lorsque je vis sortir une manière de servante, qui nous fit entrer mon Valet & moi. Nous fûmes conduits dans une chambre extrèmement étroite, dans laquelle il y avoit deux lits si près l'un de l'autre, qu'il sembloit qu'il n'y en eût qu'un, parce qu'en effet, il n'y avoit point d'espace qui les séparât, en sorte que les draps s'entrebaisoient. Nous demeurâmes là six jours; pendant tous lesquels je fus d'un chagrin épouvantable. Cette tendresse que nous nous étions jurée, & que nous devions conserver jusqu'au cercueil, commença à se refroidir. Nous nous querellions sur le moindre sujet du monde, & tout cela parce que je lui reprochai fort vivement, d'abord que je me vis logé si à l'étroit, ou qu'elle m'avoit voulu joüer, ou qu'elle n'avoit ni esprit ni intelligence, d'avoir livré sa maison & tout son bien à des étrangers, qui peut-être ne seroient jamais d'humeur de s'en désaisir. Ce reproche que je lui fis d'une maniére fort sêche, la choqua, du moins en parut elle choquée, & dès-lors, sur un pied de mouche, nous nous disions mille choses piquantes. Pour dissiper ma mauvaise humeur, laquelle je ne pouvois surmonter, lorsque je jettois les yeux sur mon appartement, je sortois, je m'allois promener par la Ville. Mais dès que je rentrois dans mon Bouge, la mauvaise humeur me reprenoit; & je la passois sur Estefanie, mon refrain étant toûjours qu'elle avoit fait une sotise, dont elle se repentiroit à coup sûr, je ne conjecturois pas mal, par rapport à moi.

Estefanie gardoit le logis. Mais un jour

jour qu'elle eut envie de sortir pour aller voir, à ce qu'elle me dit, ce qui se passoit chez cette Dame Clemence, qui nous devoit faire un si gros présent, j'apris des choses bien mortifiantes. La femme qui nous logeoit, voulut savoir de moi, quelle étoit la raison qui m'obligeoit à me chagriner si souvent contre Estefanie, & qu'est-ce qu'elle pouvoit avoir fait pour lui reprocher aussi souvent que je faisois, qu'elle avoit fait une folie des plus insignes. Je lui racontai le fait de point en point, & lorsque j'eus achevé de parler, elle ne fit que hausser les épaules, & faire des exclamations, qui me donnerent bien à penser. Elle ne s'expliquoit pas d'avantage. Je la priai de me dire d'où venoit qu'elle paroissoit si surprise, de ce que je venois de lui raconter. Je n'oserois vous le dire, me répondit-elle, en haussant encore les épaules, & disant entre les dents quelque chose que je n'entendis pas. Parlez, lui dis-je, je vous en prie, ne me laissez point en suspens. Je le veux, ajoûta-t-elle, un moment après, & je le dois pour décharger ma conscience, il en arrivera ce qu'il pourra. Il est de la charité, me dit-elle, de ne vous laisser pas plus long-tems, dans une ignorance qui vous

vous eft funefte. Vous avez été trompé, & jamais homme peut-être, ne l'a été autant que vous l'êtes. Vous avez cru époufer une femme riche, vous êtes bien éloigné de votre compte. Donna Clemence Buefo eft la véritable maîtreffe de la maifon, où vous avez époufé Eftefanie, & tout ce que vous a dit cette méchante femme, eft une pure fauffeté, elle n'a ni maifon ni bien, elle n'a même d'autre habit que celui qu'elle a fur le dos. Donna Clemence a certainement quelque amitié pour Eftefanie. Cette Dame fut obligée, il y a quelque tems, d'aller faire un petit voyage, elle la laiffa avec une de fes fervantes dans fa maifon, pour en avoir foin pendant fon abfence. Eftefanie a profité de l'occafion; elle vous a fait acroire que les riches meubles que vous avez vûs lui appartenoient, vous l'avez cru, vous l'avez époufée, vous voila payé de votre imprudence. J'avoué pourtant, tout confidéré, pourfuivit la femme, qu'Eftefanie eft excufable en quelque maniére, d'avoir employé un tel ftratagême pour aquérir un Epoux de votre diftinction & de votre mérite, & vous lui devez pardonner: les hommes fe tiennent fi fiers aujourd'hui, qu'il leur faut tendre des

filets

filets pour les prendre. Puis que vous voilà pris, prenez votre mal en patience, les mariages sont faits dans le Ciel, avant que d'être faits sur la terre, ce devoit être votre Epouse, ne l'acousez pas de votre malheur, n'en accusez que les Destins.

Cette morale toute bonne que je la crois, ne m'accommoda pas néanmoins. J'entrai dans une espéce de fureur contre moi-même. Je fus au desespoir de voir que j'avois été dupé d'une maniére si cruelle. Je proférai mille paroles indiscrettes. Je me condamnai mille fois à ne plus vivre, & je me fusse donné peut-être la mort de mes propres mains, si un peu de raison, & la Religion ne fussent venuës à mon secours. Transporté pourtant de colére, je pris mon épée & mon manteau, & je sortis bien résolu de me vanger d'Estefanie, si je venois à la rencontrer. Je la cherchai long-tems. Heureusement pour elle, & peut-être pour moi je ne la trouvai point. Je fus à S. Laurent, je me recommandai à tous les Saints, je n'en fus pas moins inquiet. Je me rendis à la maison de Donna Clemence, que je trouvai fort tranquille, & à qui je n'osai rien dire de mes infortunes, tant j'étois troublé & hors

hors de moi-même. Je retournai dans mon appartement. La femme chez qui je logeois, & de qui j'avois appris mon malheur, me dit mille bonnes choses pour tâcher de me remettre un peu; mais mon esprit étoit si dérangé, que je n'entendis raison sur rien. Elle me dit enfin, qu'Estefanie savoit que sa trahison étoit découverte, qu'elle l'avoit avertie charitablement, que j'étois sorti tout furieux, pour tâcher de la rencontrer, & lui faire un méchant parti; & qu'Estefanie toute épouvantée étoit sortie avec quelques hardes. Je courus là-dessus à mon coffre, & je trouvai qu'on avoit enlevé tout, à un seul habit de campagne près.

Voilà de terribles malheurs coup sur coup, dit alors Peralte. Quoi, Campuçano, ajoûta-t-il, vous avez donc perdu toutes vos chaînes, & vos cordons d'or. Oui, je les ai perdus, répondit Campuçano, mais cette perte me fait peu de peine, c'est là le moindre de mes chagrins; car je puis dire, ce que disoit cet homme qu'on avoit marié avec une femme qui avoit les épaules un peu grosses: Mon Beau-Pere prétend m'avoir trompé en me donnant sa fille qui est bossuë, & c'est moi qui l'ai trompé, je suis aussi bossu moi-même. Je ne sai à quel propos

pos vous dites cela, dit le Licentié. C'est, répondit Campuçano, que tout cet étalage de chaînes & de cordons, & les autres babioles ne valoient pas assurément dix écus. Vous vous moquez, repartit Peralte, la chaîne seule que vous portiez au cou, pesoit je m'assure plus de deux cens Ducats. Elle eût dû peser autant, je l'avouë, répondit Campuçano, si la vérité eût répondu aux apparences, mais comme tout ce qui reluit n'est pas or ; ces chaînes, ces cordons, & ces autres joyaux n'étoient qu'Alchimie & cuivre doré ; mais c'étoit un alliage, & une dorure travaillez avec tant d'art, que les meilleurs connoisseurs s'y trompoient ; en effet ils étoient à l'épreuve de tout, si on en excepte le feu. De cette manière, ajoûta Peralte, vous vous êtes trompez l'un l'autre, & vous êtes maintenant à recommencer. Nous le sommes si bien, répondit Campuçano, que nous n'avons qu'à rebattre les cartes. Mais ce qu'il y a de chagrinant pour moi, c'est qu'Estefanie se pourra bien défaire de mes faux bijoux, au lieu que je ne pourrai point me défaire d'elle ; car enfin, elle est ma femme, & on ne se démarie point. Rendez graces à Dieu, dit le Licentié, de ce qu'elle vous fuit ; vous n'êtes pas obligé de courir après elle. J'en demeure d'accord, dit Campuçano, cependant, je la trouve toûjours dans mon imagination, quoi que je ne la cherche pas, & ma honte est toûjours présente. Que feriez-vous à cela, repartit Peralte, votre mal est un mal sans reméde, & je n'ai rien à vous dire là-dessus. Souvenez-vous seulement de ces deux Vers de Petrarque, où il dit d'une maniére si naïve, & si véritable, que celui qui prend plaisir à tromper, ne doit pas se plaindre quand on le trompe.

Che qui prende diletto di far frode
Non si de lamentar si altri l'ingana.

Je vous entens Peralte, dit Campuçano, vous voulez dire que j'ai été battu de mes propres armes, j'en conviens; & en même tems que j'ai tort; la meilleure finesse ce seroit sans doute de n'en avoir point, & de marcher toûjours droit; mais vous savez que ce n'est pas ainsi que va le monde.

Je finis, Peralte, ajoûta Campuçano, car je m'imagine que mon histoire doit vous ennuyer. Je sûs que ce parent d'Estefanie, qui avoit été à nos nôces l'avoit retirée chez lui. C'étoit son parent comme il est le vôtre, j'ai sû depuis que c'étoit un de ses amans. Quoi qu'il en soit, je ne me mis pas en peine de l'aller chercher, car outre que lors que je fus un peu revenu, je fis réflexion qu'elle étoit indigne de ma vangeance, je ne voulus pas me faire des affaires, & m'exposer à faire un éclat qui m'eût attiré les railleries du public. Je quittai la maison où elle s'étoit allée retirer avec moi, à l'arrivée de Donna Clemence, de peur qu'elle ne m'y vint trouver. Mais je fus bien surpris quelques jours après, que je m'apperçûs que mes cheveux tomboient, & que j'étois dans l'impuissance de me peigner. J'étois désolé de perdre peu à peu ma chevelure qui étoit assez belle. Ce ne fut pas tout. Je me vis tout d'un coup sans paupiéres & sans sourcils, & en même tems sans un cheveu sur ma pauvre tête. Vous savez le nom de la maladie qui cause de si terribles ravages ; je ne m'expliquerai pas davantage. Je fus véritablement ce qu'on appelle un pauvre pelé, car je me vis sans barbe à tondre, & sans argent à dépenser. Ma maladie augmenta considérablement, parce que je me vis hors d'état de faire d'abord des remédes, & comme j'empirois de jour en jour, & que ces sortes de maux lors qu'ils sont invétérez, sont incurables, je pris le parti d'entrer dans l'Hôpital de la Résurrection, où les Médecins & les Chirurgiens me dirent, que si je voulois guérir, il faloit me résoudre à suer. C'est ce que je fis. C'est à dire, mon cher Peralte, que pendant quarante jours j'ai souffert le martire. On m'a assuré que je n'avois plus rien à craindre, & que je me porterai très-bien si je me conserve; je le veux croire. J'ai mon épée, & puis c'est tout; mais la Providence qui est une bonne mere, aura pitié de moi.

Peralte lui offrit encore sa bourse, en lui disant, que tout étoit surprenant dans son histoire. Vous êtes surpris de peu de chose, repartit Campuçano, ce que j'ai à vous raconter encore vous va surprendre bien davantage. Ce qui m'est arrivé est peut-être arrivé mille fois, mais ce qui me reste à vous dire n'est jamais arrivé; c'est un véritable miracle, une chose surnaturelle, & qui surpasse l'imagination. J'ai souffert des tourmens horribles, car soyez-en persuadé, Peralte, on ne peut guéres plus souffrir, que le font ceux qui passent par ce reméde, par lequel j'ai été obligé de passer; mais je compte mes souffrances pour rien, puis qu'elles m'ont procuré la vûe d'un prodige, qui n'a point eu jusqu'ici de semblable, & qui peut-être n'en aura jamais. J'entrevois déja que vous le traiterez de vision; mais mes yeux, ni mes oreilles ne m'ont point trompé. Cependant, je ne serai point surpris quand je vous trouverai incrédule. Tant de préambules sont inutiles, dit le Licentié, qui s'impatientoit, faites-nous donc part de ce prodige; mais qu'on ne dise pas de vous, ce qui se dit de la montagne qui étoit en travail d'enfant, qu'elle n'enfanta qu'une souris. Ne craignez rien là-dessus repliqua Campuçano, vous n'avez jamais rien ouï dire de plus surprenant en votre vie. Vous avez bien vû deux chiens, lui dit-il, qui suivent les Religieux de l'Hôpital, lors qu'ils vont faire la quête par la Ville. Ces chiens portent chacun une lanterne, lors que les Quêteurs sont obligez de marcher de nuit. Si l'on jette quelquefois les aumônes par les fenêtres, ce sont ces chiens qui les vont ramasser; & ils savent fort bien s'arrêter dans tous les endroits où l'on a accoûtumé de donner quelque chose. Vous les voyez doux comme des agneaux quand ils sont par les ruës, ils sont néanmoins dans l'Hôpital comme des lions, lors qu'ils entendent pendant la nuit le moindre bruit du monde; on n'a jamais vû gardiens ni plus vigilans, ni plus fidelles. Je sai tout cela, dit le Licentié, qui s'attendoit à toute autre chose; mais ce n'est pas là une grande merveille. Ce n'est pas aussi ce que j'ai à vous dire repartit Campuçano, vous allez vous récrier dans un moment, & vous aurez raison; je ne vous racon-

raconterai pourtant rien que de véritable. Une nuit, que je m'imaginois que toute la maison étoit ensévelie dans le sommeil, & qu'il n'y avoit que moi qui ne dormit point; j'entendis qu'on parloit sur de méchantes nates qui étoient derriére mon lit. Je ne fis pas d'abord beaucoup de réflexion là-dessus, car comme je ne me portois pas trop bien, je crus que les oreilles me cornoient. Cependant, m'étant bien convaincu que j'entendois deux voix différentes, je me levai un peu sur mon lit; & j'apperçus que c'étoit ces deux chiens qui parloient ensemble. Ah! pour le coup vous nous en contez, Seigneur, Campuçano, dit le Licentié, en se levant de son siége, & jettant un grand éclat de rire. Jusques ici, j'avois cru de bonne foi, que vous aviez parlé sérieusement, en faisant l'histoire de votre mariage; mais je vois bien que vous avez voulu rire: à d'autres, mon cher ami Campuçano, ce n'est pas aux Pelerins de S. Jaques qu'il faut parler de coquilles, vous en dites un peu trop pour être cru, je vous remercie toutefois de votre Roman; mais remerciez-moi aussi à votre tour, de ce que je vous ai plaint, lors que vous m'avez raconté vos feintes avantures.

Je l'avois bien dit, Peralte, répondit

avec un grand sérieux Campuçano, je l'avois bien dit, que je vous ferois récrier, soyez-en pourtant convaincu. Scipion & Bergance, c'est ainsi que s'appellent ces chiens, eurent de très-longs entretiens ensemble. Je sai bien que naturellement les animaux ne peuvent pas discourir ; mais ils le peuvent par miracle. Les Pies & les Perroquets parlent, mais ils ne font qu'articuler certaines paroles qu'on leur a apprises, & qu'ils prononcent machinalement sans les entendre ; mais ces deux chiens ne parloient pas seulement ; mais ils entendoient fort bien ce qu'ils disoient, ils faisoient des réponses fort justes. J'avoue que je crus d'abord, que c'étoit un songe, mais m'étant bien examiné, & pendant long tems, je vis bien que je ne dormois point. Ce qui acheva de me convaincre que je veillois, ajoûta-t-il, & que certainement j'entendois parler Scipion & Bergance, c'est que les choses qu'ils dirent étoient si belles & si profondes, que je n'étois pas capable de les avoir imaginées. Car il n'est pas permis à tous d'aller à Corinthe. Vertu de ma vie, repliqua Peralte, nous voici revenus au tems que les Citroüilles parloient Vous en croirez ce que vous jugerez à propos interrompit Campuçano ; mais soit que
je

je me sois trompé, ou que ce soit une fiction ; ne seriez-vous pas bien aise que je vous fisse voir par écrit la conversation de ces deux chiens. Pourvû, reparti le Licentié, que vous ne vous mettiez pas en tête de vouloir me persuader que des animaux destituez de raison peuvent raisonner, j'écouterai très-volontiers leurs prétendus raisonnemens, que je tiens par avance pour bons & solides ; parce que je les crois de votre façon. Je vous laisserai croire tout ce qu'il vous plaira, dit Campuçano, mais avant toutes choses, je vous dirai, que Scipion & Bergance s'entretinrent pendant deux nuits consécutives. La prémière nuit Bergance fit son histoire, Scipion fit la sienne la nuit suivante. Je n'ai écrit que la vie de Bergance, & je pourrai bien mettre sur le papier celle de son Compagnon, si vous en avez la moindre envie; car ce sont des choses qui ont fait tant d'impression sur mon esprit, que je ne les oublierai jamais. Lisez, lui dit-il, en lui présentant un Cahier, qu'il portoit roulé dans ses poches, je me reposerai un peu pendant le tems que vous serez occupé à cette lecture. Peralte prit l'écrit en soûriant, & y ayant jetté d'abord les yeux, il vit que c'étoit un Dialogue, sous ce titre.

EN-

T. Folkema del. F.A. Aveline Sculp.

ENTRETIENS DE SCIPION ET DE BERGANCE.

Chiens de l'Hôpital de la Résurrection de Valladolid, appellez communément les Chiens de Mahudez.

NOUVELLE XIII.

SCIPION.

Ergance, mon ami, nous avons laissé cette nuit la garde de cette maison, nous voici dans une solitude, où nous pourrons parler sans témoins; puis que nous avons l'usage de la parole, profitons de cette faveur que le Ciel nous a départie.

BERGANCE.

Je t'entens parler, Scipion, & je suis

convaincu que je parle auſſi moi-même, cependant, j'ai toutes les peines du monde à le croire, tant la choſe me paroît extraordinaire.

Sci. Elle eſt extraordinaire ſans doute, & elle l'eſt d'autant plus, que non ſeulement nous parlons, mais que nous raiſonnons en même tems; il n'y a néanmoins que l'homme, qui ſoit un animal raiſonnable.

Ber. J'entens, mon cher Scipion, tout ce que tu dis, & lors que je fais réflexion que je t'entens, je ne puis aſſez m'émerveiller de ta métamorphoſe, & de la mienne. J'avoué que nous avons un inſtinct admirable, mais l'inſtinct n'eſt pas la raiſon.

Sci. Oui, Bergance, notre inſtinct eſt quelque choſe qui ſurprend, & qui donne de l'occupation aux plus ſages d'entre les hommes. Nous avons de la mémoire, les hommes n'en ſauroient diſconvenir, nous avons de la reconnoiſſance, & une amitié ſi tendre, une fidélité ſi à l'épreuve, qu'on a accoûtumé de nous peindre pour ſimboles de l'amitié & de la fidélité. N'es-tu jamais entré dans aucune Egliſe? N'as-tu jamais jetté les yeux ſur ces ſuperbes mauſolées de Porfire, & de Marbre où les hom-

hommes se font ensévelir? Tu auras pû t'appercevoir que lorsque le mari & la femme sont enfermez dans le même tombeau, il y a toûjours la figure d'un chien à leurs pieds, pour marquer que ce mari & cette femme, dont on voit aussi les représentations, se sont gardez pendant leur vie, une amitié fidelle & inviolable.

Ber. Je m'en suis apperçû très-souvent. Je sai d'ailleurs qu'il y a eu des chiens si fidelles, qu'ils se sont jettez dans le même tombeau, où leurs Maîtres étoient enterrez. Je sai qu'il s'en est trouvé d'autres, qui se sont laissez mourir de tristesse sur les mêmes tombeaux, sans qu'il ait été possible de les en tirer, ni de les obliger à prendre la moindre nourriture. Je sai enfin qu'après les Eléphans, nous sommes les animaux qui ont le plus de connoissance : mais cette connoissance n'est rien en comparaison de celle des hommes.

Sci. J'en conviens. Mais quoi qu'il en soit, nous raisonnons aujourd'hui comme tu vois, & puis que nous ne pouvons que demeurer d'accord, que ce n'est pas une chose naturelle, convenons que c'est un prodige. Or si c'est un prodige, le monde est menacé de quelque ca-

T 2   lamité

lamité extraordinaire, car jamais prodige n'a été plus grand.

Ber. Je fai ce qu'on dit des prodiges, qu'on ne les voit jamais impunément; & ce qui me confirme que celui-ci ne préfage rien de bon aux hommes, c'eft une parole que j'ouïs dire, il y a quelques jours, à un Ecolier en paffant par Alcala de Henarez.

Sci. Et quelle parole eft-ce ?

Ber. La voici. C'eft que de cinq mille Ecoliers qui font leur cours cette année dans cette Univerfité, il y en a trois mille qui étudient en Médecine.

Sci. Que veux-tu dire par là ?

Ber. Je veux dire, qu'il faut qu'il arrive néceffairement l'une de ces deux chofes, ou que ces trois mille Médecins ayent des malades à proportion; ce qui fera un grand malheur pour le genre humain, où qu'ils meurent de faim eux-mêmes. Mais il femble que nous fommes trop ingénieux à nous tourmenter d'un avenir que nous ne faurions détourner, ce qui doit arriver, arrivera; car ce que les Deftins ont réfolu, eft irrévocable.

Sci. Tu as raifon, Bergance, fi ce qui nous arrive aujourd'hui, préfage quelques grands malheurs aux hommes, ce font des malheurs, que nous ne faurions prévenir.

Il

Il vaut donc mieux, que laissant les événemens entre les mains de celui qui en est le maître, & sans vouloir pénétrer par quelles vûes secrettes de la Providence nous avons l'usage de la parole, nous profitions pendant cette nuit de ce doux privilége, car nous ne savons pas si nous en joüirons long-tems.

Ber. Je le veux, mon cher Scipion, & je m'en fais un plaisir inexprimable. Depuis que j'ai la force de ronger un os, j'ai toûjours eu envie de parler, pour me décharger d'une infinité de choses que j'ai vûes & oüies, & qui méritent d'être racontées. Je crois aussi bien que toi, que ce privilége que nous avons dans ce moment, de pouvoir nous communiquer ce que nous savons, n'est qu'un privilége passager, autrement ce ne seroit plus un prodige; n'attendons pas que celui qui nous a fait un si riche présent, nous l'ait ôté; parlons Scipion, puis que nous en avons la faculté à cette heure.

Sci. Je suis ravi, Bergance, de te voir dans le sentiment où je suis. Et bien, puis que tu as tant de choses à me dire, parle, je t'écouterai. Raconte-moi tes avantures, & si demain au soir il nous est permis de parler encore, je te raconterai les miennes.

Ber. J'en suis d'accord, mais prémiérement voyons s'il n'y a point quelcun qui nous puisse entendre.

Sci. Il n'y a personne, tout dort. Il est bien vrai qu'il y a un Soldat dans ce lit, qui sue depuis quelque tems, mais je le tiens si fatigué de ses sueurs, que je ne doute pas qu'il ne repose, certainement il le fait, je l'entens ronfler.

Ber. Puis que je puis parler en assurance, écoute, & si ce que j'ai à dire t'ennuye, tu n'as qu'à m'imposer silence.

Sci. Parle, mon cher ami, je serai tout oreilles, quand tu parlerois jusqu'à demain.

Ber. Pour commencer par mon origine, je te dirai, que la prémiére fois que je vis le Soleil, ce fut à Seville, dans la Boucherie qui est hors la porte; ce qui me fait croire que je puis bien être descendu de ces gros Mâtins, que nourrissent les valets des Bouchers; quoi que j'aye une autre pensée, que je te dirai dans une autre occasion. Le prémier Maître que j'eus, fut un Boucher appellé Maître Nicolas. C'étoit un jeune homme fort & robuste, mal fait de visage, fort sujet à se mettre en colére & vindicatif comme le sont ordinairement ceux de ce métier. La prémiére chose que Maître Nicolas

Nicolas m'enseigna, & à d'autres petits chiens qu'il avoit, ce fut d'aboyer contre les passans; particuliérement contre les pauvres, & de les poursuivre impitoyablement. Lors qu'il y avoit quelque combat de Taureaux, il nous jettoit au milieu des Dogues, afin que nous fissions à peu près comme eux : il nous excitoit de la voix, & de la main qu'il avoit garnie d'un bâton, & j'avouë que quoi que bien souvent je n'aye pas trouvé mon compte dans ces escarmouches, je devins en peu de tems si agile, que le plus gros Taureau ne me faisoit point de peur; & pour ce qui regarde les passans & les pauvres, je puis dire qu'ils me craignoient : il est surprenant combien je devins hardi & hargneux, dans un si petit espace de tems.

Sci. Tu trouves cela surprenant, Bergance, pour moi cela ne me surprend point. Rien n'étoit plus mal fait sans doute, que ce que ton Maître t'apprit alors. Mais sache que rien ne s'apprend plus facilement que le mal; nous y sommes enclins de notre nature, nous naissons avec ce malheureux panchant.

Ber. J'avouë que ce que tu me dis là est très-véritable, mais quel bien m'eussent pû apprendre, les plus méchans de

tous

tous les hommes ; je veux parler de ceux qui étoient dans la Boucherie, où je viens de te dire que je crois d'avoir pris naissance. Ce sont des gens sans éducation, sans religion & sans conscience, depuis le plus petit jusqu'au plus grand ; des gens adonnez aux plus sales débauches, & de véritables brigands, qui pour assouvir leurs plaisirs sensuels, volent de toutes mains sans miséricorde. Tous les matins, lorsque ce sont des jours gras, on voit arriver avant que le Soleil se léve, plusieurs femmes avec des corbeilles qu'elles portent vuides, mais qu'elles emportent bien remplies ; je t'en assure. Il n'y a point de bête qui se tuë dans cette Boucherie, dont ces gens-là n'ayant les prémices, avant qu'elle soit exposée en vente. Leurs Maîtres les caressent néanmoins, non pour éviter d'être volez, car ils savent bien que la chose est inévitable ; mais afin qu'ils n'enlévent pas tout ce qu'il y a de meilleur. Ils mettent la main devant les yeux, c'est le meilleur parti qu'ils ayent à prendre. Ce n'est pas là pourtant, mon cher Scipion, ce que je trouve de plus odieux en ces gens-là. Ils sont cruels & impitoyables. Ils égorgent aussi facilement un homme qu'ils assomment un bœuf. Un coup de coûteau ne leur coûte te rien, & il ne se passe presque aucun jour, qu'ils ne répandent le sang humain, avec la même inhumanité, qu'ils répandent celui des bêtes, lequel ils croyent pouvoir répandre sans crime. Cependant, quoi que ce ne soit qu'une troupe de misérables vendus & abandonnez aux vices les plus infames, il n'y en a pas un qui ne se recommande à tous momens à son Ange Gardien, ou à quelque Saint; & qui ne consacre, à des offrandes, en certains jours de dévotion, une partie de ce qu'il vole. C'est ainsi qu'ils abusent de ce que leur Religion a de plus sacré, & en quoi ils s'imaginent qu'elle consiste.

Sci. Ma foi, Bergance, si tu t'arrêtes à faire les portraits de tous les Maîtres que tu as servis, autant que tu t'es arrêté à faire ceux des Valets de la Boucherie de Seville, nous n'avons qu'à prier le Ciel qu'il nous conserve la parole pendant un an pour le moins, encore apprehendai-je fort que tu ne demeures à la moitié de ton histoire. Vois-tu, Bergance, il n'est rien de tel pour un Orateur que d'être court. Les longs discoureurs ennuyent à la fin. Tel dort au Sermon qui n'y dormiroit point, si le Prédicateur alloit d'abord au fait, & ne

T. 5. s'amus'amusoit pas à dire des choses hors d'œuvre; c'est ce qui le rend long, & qui endort. Voila un avertissement dont je te conseille de profiter.

Ber. J'en profiterai, si je puis; mais à te dire la vérité, depuis que j'ai l'usage de la parole, j'ai une grande démangeaison de parler.

Pour continuer mon histoire, mon Maître m'aprit dans la suite à porter un panier, & à me défendre contre ceux qui entreprendroient de me l'ôter. Il m'enseigna la maison d'une femme fort jolie qu'il entretenoit, & par ce moyen il épargna à la servante de cette femme, la peine d'aller à la Boucherie, car je lui portois de bon matin ce qu'il avoit réservé pour elle pendant la nuit. J'étois assez stilé à ce manége, cependant, je me laissai enfin surprendre. Comme on n'est pas toûjours prudent, & que je ne me défiois de rien, passant un matin dans une ruë par où j'avois passé plusieurs fois, j'entendis qu'on m'appelloit d'une fenêtre par mon propre nom. Je levaï la tète autant que je pûs, car j'étois ce matin assez honnêtement chargé, & j'apperçûs une jeune femme tout à fait belle, qui me fit signe de m'arrêter. Je fus assez bon pour lui obéïr; elle déscendit à

la

la porte, & m'appella encore, je courus à elle pour voir ce qu'elle desiroit, & tout d'un coup elle m'enleva ce que je portois, & mit un vieux patin dans mon panier. Après cela, elle me dit, retournez vous en, & dites à maître Nicolas, votre Maître, qu'il ne se fie plus aux bêtes. J'eusse bien pû reprendre ce que cette femme venoit de m'ôter, je la pouvois déchirer à belles dents, si j'eusse voulu, & l'obliger par là à lâcher prise; mais je trouvai qu'elle étoit si belle, que ces mains qui m'avoient volé étoient si blanches, qu'elle avoit fait son vol de si bonne grace, que je n'eus pas le courage de lui faire la moindre violence.

Sci. Tu fis très-bien, Bergance, & je t'en louë, la beauté doit être toûjours respectée.

Ber. Je la respectai aussi, comme tu viens de l'entendre, mais mal m'en prit, ce fut ce qui causa ma disgrace. Je m'en retournai avec le patin dans mon panier. Mon Maître qui me vit revenir, trouva que j'avois été bien diligent, je reconnu cela sur son visage; mais s'étant apperçû qu'on m'avoit enlevé ce que je portois chez sa Maîtresse, & qu'en même tems on se moquoit de lui, cet homme sanguinaire & féroce, fit d'abord des jure-

juremens horribles, & ayant tiré un de ses coûteaux, il me le darda avec tant de force & avec tant de fureur, que si je ne me fusse détourné, nous ne discourerions point aujourd'hui ensemble. Comme je vis le danger que j'avois couru, je n'attendis pas qu'il revint à la charge, ce que sans doute il n'eût pas manqué de faire, dans la rage où la vûë de ce patin l'avoit mis. Je m'enfuis plus vite que le pas, & prenant mon chemin derriére S. Bernard, je courus à travers champs, sans savoir où je voulois aller. La peur donne des aîles, comme on dit, je fis bien du chemin je t'assure en fort peu tems. La nuit me surprit enfin, je me vis logé à la belle étoile, & le lendemain je rencontrai par hazard un troupeau de moutons, où je crus avoir trouvé ce que je cherchois ; car enfin c'est le propre des animaux de notre espéce, de défendre ceux qui naissent foibles & sans armes. Ce troupeau étoit gardé par trois Bergers, qui ne m'eurent pas plûtôt apperçu, qu'ils m'appellérent. Je marchai d'abord à eux en baissant la tête & remuant la queuë. L'un de ces Bergers me mit en même tems la main sur le dos, regarda mes dents, & me fit mille caresses. Il reconnut à certaines

mar-

marques l'âge que j'avois, & il dit aux autres, qu'il étoit certain que j'étois un chien de bonne race.

Tandis que ces choses se passoient, le maître du troupeau arriva, il étoit monté sur une jument grise, portant les jambes à la genette, tellement qu'il ressembloit plûtôt à un des Gardes de la Côte, qu'au maître d'un si gros troupeau. Il demanda incontinent quel chien j'étois, ajoûtant que j'avois la mine d'être bon. Vous ne vous trompez pas, lui dit le Berger, je l'ai examiné exactement, & je puis vous garantir qu'il est tel que nous le pouvons desirer, il deviendra grand & beau, j'en suis convaincu. Nous venons de le rencontrer, il n'y a pas un demi quart d'heure, je ne sai à qui il peut appartenir, mais je sai bien qu'il n'appartient à aucun des troupeaux du voisinage. Puis que cela est ainsi, répondit le Maître, mettez-lui le collier de Leoncille, c'étoit un chien qui étoit mort depuis quelques jours, & donnez-lui la même portion qu'aux autres, sur tout caressez-le, afin qu'il ne vous quitte point. En achevant de donner cet ordre, il s'en alla, & un moment après on me mit au cou un carquan plein de pointes d'acier, on me donna très-bien à manger, & je fus appellé

pellé Barfin. Je me trouvai assez content de ce second Maître, & de ce nouvel office, je fus diligent & soigneux, & je ne m'éloignois du troupeau que très-rarement, dans des tems où je savois bien que ma présence n'étoit pas nécessaire. Je m'allois reposer tantôt sous l'ombre de quelque arbre, tantôt au pied d'un rocher, quelquefois dans un sombre vallon, ou sur le bord de quelque ruisseau: & dans les instans que je ne dormois point, je repassois dans ma mémoire une partie de ce que j'avois vû, lors que j'étois auprès de mon prémier Maître. Que de choses j'aurois à te dire, & de cet homme, & de cette femme qu'il voyoit, mais je ne veux pas être long, & d'ailleurs il n'est pas bon toûjours d'étaller les défauts des autres. Je reprens donc le fil de mon discours. Une des réflexions que je fis dans ces momens où j'étois seul fut, mon cher Scipion, que ce qu'on disoit des Bergers ne devoit pas être véritable. J'avois ouï dire qu'ils passoient tous les jours à chanter, & à joüer du flageolet, ou de leurs musettes. La Maîtresse que j'écoutois quelquefois lire, lisoit de certains livres où je voyois des caractères de Berger bien différens de ceux que je servois. Je me souviens du

Ber-

Berger Anfrife, qui aimoit la nompareille Belifarde, & qui chantoit depuis que le foleil fortoit d'entre les bras de l'Aurore, jufqu'à ce qu'il fe fût jetté entre ceux de Thetis, jufqu'à ce même que l'obfcure nuit eût étendu fes aîles noires fur la face de toute la terre : il n'y avoit aucun arbre fur les montagnes de l'Arcadie, fur le tronc duquel il ne fe fût affis pour chanter la beauté de fa Bergére, & pour fe plaindre de fon infenfibilité & de fa rigueur. Je me fouviens du Berger Elicio, qui étoit plus amoureux que hardi, du grand Pafteur Filique, unique Peintre d'un feul portrait, qui étoit plus fidelle qu'heureux, des pâmoifons de Sirene, du repentir de Diane, & de la fage Felicie, qui avec fon eau enchantée, furmonta tant de difficultés. Je me fouviens de plufieurs autres hiftoires de Bergers & de Bergéres, dont la vie étoit bien différente de celle que menoient mes Maîtres, & les autres Bergers d'alentour. Ils chantoient quelquefois à la vérité, mais ce n'étoient que des chanfons triviales, où l'on ne voyoit ni délicateffe, ni efprit : ils les chantoient d'une voix rude & enrouée, fur des airs groffiers & fans art, au fon de quelques offelets, de quelques bâtons, ou de deux petites pierres mifes

entre

entre leurs doigts, voilà quels étoient leurs Instrumens. Le reste du jour ils l'employoient à des exercices fort bas. Il n'y avoit aucune Bergére parmi eux qui s'appellât Philis, ou Amarille, Diane, ou Galatée; & pour ce qui les regardoit, ils s'appelloient tous Jean, ou Pierrot, ou de quelque autre nom semblable : point d'Amintes, parmi ces Bergers, point de Tirsis, ni de Coridons, point de Jacintes, ni de Risalets : ce qui me fit connoître que tous ces livres où l'on nous donne une si haute idée des Bergers & des Bergéres, ne sont que d'agréables contes, que des mensonges bien écrits, pour divertir ceux qui vivent dans l'oisiveté, car si la chose étoit autrement, il seroit resté sans doute parmi les Bergers que je servois quelques traces de cette vie heureuse que menoient ceux des tems passez. Ce n'étoit dans ce bon vieux tems que vastes Prairies émaillées de mille & mille sortes de fleurs, dont ils faisoient des guirlandes à leurs Bergéres : ce n'étoit que forêts sacrées, que montagnes de pins & de chênes sur l'écorce desquels croissoient les noms de ces mêmes Bergéres qu'ils avoient pris soin d'y écrire : ce n'étoit que jardins enchantez, que ruisseaux dont le doux murmure se mêloit

à

à la voix agréable des hôtes des bois, ce n'étoit que fontaines de cristal. On n'entendoit parmi ces anciens Bergers, que des discours qui ravissoient en admiration ceux qui les écoutoient, & qui eussent attendri les arbres & les rochers mêmes, auxquels ils contoient quelquefois la cruauté de leurs Maîtresses, ou quelque avanture tragique. Là étoit un Berger pâmé, là une Bergére couchée nonchalamment sur le gazon, qui n'osant déclarer sa tendresse, soûpiroit, ou versoit des larmes : les Echos n'étoient occupez qu'à redire les airs amoureux qui étoient chantez sur divers Instrumens champêtres.

Sci. C'est assez, Bergance, poursuis ton discours. Regarde à tes pieds, & tu ne feras plus la roüe, tu ne te mireras plus dans ta queüe, je veux dire, qu'il te souvienne de ce que tu es, que tu n'es qu'un animal destitué de raison ; & que tu ne dois pas affecter comme tu fais de vouloir briller.

Ber. Je sai, Scipion, ce que je suis. Peut-être suis-je même beaucoup plus que je ne pense être. Je te ferai là-dessus l'histoire d'une Sorciére qui avoit apris ses maléfices sous la Camache de Montilla.

Sci.

Sci. Je te prie de me faire cette histoire avant toutes choses.

Ber. Je ne la ferai point encore. Aye un peu de patience, écoute mes avantures par ordre, elles te donneront beaucoup plus de plaisir ainsi racontées, que si je les racontois autrement, tu en conviendras.

Sci. Je le veux, mais sois court, je t'en conjure.

Ber. J'étois assez content de ma condition, comme je te l'ai dit, parce que l'emploi que j'avois me convenoit, & que je faisois mon devoir. Je mangeois mon pain à la sueur de mon corps, & c'est ce qui me donnoit de la satisfaction, car après tout, on ne doit pas vivre aux dépens d'un Maître, lors qu'on ne veut pas le servir bien & fidellement. Si je reposois quelquefois le jour, je ne dormois guéres la nuit, parce que dès que le Soleil alloit porter ses rayons dans un autre Hemisphére, les loups nous donnoient de l'occupation, il n'y avoit pas moyen alors de fermer les yeux. Les Bergers n'avoient pas plûtôt crié, au Loup, que je courois par monts & par vaux ; mais mes courses étoient toûjours inutiles. Je revenois le lendemain au troupeau sans avoir trouvé ni trace, ni piste,

piste, las, harassé, tout en sueur, les pieds fendus par les pierres & par les épines, le corps déchiré en mille endroits, & à mon retour je trouvois, ou une brebis morte, ou un mouton étranglé, & à demi mangé par le Loup. J'étois au desespoir de voir combien peu me servoient ma bonne volonté & mes fatigues. Le Maître du troupeau survenoit là-dessus, on lui faisoit voir la peau de la bête morte, il les accusoit de négligence, & leur commandoit de bien châtier les chiens; ainsi les coups pleuvoient sur nous, & les Bergers en étoient quittes pour des réprimandes. Un jour que j'avois été châtié fort injustement, voyant que mes soins, que mon agilité, que mon courage, que tous mes efforts, en un mot, étoient inutiles, je crus qu'il faloit changer de batterie. Je résolus donc de ne m'éloigner plus du troupeau comme j'avois accoûtumé, mais de demeurer aux avenuës de la Bergerie. Nous avions l'allarme toutes les semaines, & une nuit fort obscure me fit voir ce à quoi je ne m'attendois point. Je laissai courir les autres chiens, & je me cachai derriére un buisson, & de là je vis deux Bergers, qui ayant pris le plus gras & le plus gros de tous les moutons, l'égorgèrent

rent & le déchirérent ensuite de telle manière, qu'on eût dit que c'étoit un Loup qui l'avoit fait. Je fus épouvanté, je te l'avoue. Dès que le jour parut, ils envoyèrent à leur Maître la peau du mouton, & une partie de la chair, mais ce ne fut pas la plus grande ni la meilleure. Le Maître se fâcha derechef, nous fûmes derechef châtiés. J'étois désolé de me voir dans l'impuissance de découvrir cette méchanceté horrible. Helas! disois-je en moi même, en quel siécle vivent les hommes, & à qui se peut-on fier, si ce sont les Pasteurs qui sont les Loups.

Sci. Ta réflexion étoit bonne, Bergance, mais ce mal est un mal sans remède. Le meilleur Berger qu'un Maître pût avoir ce seroit de garder lui-même son troupeau. Demeurons-en là, mon cher Bergance, & sans nous amuser comme nous faisons à moraliser à tout bout de champ, continuë ton histoire j'écouterai.

Ber. J'y consens. Je te dirai donc, que me voyant maltraité à tous momens sans l'avoir mérité, je fis dessein de quitter mes Bergers, & d'aller chercher condition ailleurs. Je m'en retournai à Seville, & entrai au service d'un riche Marchand.

Sci. De quelle manière t'y prenois-tu
pour

pour trouver Maître, car c'est quelquefois une chose assez difficile.

Ber. Tu sais, Scipion, que l'humilité, qui est la base & le fondement de toutes les autres vertus, surmonte les difficultés les plus grandes. Je pratiquois cette vertu, lors que je voulois entrer en service dans quelque maison, ayant premiérement considéré si c'étoit une maison qui pût entretenir un gros chien. Je me mettois d'abord sur la porte, lors que quelcun qui paroissoit étranger y entroit, j'aboyois après lui, mais quand le Maître arrivoit je baissois la tète, je lui lechois les souliers avec la langue, je faisois mille petites postures, qui marquoient que je me voulois donner à lui. S'il me dondoit quelques coups, je les souffrois, je le caressois mème après cela, ainsi en très-peu de tems j'étois accepté. Je servois fidellement, je n'ai point eu de Maître qui pour cette raison ne m'ait aimé, & je puis dire qu'aucun ne m'a chassé encore c'est toûjours moi qui les ai quittez.

Pour revenir à mon histoire, je m'en retournai à Seville, comme je t'ai dit, je m'allai mettre sur la porte d'une grande maison de Marchand, je fis mes diligences accoûtumées, & dans deux jours j'y fus introduit. On m'y reçût pour
être

être derriére la porte, & pour être delié la nuit. Je servis sur ce pied-là avec beaucoup de soin, & d'une maniére qui fit tant de plaisir à mon Maître, qu'il ordonna à la fin qu'on me détachât, & que je fusse libre le jour, de même que je l'étois la nuit.

Comme je connoissois bien que mon Maître m'aimoit, je ne me vis pas plûtôt en liberté, que je courus à lui, dans l'intention de lui faire bien des caresses, je fus sur le point de lui porter le pied amoureusement au menton, mais je me retins, me ressouvenant de l'âne de la Fable, qui voulant faire la même chose, à l'exemple d'un petit chien qui caressoit son Maître de la même maniére, s'attira une grèle de coups de bâton. Cet Apologue nous apprend sans doute, qu'il y a des graces qui ne siéent pas à tout le monde, mais outre cela, que chacun doit vivre & agir selon sa profession & sa qualité. Qu'un Bouffon dise de bons mots, qu'un Egyptien fasse des tours de passe-passe, qu'un Baladin saute & gambade, qu'un Laquais imite le chant des oiseaux, à la bonne heure, cela leur convient. Mais qu'un homme de qualité se pique de savoir ces choses, on ne peut concevoir rien de plus absurde

Sci.

Sci. En voilà assez, Bergance, reviens à tes avantures.

Ber. Je souhaiterois de toute mon ame que ceux dont je veux parler, m'entendissent tout de même que tu m'entens, peut-être se corrigeroient ils. Quoi qu'il en soit, il n'y a rien de plus ridicule, que de voir un Chevalier faire le Charlatan, que de le voir se faire un mérite de savoir joüer des Gobelets, ou de danser la Chaconne aussi bien que le meilleur Maître de danse. J'en connois un qui se vantoit d'avoir découpé à la priére d'un Sacristain, trente-deux fleurons de papier, pour être appliquez sur du drap noir le jour des obséques d'un Bourgeois, & il étoit si content de cet ouvrage, qu'il le faisoit voir à ses amis avec autant de chaleur que s'il leur avoit fait voir les étendarts & les dépoüilles qui étoient peintes sur les tombeaux de ses Ancêtres. Je reviens à mon Marchand. Ce Marchand avoit deux fils, l'un de douze ans, & l'autre de quatorze, qui étudioient tous deux aux Jesuites. Ils alloient en pompe au Collége. C'étoit à cheval, lors qu'il faisoit beau, c'étoit en carosse lors qu'il pleuvoit; un Gouverneur marchoit toûjours avec eux, & deux ou trois petits Laquais suivoient,
qui

qui portoient leurs livres. Ce que j'admirois le plus, c'est que le pere ne se donnoit pas les mêmes airs, que ceux qu'il faisoit prendre à ses enfans : lors qu'il sortoit pour les affaires de son négoce, il étoit monté sur un petit méchant mulet, & il ne se faisoit suivre que par un More.

Sci. Tu ne dois pas être surpris de cela, c'est la coûtume des Marchands de Seville, & même de toutes les Villes d'Espagne, d'étaler leurs richesses dans la magnificence de leurs enfans. Il veulent demeurer tels qu'ils sont, quelque riches qu'ils puissent être, pour devenir plus riches encore, & il seroit absurde, si voulant exercer le Commerce, ils se piquoient d'avoir des trains, & d'aller aux Places de change avec des équipages de grands Seigneurs. Mais pour ce qui regarde leurs enfans, comme ils veulent qu'ils volent plus haut qu'eux, & qu'ils leur achetent pour l'ordinaire des Terres & des titres, ils affectent de les élever comme les Grands élèvent les leurs, & même le plus souvent avec plus d'éclat.

Ber. Je ne trouve pas cela si mal fait, car enfin il est naturel à un pere de voir ses enfans hausser de condition, lors qu'on ne porte préjudice à personne.

Sci.

Sci. C'est bien dit, mais sois convaincu, Bergance, que c'est une chose très-rare, qu'un Marchand n'ait jamais trompé ceux qui trafiquent avec lui, lors qu'il est parvenu jusques là que de pouvoir faire ses enfans Chevaliers, ou leur acheter des Dignitez qui les annoblissent.

Ber. C'est ce qui s'appelle pure médisance.

Sci. Pas tant médisance que tu pourrois bien croire, mais laissons cette matiére que je connois bien qui ne te plaît pas, & parle.

Ber. Un jour que les fils du Marchand étoient allez au Collége, j'apperçûs dans un endroit par où ils avoient passé, un de leurs livres, qu'on avoit laissé tomber par mégarde. Comme j'avois été apris à porter, je pris aussi-tôt le livre & je suivis mes gens. Le Laquais qui l'avoit laissé tomber ne m'eut pas plûtôt vû, qu'il voulut me l'ôter de peur que je ne le déchirasse. Je ne fus pas d'humeur de quitter la proye, je courus vers la Classe, j'y entrai, & l'allai présenter fort honnêtement à ceux à qui il appartenoit, ce qui fit faire de grands éclats de rire aux Ecoliers; le Régent même, qui lisoit en chaire, ne pût s'empêcher dans cette rencontre de perdre un peu de sa gravité.

Cela plût si fort à mes jeunes Maîtres, qu'ils voulurent le lendemain que je portasse le même livre, lors qu'ils montérent en carosse pour retourner aux Jesuites: ils me firent faire le même manége dans la suite, & je ne m'en trouvai pas mal. Les Ecoliers qui n'aiment qu'à s'amuser, & qui virent bien que j'étois fait au badinage, commencérent à joüer avec moi, ils jettoient leurs chapeaux & leurs bonnets, je les allois chercher & les leur portois incontinent, ils me faisoient sauter, me tenir sur mes pieds de derriére, les plus petits montoient sur mon dos, je faisois enfin, bien, ou mal, mille petites singeries qui les divertissoient, & je m'apprivoisai si bien avec eux, qu'ils me donnoient à manger de tout ce qu'ils avoient: je passois mon tems moi-même, & je faisois bonne chére, mais cette vie ne dura pas. Les Régens s'apperçûrent que leurs Ecoliers perdoient un peu trop de tems avec moi; en effet, ils étoient bien plus diligens à me voir folatrer qu'à apprendre leurs leçons, tellement que mes jeunes Maîtres furent priés de ne me mener plus avec eux. Ce'a fut exécuté ponctuellement, je fus condamné à garder la maison, & qui plus est à demeurer attaché de jour derriére la porte, comme la prémiére fois que j'y entrai. Ah! Scipion, mon ami, qu'il est dur de passer d'un état heureux à un état misérable; je n'ai jamais été plus mortifié que je le fus alors. Ce n'est rien d'être malheureux quand on l'a été toute sa vie. Ceux qui sont nez pauvres, ou esclaves souffrent leur pauvreté sans se plaindre, portent leurs fers sans murmurer : ils n'ont jamais sû ce que sont les richesses & la liberté, on se fait une habitude de tout, la coûtume est une seconde nature : de là vient que ceux qui mandient, & que tant de Mores que tu vois sont gras & contens. Mais lors que l'adversité & la mauvaise fortune succédent à la prospérité, c'est de toutes les calamités auxquelles on puisse être exposé, la plus triste & la plus insuportable. Ce fut par une pareille épreuve, comme tu vois, que je fus obligé de passer. Je retournai à ma prémiére condition. Au lieu de ces délicatesses dont j'étois nourri, il falut me contenter de quelques os que me jettoit une Moresse qui servoit dans la maison, encore m'étoient-ils enlevez en partie par deux gros chats, qui outre qu'ils étoient agiles,

n'én'étoient point attachez comme moi, qui ne pouvois courir qu'autant que s'étendoit ma chaîne. Ne te fâche point, Scipion, & permets que je philosophe un peu sur cette matiére.

Sci. Philosophe tant qu'il te plaira, mais prens garde que tu ne tombes dans le même defaut que tu viens de me reprocher il n'y a qu'un moment, prens garde que ce desir de philosopher ne soit quelque tentation du malin Esprit; car il est certain que les Philosophes sous prétexte de décrier le vice, médisent d'une terrible maniére.

Ber. J'avouë qu'on a un très-grand panchant à dire du mal des autres, soit qu'on soit Philosophe, ou non, c'est une inclination mauvaise qui naît avec nous. Cependant, je veux bien faire effort pour m'en abstenir; & si malheureusement il m'échape dans mes recits de mordre quelcun, je veux moi même me mordre si fort la langue, que je m'en souviendrai pour une autre fois.

Sci. Je t'admire, Bergance, avec ta plaisante résolution, mais crois-moi, continuë ton recit.

Ber. Je le veux bien, mon cher Scipion. Comme j'étois oisif pendant tout le jour, & que tout ce que je savois me reve-

revenoit dans la pensée, je me ressouvins de quelques Sentences Latines que j'avois ouï prononcer, lors que j'accompagnois les fils de mon Marchand au Collége. Il me sembloit, lors que je les ruminois à part moi, que cela me consoloit un peu de ma disgrace; il me sembloit même que je m'en servois dans certaines occasions, tout de même que si j'eusse parlé, & que je m'en servois avec connoissance, non comme certaines gens qui crachent à tous momens du Latin pour paroître habiles, & qui néanmoins ne sauroient décliner un nom.

Sci. Il y a certainement des gens de ce caractére, mais je trouve qu'ils font encore moins mal que quelques autres, qui à la vérité entendent très-bien la Langue Latine, mais qui la profanent, si fort, pour ainsi dire, qu'ils ne sauroient s'empêcher de la mêler dans leurs discours, & dans les entretiens familiers qu'ils ont avec les plus vils Artisans, quelquefois même avec leurs Domestiques.

Ber. De ce que tu dis, on peut donc conclure, que ceux-là ne sont pas moins ridicules, qui parlent Latin sans l'entendre, que ceux qui le parlent devant des personnes qui ne l'entendent pas.

Sci. Ils sont ridicules également, sans doute.

doute. Mais j'ai à t'avertir d'une autre chose, c'est qu'il y a des gens qui sont grands Latins, qui ne laissent pas d'être de grands ânes.

Ber. Tu n'as que faire de m'en avertir, j'en suis aussi persuadé que toi-même. Ce n'est pas la Langue Latine qui rend les gens habiles, autrement il faudroit dire que tous les anciens Romains l'auroient été, puis que cette Langue étoit leur Langue maternelle. Cependant, il y avoit des sots parmi eux, sois-en convaincu.

Sci. Je trouve, Bergance, que nous battons bien du Païs, commence donc à philosopher, puis que tu en as si grande envie.

Ber. Que je commence à Philosopher, je l'ai déja fait.

Sci. Et en quoi ?

Ber. En donnant un coup de dent aux Pédans, qui de tous les animaux à deux pieds, sont les plus ennuyeux, & les plus méprisables.

Sci. Tu appelles donc, médire, philosopher. Ma foi, donne à la médisance tous les plus beaux noms qu'il te plaira, si nous continuons sur ce ton, nous ferons de véritables Cyniques, ce qui nous conviendra en tout sens. Tai-toi, Ber-

NOUVELLE XIII.

Bergance, je te le conseille, & poursuis ton histoire.

Ber. Comment veux-tu que je la poursuive & que je me taise?

Sci. Je veux dire que tu la poursuives, sans t'amuser à faire des digressions inutiles.

Ber. Tu seras content. La Moresse dont je t'ai parlé, acheva de me rendre aussi malheureux qu'il se puisse, quoi que déja je le fusse assez de me voir attaché derriére une porte. Cette femme s'avisa de se rendre amoureuse d'un More, qui de même qu'elle, étoit Esclave chez mon gros Marchand. Le More couchoit dans une petite chambre entre la porte de la rue & celle derriére laquelle j'étois attaché. Comme ils ne pouvoient se joindre de jour, ils le faisoient de nuit. La Moresse descendoit tous les soirs, elle me donnoit en passant de grosses piéces de viande, afin que je n'aboyasse pas, & elle alloit ensuite trouver son Négre, avec lequel elle se donnoit au cœur joye. Ce commerce dura assez long-tems. Je ne remuois point, parce que je trouvois mon compte dans cette affaire. Mais enfin, faisant réflexion que je mangeois le pain d'un Maître que je trahissois par mon silence, je crus que je devois préférer ses intérêts aux miens, en interrompant ce patelinage, & qu'en agissant de cette maniére, je ferois le devoir d'un bon Domestique.

Sci. C'est ceci, mon cher Bergance, qui peut passer pour Philosophie, & qui l'est véritablement.

Ber. J'en suis ravi. Mais au reste, je voudrois bien apprendre de toi, si tu le sais, ce que signifie le terme de Philosophie, car à te dire le vrai, quoi que je m'en serve, je t'avouë que je ne sai ce que c'est : il me semble seulement que ce doit être quelque chose de bon.

Sci. Je te l'apprendrai. C'est un terme composé de deux mots Grecs, qui joints ensemble, signifient l'amour de la sagesse.

Ber. Tu en sais plus long que je ne croyois, Scipion, qui t'a enseigné ces mots Grecs ?

Sci. Que tu es simple, Bergance, de me croire habile, parce que je sais la signification de deux mots Grecs, il n'y a point de petit Ecolier qui les ignore, on aprend cela dans les basses Clases, & de là vient qu'il y a des ignorans qui se croyent grands Grecs, parce qu'ils savent

l'Etil'Etimologie de quelques termes Grecs qui sont en usage dans les Ecoles.

Ber. Je le crois, Scipion, & je sais là-dessus ce qui se dit des Portugais, qui trafiquent sur les Côtes de la Guinée. Quoi qu'ils entendent aussi peu la Langue Gréque, que celle du Japon, ils lâchent à tous propos des mots Grecs qui étourdissent si fort les Négres, qu'ils font tout ce que les Marchands Portugais veulent, c'est à dire, qu'ils se laissent tromper.

Sci. C'est à cette heure, Bergance, que tu dois te mordre la langue, car ta médisance est terrible, tu ne la saurois excuser.

Ber. Je ne le ferai pas néanmoins. Je me souviens à ce propos de ce que fit un ancien Législateur. Il avoit défendu sur peine de la vie d'entrer dans aucune Assemblée avec des armes. Il entra pourtant un jour sans y penser l'épée au côté dans le Sénat. On l'en fit appercevoir, & sur l'heure même, ayant pris son épée il se la passa au travers du corps, en disant: Je suis le premier qui a violé la Loi que j'avois faite, il est juste que je subisse la peine que j'y avois attachée. Cela est grand, sans doute, & digne des siécles passés, mais il n'en va pas aujourd'hui de même. On fait des Loix aujourd'hui, on les romp le lendemain, & peut-être est-il nécessaire que les choses aillent ainsi. Aujourd'hui un penitent abandonne un vice, il tombe dans un autre, un moment après. Autre chose est, faire l'éloge de la Discipline, autre chose, se la donner : en un mot, comme on le dit communément, du dit au fait, il y a bien du chemin à remplir. Se mordre la langue qui voudra, quant à moi je n'en ferai rien. Aussi dequoi me serviroit une action aussi loüable que le seroit celle-là, puis qu'étant ici sans témoins, personne ne la loüeroit.

Sci. Sur ce pied-là, Bergance, si tu étois homme, tu serois un grand hypocrite, puisque tu ne ferois aucune action digne de loüange, que dans la vûë d'être loüé.

Ber. Je ne sais ce que je ferois alors; mais je sais bien qu'aujourd'hui j'épargnerai ma langue; car j'en ai grand besoin, ayant bien des choses à te dire encore.

Sci. Continuë donc.

Ber. Je continuërai. Je te dirai donc, que me lassant enfin du commerce honteux du More & de la Moresse, & du tort qu'ils faisoient à notre commun maître, je résolus de le rompre, en bon &
fidel-

fidelle Domestique. La Moresse descendoit toutes les nuits, comme je te l'ai déja raconté, pour aller trouver son Amant; & elle descendoit sans crainte, s'imaginant que ce qu'elle déroboit pour me faire manger, me rendroit muet toute ma vie. En effet, elle me rendit muet pendant fort long-tems, je puis dire que j'avois le bœuf sur la langue.

Sci. Quel langage me parles-tu là?

Ber. Je te parle Proverbe, mon cher ami; car tu dois savoir, que les Atheniens avoient la figure d'un bœuf sur leur monnoye, & lors qu'un Juge se laissoit corrompre par des présens, il disoit qu'ils avoit le bœuf sur la langue.

Sci. Dans quel dessein mêles-tu ici ce Proverbe?

Ber. C'est pour te dire que les présens sont capables de corrompre les plus gens de bien; car enfin, parce que cette femme me donnoit à manger plus qu'à l'ordinaire, & quelquefois même de fort bons morceaux, je n'aboyois point, & je favorisois le crime par mon silence.

Sci. Ce que tu dis du pouvoir des présens est véritable, que si je n'avois peur de faire une trop longue digression, je le confirmerois par mille exemples, peut-être

le

le pourrois-je faire, si le Ciel permet que je puisse faire l'histoire de ma vie.

Ber. J'espére que tu le pourras. Ecoute cependant la suite de la mienne.

Un soir que la Moresse descendoit à son ordinaire, je me jettai tout d'un coup sur elle sans aboyer, pour n'allarmer pas la maison, & non seulement je lui déchirai toute la chemise ; mais je la mordis si fort, qu'elle fut obligée de tenir le lit plus de huit jours, sans qu'elle osât pourtant se vanter de son avanture nocturne. Elle guérit enfin, & revint une autre nuit. Je la traitai à peu près de la même maniére. Nos combats se faisoient à la sourdine, & j'en sortis toûjours avec avantage. A la fin pourtant, je fus en souffrance, pour cette affaire. La Moresse qui étoit celle qui avoit ordre de me donner à manger, me retrancha tout d'un coup toute ma portion, bien résoluë pour se vanger, de me laisser mourir de faim. J'étois déja si maigre & défait, que je faisois pitié à tout le monde ; en me privant de toute nourriture, elle me faisoit mourir à petit feu. Je ne mourrois pas pourtant assez tôt, au gré de mon implacable ennemie, elle fit dessein d'avancer ma mort ; & pour cet effet, elle m'apporta une éponge, qu'elle le avoit fricaſſée dans du beurre. Comme je vis bien le piége qui m'étoit tendu, je ſuçai l'éponge, mais je n'eus garde de l'avaler. J'étois dans de terribles perplexités ; car enfin, on a tout à craindre quand on a outragé une femme. J'étois bien embarraſſé de ma deſtinée, lors qu'un jour, par le plus grand bonheur du monde, je me trouvai détaché. Je ne laiſſai pas échaper l'occaſion, je gagnai la porte, & je n'eus pas fait cent pas, que je trouvai Maître. C'étoit un Sergent, qui étoit grand ami de Maître Nicolas. Il me reconnut, quoi que je n'euſſe que la peau & les os, & que je fuſſe ſec comme un ſquelette. Il m'appella par mon nom, je courus à lui avec mes careſſes ordinaires, & je le ſuivis avec une extrême plaiſir. Conſidére, Scipion, la bizarrerie de ma fortune, j'étois au ſervice d'un riche Marchand, je me ſuis vû pendant tout un tems Ecolier, dans la ſuite je devins Recors.

Sci. Ainſi va le monde, mon cher Bergance ; mais tu ne dois pas t'imaginer, que ce ſoit un grand malheur de ſervir plûtôt un Maître qu'un autre. A l'égard de celui qui eſt obligé d'entrer en ſervice, cela eſt aſſez égal, il y a à faire par tout, & je ne puis ſupporter certaines

nes gens, qui n'ont jamais aspiré à une plus grande fortune qu'à celle d'être Ecuyer, qui se plaignent pourtant de leur sort.

Ber. Je t'entens Scipion, tout cela n'est que Comédie, laissons ces gens-là, je continuerai mon recit.

Le Sergent dont je viens de te parler, étoit grand ami d'un Procureur, & ce Procureur & lui entretenoient deux petites femmes, qui étoient bien faites, mais rusées, & d'une effronterie qui ne se sauroit concevoir. Ces deux femmes leur servoient d'hameçon pour pêcher en terre, comme on parle. On connoissoit à leur air, à leur coëffure, à tout leur habilement, ce qu'elles étoient. On les voyoit tous les jours à la chasse des étrangers; & du moment que quelcun étoit tombé entre leurs mains, elles faisoient avertir, ou le Procureur ou le Sergent, qui ne manquoient point de les aller surprendre, & de plumer l'oiseau qui étoit en cage. Colindre, c'étoit le nom de la Maîtresse du Sergent, attira un jour un Breton, chez une femme dont la maison étoit une espéce d'Hôtellerie. Mon Maître en eut bien-tôt connoissance, & Colindre & le Breton étoient déja deshabillés pour se mettre au lit, lorsque le Sergent, le Procureur, deux Recors & moi entrâmes dans la maison. Le Breton fut fort troublé, Colindre affecta de le paroître. Le Sergent, après avoir extrèmement exageré le crime dans lequel ils avoient été surpris; leur dit, qu'ils n'avoient qu'à s'habiller promtement, s'ils ne vouloient être menés tout nuds en prison. Le Breton étoit fort confus & fort triste, le Procureur feignit de se laisser attendrir; il intercéda pour lui, & joüa si bien son personnage, qu'à sa sollicitation le Sergent, tout inflexible qu'il avoit paru, consentit que le Breton en fût quitte pour cent Reales. Le Breton ravi de n'aller pas en prison, & de se tirer d'affaire à si bon marché, demanda sa culote qu'il avoit mis sur un siége au pied du lit, & où il avoit son argent, la culote ne se trouva point, & voici par quel accident. Dès que je fus entré dans la chambre, je sentis une odeur qui me recréa, & qui venoit de ce haut de chausses. C'étoit une bonne piéce de jambon, que le Breton avoit laissé dans l'une de ses poches. Comme je ne la pouvois tirer sans être apperçû, je pris la culote, je la portai à la rüe, & je fis là en liberté de ma proye tout ce qu'il me plût, c'est-à-dire, que je fis un assez bon repas. Lorsque je retournai dans la chambre,

bre, je trouvai le Breton, qui en son jargon crioit qu'on lui rendît sa culote, où il avoit cinquante écus d'or. Le Procureur s'imagina que Colindre, ou les Recors s'en étoient saisis, le Sergent eut la même pensée, il les tira à part, il les somma de dire la vérité; ils jurérent tous mille fois qu'ils n'en avoient rien fait, ils le pouvoient bien faire. Je retournai d'abord à la ruë pour aller chercher la culote, dont je n'avois plus affaire, mais la culote avoit été enlevée. Le Sergent voyant que le Breton n'avoit plus d'argent, fut au desespoir, & croyant tirer de la Maîtresse du logis quelque chose pour se dédommager de ses peines, il la fit appeller. Elle vint un moment après demi-nuë, fort mécontente de voir des visages qu'elle se fût bien passée de voir à ces heures-là, & qui commençoient déja à s'accommoder de ce qu'il y avoit de meilleur dans sa chambre. Le Sergent, sans autre compliment, lui dit d'aller mettre ses habits, & de le suivre en prison, puis qu'elle faisoit de sa maison un mauvais lieu, & qu'elle consentoit à la mauvaise vie qui se faisoit chez elle. L'hôtesse le regarda sur le nez, en lui disant d'un ton assuré, qu'elle le trouvoit bien imprudent de lui tenir un pa-

pareil langage. Allez lui dit-elle, mon ami, & vous retirez sans mot dire, si vous ne voulez que je découvre, ce qui est de votre interêt que je n'aille point révéler. Je vous connois, je connois Colindre, je sais fort bien que vous êtes fort bons amis ensemble, ne me faites pas parler davantage, & rendez à cet honnête homme, l'argent que vous lui avez dérobé d'une maniére fort malhonnète, quant à moi je veux bien que vous sachiez que je suis femme d'honneur, & que j'ai un mari qui a ses Lettres de bonne Noblesse, avec leurs pendans de plomb, Dieu merci. Je gagne ma vie comme je puis ; mais je la gagne en femme de bien, & je ne me crois pas obligée de voir ce que font mes hôtes dans leur chambre. Mon Maître & le Procureur, furent fort étonnés de voir que cette Hôtesse savoit si bien leur vie. Cependant, comme ce n'étoit que d'elle qu'ils pouvoient tirer quelque chose, ils tâchérent de l'intimider, & firent semblant de la vouloir traîner en prison ; il faut voir quels furent les juremens de mon Maître. Cette femme cria alors comme une enragée. Le Breton crioit de son côté, qu'on lui rendit son haut de chausses. Le Procureur, qui s'étoit échauf-

échauffé, soutenoit avec de grosses paroles à Colindre, que les personnes de sa sorte ayant accoûtumé de fouiller dans les poches de ceux à qui elles vendoient leurs faveurs, elle avoit pris les cinquante écus. Colindre se récrioit là-dessus, & protestoit en pleurant, qu'elle étoit innocente. Les Recors juroient que si cet argent ne se trouvoit pas, ils alloient mettre le feu à la maison. J'aboyois pour n'être pas le seul qui ne disoit mot. Jamais on n'a entendu un tel sabat. En effet, le bruit fut si grand, que le Commissaire du Quartier, qui faisoit sa ronde, entendant ce vacarme, voulut savoir ce que c'étoit. Du moment qu'il fut entré, l'Hôtesse lui fit un détail de tout. Elle lui découvrit les manéges de Colindre avec le Sergent, & les piéges qu'ils tendoient tous les jours aux étrangers pour les voler. Elle protesta en même tems de son innocence dans cette rencontre, & étalant la qualité de son mari, elle commanda à une servante qui l'avoit suivie, d'aller chercher les Lettres de sa Noblesse. Vous jugerez par-là, lui dit-elle, si une femme qui a un tel mari, peut être capable de faire de sa maison une maison de débauche. Si je fais le métier de loger chez moi des étran-

étrangers, c'est que je ne sais faire autre chose, chacun est assez embarrassé dans ce monde pour vivre. Après tout, vous le savez, toutes les professions sont honnêtes, quand on les exerce honnorablement. Le Commissaire ennuyé des discours de cette femme, & sur tout de la Gentilhommerie de son mari, lui dit, je veux bien croire que votre mari est Gentilhomme ; mais vous devez demeurer d'accord, que ce n'est qu'un Gentilhomme Tavernier. J'en demeure d'accord, répondit-elle ; mais que voulez-vous inférer de cela, il n'y a point de Noblesse au monde ; où il n'y ait quelque petite chose à redire. Je ne sai si le Commissaire, qui se piquoit d'être Noble, eût été en état de faire toutes ses preuves, quoi qu'il en soit, ce trait le mit de mauvaise humeur. C'est assez discouru, lui dit-il, d'un air sévére & chagrin, je vous ordonne d'aller prendre vos habits incessamment, il vous faut aller discourir entre quatre murailles. L'Hôtesse à ces paroles redoubla ses cris & ses larmes, elle se jetta aux pieds du Commissaire ; mais comme c'étoit un homme d'une dureté extraordinaire, il n'y eut point de quartier. Colindre, le Breton & elle furent conduits en prison sans miséricorde.

Jes-

Je fûs quelque tems après que le Breton n'avoit point trouvé ses cinquante écus, qu'il lui en coûta dix autres pour sortir de cage, qu'il en coûta autant à l'Hôtesse; mais que pour Colindre, comme elle avoit des amis en Cour, il ne lui en coûta pas un sol. Elle attrapa même le jour qu'elle fut élargie, un homme de Marine, qui la dédommagea de la perte qu'elle avoit faite avec le Breton. Avouë, Scipion, pour parler maintenant de moi, que ma gourmandise causa bien des maux.

Sci. Dis plûtôt la friponnerie de ton Maître.

Ber. Puis que tu parles de friponnerie, je te dirai que ce Sergent en faisoit bien d'autres. Je suis fâché de parler mal des Sergens & des Procureurs, mais cela fait à mon histoire.

Sci. Tu peux le faire sans crainte. En disant du mal d'un Sergent, ou d'un Procureur, on ne dit pas mal de tous, il y en a qu'on peut excepter de la régle générale.

Ber. Il y en a bien peu. Mais pour ne parler que de mon Maître, c'étoit un Sergent d'un caractére assez singulier, il se piquoit de bravoure.

Sci.

Sci. Ce n'est guéres le défaut de ces gens-là.

Ber. Il vouloit qu'on crût que c'étoit le sien, & il avoit trouvé le secret d'en imposer à tout le monde.

Un jour je vis de mes propres yeux qu'il attaqua six fameux Bandits, je n'ai jamais vû tant d'intrépidité & de courage, je n'ai jamais vû affronter les hazards avec tant de résolution & de hardiesse, il passoit au travers de six épées nuës, avec aussi peu d'émotion, que si c'eussent été des houssines. Tu eusses été surpris de voir la legèreté avec laquelle il allongeoit & poussoit ses coups, avec quelle adresse il paroit ceux qui lui étoient portez, avec quel jugement il s'empêcha d'être envelopé & pris par derriére. Ce fut un nouveau Rodomont, qui sans se déconcerter jamais, fit reculer plus de cent pas ces six Champions, qui se virent enfin contraints de lui céder le champ de bataille, & de lui laisser pour trophée trois fourreaux de leurs épées, qu'il alla porter d'abord en triomphe chez l'Assesseur, qui ne pouvoit cesser de l'admirer. L'action fit du bruit, parce qu'elle s'étoit passée près d'une des Portes de la Ville, où tout le peuple étoit accouru. Ce jour-là, lors que nous passions par les

les rues, ce n'étoit qu'acclamations & louanges, & le moindre éloge qu'on donnoit à l'Alguazil, c'étoit de dire, qu'il avoit battu lui tout seul la fleur des braves d'Andalousie. Il passa toute la journée à se promener par la Ville, moi à ses côtés, dans le dessein de se faire voir; & lors que la nuit fut venue, il se rendit par une rue écartée dans une maison, où étoient les six Bandits, contre lesquels il s'étoit battu. Nous les trouvâmes tous débraillés, & sans épées, qui se divertissoient à merveilles. Un grand & gros homme qui étoit l'Hôte de la maison, tenoit une grande bouteille, d'une main, & un verre de l'autre, & les excitoit à bien boire. Ils n'eurent pas plûtôt apperçû mon Maître, qu'ils l'allèrent embrasser, avec des transports & des cris de joye, que je ne saurois exprimer. Il fallut boire d'abord six ou sept santés tout de suite, ce que mon Maître fit fort joyeusement. Si je voulois te raconter tous les entretiens qu'il eurent pendant leur soupé, qui fut magnifique, les bonnes fortunes dont ils se ventérent, les tours d'adresse que chacun étala, si je voulois te faire une liste de leurs Camarades absens, qu'ils nommérent tous par leur nom, & te reciter toutes les histoires

res qu'ils firent d'une infinité de bonnes gens qu'ils avoient volés, ou dupés, ce feroit me jetter dans un labirinthe, d'où j'aurois de la peine à fortir. Il ne me fut pas difficile de reconnoître, que le Maître du logis, qui fe faifoit appeller Monipodio, étoit un Receleur de Larrons, & que le combat que je t'ai d'écrit, étoit une affaire concertée : en effet, le Sergent paya non-feulement les fourreaux qu'il avoit gagnés, mais tout ce qu'on venoit de dépenfer. Le foupé dura presque jusqu'au jour. Lorfque mon Maître fe retira, on n'a jamais vû tant d'embraffades : & pour le récompenfer de ce qu'il les avoit fi bien traités, ils lui dirent qu'il y avoit une capture à faire dans un endroit, qu'ils lui marquérent en même tems. C'étoit un autre Bandit arrivé depuis peu de Flandres, qu'ils découvrirent par envie, parce qu'il étoit plus vaillant qu'eux, ou pour mieux dire, plus déterminé. Mon Alguazil le prit tout nud dans fon lit, la nuit fuivante, & il fit bien de prendre fon tems ; car s'il eût été debout & armé, je vis bien à fa mine, qu'il ne fe fût pas laiffé prendre à lui. Cette nouvelle action augmenta la réputation où il étoit d'être brave, quoi qu'à dire le vrai, il fût extrêmemement poltron; mais il soûtenoit sa renommée à force de donner des repas & des collations, en quoi il dépensoit tout ce qu'il pouvoit gagner dans l'exercice de son Office, ou par les voyes illicites, dont je t'ai parlé. Je suis un peu long; mais prens patience, j'ai à te raconter encore une chose qui lui arriva.

Deux voleurs avoient dérobé à Antequera, un fort beau cheval qu'ils menérent à Seville. Ils voulurent le vendre sans péril; & pour venir à leurs fins, ils s'aviférent d'un plaisant stratagême. Ils allérent loger en deux Hôtelleries différentes, & dès le même jour, un de ces voleurs présenta une Requête à la Justice, par laquelle il exposoit, que Pierre de Lohada, lui devoit quatre cens Réales qu'il lui avoit prêtées, comme il paroissoit par une promesse signée de sa propre main, qu'il fit voir. Les Juges ordonnérent qu'on examineroit si la promesse étoit véritable, & supposé qu'elle le fût, que le débiteur, qui étoit le larron qui avoit avec soi son cheval, seroit exécuté en ses biens, ou en sa personne. Mon Maître & le Procureur, son ami, furent employez à cette affaire, & ils firent fort bien leurs diligences. Ils furent conduits chez le prétendu Lohada, qui avoüa d'abord qu'il devoit

devoit la somme qui étoit portée par l'écrit qu'il avoit signé; & comme il représenta qu'il n'étoit pas en état de satisfaire encore, on fit saisie du cheval quelques jours après, certaines formalitez étant finies, le cheval exposé en vente, & mon Maître, qui s'en étoit rendu amoureux dès qu'il l'avoit vû, & qui par ses artifices fut le seul offrant, l'eut pour cinq cens Réales; il en valoit bien quinze cens. Les voleurs ne dirent rien ni l'un ni l'autre, parce qu'il leur importoit beaucoup que le cheval fût promptement vendu, à quelque prix qu'il fût délivré; ainsi l'un d'eux reçût un argent qui ne lui étoit point dû, l'autre une quittance dont il ne se soucioit guéres, & mon Alguazil eut le cheval, qui lui fut aussi funeste, que le cheval Sejan le fut à ses Maîtres.

Sci. Qu'est-ce que ce cheval Sejan dont tu parles-là.

Ber. Je t'en apprendrai en deux mots l'histoire que je vois bien que tu ignores. C'étoit un cheval qui appartenoit à un Capitaine Romain appellé Sejus. Il étoit, à ce qu'on dit, de la race de ces chevaux qu'Hercule mena à Argos, après qu'il eut tué Dioméde, Roi de Thrace. Par une certaine fatalité, qu'on ne pouvoit attribuer qu'à ce cheval, tous ceux qui le possédérent firent une mort malheureuse. Sejus fut condamné au dernier supplice, & le Consul Dolabella, qui l'avoit acheté deux mille trois cens trente écus, étant assiégé à Laodicée, se tua lui-même. Cassius, qui avoit fait le siège de cette Ville, & après lui Antoine en furent les maîtres, & tous deux se firent mourir eux-mêmes. Pour reprendre le fil de mon discours, les Larrons vuidérent bien-tôt la Ville, & peu de jours après, mon Maître s'étant allé promener sur son cheval, qu'il avoit enharnaché tout de neuf, & s'étant arrêté à la Place de S. François, il lui fit faire mille caracoles, en présence d'une infinité de peuple, qui s'étoit assemblé autour de lui. Jamais homme n'a été plus content. Mais dans le tems que chacun lui applaudissoit, & qu'il s'applaudissoit lui-même, dans le tems qu'on lui disoit que son cheval valoit aussi bien cent cinquante Ducats qu'un œuf un Maravedi, on vit paroître deux Gentilshommes, dont l'un dit en s'approchant : Ma foi, voici Pied de Fer, mon cheval. Quatre Valets qui le suivoient dirent la même chose, en jettant mille cris de joye. Notre Cavalier fut fort déconcerté à ces cris. Il voulut raisonner, on raisonna plus haut que lui. En un mot, le Gentilhomme prouva si bien que le cheval lui appartenoit, qu'il eut une Sentence dans les formes, & son Pied de Fer lui fut rendu. La fourberie fut alors découverte, & tout le monde fut ravi de la mortification du Sergent. Sa disgrace ne s'arrêta pas là. Le même Assesseur à qui il avoit porté les fourreaux d'épée, étant sorti cette nuit avec le Guet, sur l'avis qu'il eut qu'il y avoit des Voleurs dans un des Fauxbourgs, apperçût en traversant un carfour, un homme qui fuioit. On alla à lui; c'étoit mon Maître. L'Assesseur qui me vit, & qui me connoissoit, m'ayant pris d'abord par le colier, me dit de courir au voleur. Comme j'étois irrité des méchancetés de mon Maître, je ne me le fis pas dire deux fois, je sautai sur lui avec tant de force, que je le renversai par terre; & si on ne me l'eût ôté, je l'eusse déchiré sans miséricorde. Les Recors me firent lâcher prise, & ils m'eussent assommé à coups de bâton, si l'Assesseur ne l'eût empêché, en s'écriant que personne n'eût à me toucher, que je n'avois fait que lui obéir. Je ne sai ce qui arriva de cette affaire, car je sortis par un trou des murailles de la Ville dès la même nuit, crainte de quelque fâcheux accident, & avant qu'il fût jour, j'étois arrivé à Mayrenez, qui est un lieu éloigné de Seville de quatre lieuës. Ma bonne fortune voulut que je trouvasse là une

Compagnie de Soldats, où étoient quatre Bandits amis de mon Maitre, dont le Tambour en étoit un. Ils me reconnurent tous quatre, & me firent beaucoup de caresses ; mais celui qui me caressa le plus fut le Tambour, qui avoit été Recors, & qui me connoissoit par cette raison un peu plus familiérement que les autres. Ce fut aussi à lui que je m'attachai le plus, & ne sachant où donner de la tête, je résolus de le suivre, dût-il aller en Italie, ou en Flandre; car après tout, quoi que le Proverbe dise, que qui va fou à Rome, fou en retourne, je comprens fort bien, qu'il n'est rien tel que de voyager; on se dégourdit, on devient hardi, & l'on apprend une infinité de choses, qu'on eût ignorées toute sa vie, si toute sa vie on eût gardé le coin du feu.

Sci. Ce que tu dis est si véritable, que je me souviens d'avoir ouï dire à un Maître que j'ai eu, & qui étoit homme d'esprit, & fort habile, qu'on a donné le nom de prudent au fameux Ulisse, parce qu'il avoit couru plusieurs terres, & pratiqué plusieurs Nations différentes ; ainsi je louë la résolution que tu pris de suivre ce Tambour, t'eût-il mené au bout du monde.

Ber. Ce Tambour étoit grand Charlatan, & comme il savoit un peu ce que je tenois, il crut qu'il pourroit faire de moi, quelque chose pour duper les gens dans la route que nous avions à faire. Il me montra à danser, & à faire mille petites singeries, qu'un autre n'eût pas peut-être aprises. Nous faisions de fort petites journées, il n'y avoit point de Commissaire qui nous pressât, les Officiers étoient de jeunes gens, les Sergens étoient des gaillards ; & comme la Compagnie étoit pleine de vagabonds, ils faisoient mille insolences dans tous les Villages par où nous passions. Ce fut alors que je reconnus que la guerre est un véritable fleau, & que je déplorai le malheur des bons Princes, qui sont obligez d'avoir des troupes sur pied, pour défendre leurs Etats contre les invasions d'un voisin puissant ou ambitieux ; car ces troupes pour la plûpart du tems font bien plus de mal à leurs sujets qu'à leurs ennemis. Pour revenir à mon sujet, je sûs en moins de quinze jours faire mille petits sauts, qui surprenoient, tant je les faisois bien & à propos. Je m'élançois en l'air avec tant d'agilité, qu'on m'eût pris pour un Coursier de Naples, je faisois le manége comme un genet d'Espagne, je faisois en un mot, tout ce qu'on me montroit. Mon Maître, qui m'appella le Chien Sage, n'étoit pas plûtôt arrivé dans l'endroit où nous devions paſſer la nuit, qu'il s'alloit promener en battant la cuiſſe, par toutes les ruës, pour avertir qu'à une certaine heure, dans une telle maiſon, & à tant de Maravedis, ſelon la grandeur ou la petiteſſe du lieu, on pourroit voir les gentilleſſes que je ſavois faire, dont il faiſoit un long étalage. Tout le monde accourroit en foule, & chacun s'en retournoit content & émerveillé. Mon Maître triomphoit par là, & nourriſſoit du gain qu'il faiſoit, ſix de ſes Camarades, comme des Rois.

Comme il eſt facile d'ajoûter aux choſes qu'on a inventées, mon Maître voyant combien parfaitement j'imitois le Courſier de Naples, me fit faire une petite ſelle, & une petite bride, il fit faire en même tems une petite figure d'homme, qui tenoit une lance à la main; il monta le petit Cavalier ſur moi, comme ſi j'euſſe été un petit cheval, & m'ayant exercé à courir droit à un anneau, qu'il mettoit entre deux bâtons, il arriva qu'en très-peu de tems, je pouvois courre joliment la bague. J'étois fait à ce nouveau manége, lors que nous arrivâmes à Montilla, Ville qui appartenoit au fameux Marquis de Priego, Chef de la Maiſon d'Aguilar. On logea mon Maître dans l'Hôpital, parce qu'il le voulut bien ainfi, & ayant fait fon ban ordinaire, comme on avoit déja entendu parler de moi dans cette Ville, toute la cour de l'Hôpital fut remplie de gens en moins d'une heure. Mon Maître ne fut jamais plus content, & il avoit raifon de l'être, le profit de ce foir-là ne pouvoit qu'être très-confidérable. L'ouverture du jeu fe faifoit ordinairement par quelques fauts tous différens, qu'il me faifoit faire dans un cercle. Il avoit une baguette de coignier à la main. Quand il baiffoit la baguette, je fautois, c'étoit notre fignal; quand il la tenoit haut, je ne branlois point. Les prémiéres paroles qu'il me dit ce jour-là, jour mémorable pour moi s'il en fut jamais, furent celles-ci; çà mon ami Gavillan, faute pour ce Vieillard que tu connois bien, qui fe noircit tous les matins la mouftache, pour paroître jeune, ou fi tu l'aimes mieux, faute pour cette Marquife nouvellement mariée, qui ne parle que de fa qualité, & qui avoit été femme de chambre toute fa vie lors que fon mari l'époufa. Je demeurai immobile comme une pierre. Je voi bien, ajoûta-t-il, que ces perfonnes-là ne te plaifent point, faute donc pour le Bachelier Paffillas, qui affure qu'il eft Licencié, fans avoir pris aucun degré; je demeurois encore plus immobile. Qu'eft-ce donc, continua-t-il, d'où vient que tu ne saute point? Je t'entens, saute donc pour le vin d'Esquivias aussi fameux que celui de S. Martin & de Rivadavia : alors il baissa la baguette, & je sautai. Et bien, dit-il d'abord, en se tournant vers l'assemblée, est-ce moquerie à votre avis, que ce que vient de faire ce chien? Je lui ai appris une infinité de piéces, dont la moindre mériteroit qu'on fît trente lieuës pour la voir. Il sait danser la Sarabande & la Chaconne, mieux que ceux qui les ont inventées; il sait voltiger, courre la bague, & entonner une note comme un Sacristain. Il sait faire mille autres choses non moins surprenantes, que vous verrez pendant le séjour que fera ici notre Compagnie; & vous en verrez même dès à présent. Après ce discours, il me dit en me caressant, Gavillan, mon fils, refais les mèmes sauts que tu as déja faits, & qui ont été admirez par cette vénérable troupe; mais à condition que ce sera pour l'amour d'une vieille Sorciére qu'on dit qu'il y a dans cet Hôpital. A peine mon Maître eut-il achevé de prononcer ces paroles, que l'Hôpitaliére, qui étoit une Vieille de plus de soixante-quinze ans, hauffa la voix contre lui, en disant: malheureux Charlatan, & Enchanteur, il n'y a point de Sorcière dans cette maison : si tu le dis pour la Camache, elle a déja expié son péché; elle est là où Dieu veut qu'elle soit. Si tu le dis pour moi, je ne le suis, ni je ne le fus de ma vie; & si j'ai eu le malheur d'en être soupçonnée, j'en ai l'obligation à de faux témoins, & à des Juges trop crédules. Tout le monde sait aujourd'hui la vie que je méne, & la pénitence que je fais, non de mes sortiléges, car je n'en ai jamais fait aucun ; mais de plusieurs autres péchez que j'ai commis, car je veux bien le confesser hautement, je suis une pauvre pécheresse. Ainsi, misérable Charlatan, continua-t-elle, sors de cet Hôpital, où tu n'es point digne d'être entré. En même tems elle commença à jetter tant de cris, & à dire tant d'injures à mon Maître, le vacarme, en un mot, fut si grand, qu'il ne lui fut point permis d'achever le jeu. Mon Maître n'en fut pas autrement marri, parce qu'il avoit déja reçû l'argent. Il remit la partie au lendemain, ayant assigné le lieu dans un autre Hôpital, le peuple s'en retourna fort chagrin contre la Vieille; mais il n'y avoit point d'autre reméde. Nous couchâmes pourtant cette nuit-là dans la maison, & la Vieille, qui n'en fût pas fâchée, comme tu le verras par la suite, m'ayant rencontré seul dans une allée, me dit en soûriant : Es-tu Montiel, mon fils ? Es-tu par avanture Montiel ? Je hauffai la tête à ces paroles, & la regardai fixement, ce qu'elle n'eut pas plûtôt apperçû, qu'elle vint à moi les larmes aux yeux, me fauta au cou, & m'embraffa de la maniére du monde la plus tendre; je ne comprenois rien à cela.

Ce que j'ai à te dire maintenant, mon cher Scipion, je devois te l'avoir raconté d'abord, tu ne ferois pas tant furpris que tu l'es de voir que nous avons l'ufage de la parole. Ecoute Montiel, mon enfant, me dit la Vieille, fui-moi, afin que je t'apprenne ma chambre, & tâche de me voir cette nuit tout feul ; je te laifferai la porte ouverte, & je t'apprendrai bien des chofes qu'il eft de ton intérêt que tu faches. Je baiffai la tête en figne d'obéïffance, ce qui la confirma que j'étois ce Montiel qu'elle cherchoit, comme elle me le dit dans la fuite. J'atterdis la nuit fort impatiemment, pour favoir ce qu'elle avoit à me dire ; & comme je commençois à la foupçonner d'être Sorciére, je m'attendois à de grandes chofes. La nuit arriva, & je me trouvai enfin feul avec elle dans fa chambre, qui étoit fort étroite, & fort baffe, & éclairée d'une petite lampe. La Vieille l'atifa dès que je parus, & s'affit fur un petit coffre. Après cela me prenant auprès d'elle, elle recommença à m'embraſſer fans dire une feule parole. J'eſpérois bien cette grace du Ciel, dit-elle, qu'avant que le dernier fommeil eût fermé mes yeux, je te verrois encore, mon fils; & puis que j'ai eu cette joye, que la mort vienne lors qu'elle voudra, je n'aurai point regret à la vie. Tu dois ſavoir, mon fils, ajoûta-t-elle, tu dois ſavoir, mon fils, qu'en cette Ville vivoit, il n'y a pas long-tems, la plus fameuſe Sorciére qu'il y eût au monde; on l'appelloit la Camache de Montilla. Elle fut ſi habile en ſon Art, que les Circés & les Médées, dont les Hiſtoires parlent tant, ne l'avoient jamais égalée. Elle congeloit les nuées, quand elle vouloit, elle obſcurciſſoit le Soleil, & quand il lui venoit dans la fantaiſie, elle rendoit ſerein le Ciel, lors qu'il étoit le plus obſcur, & couvert des plus ſombres nuages. Elle tranſportoit les hommes en un inſtant, dans les terres les plus éloignées, elle avoit mille petits bons remédes pour les filles, & les jeunes veuves qui avoient des galanteries. Faire voir dans un baſſin plein d'eau, ou dans un miroir, les perſonnes qu'on deſiroit de voir, ſoit qu'elles fuſſent mortes, ou vivantes; c'étoit une des moindres choses qu'elle savoit faire. Elle eut le bruit de convertir les hommes en bêtes, & de s'être servie pendant six ans d'un Sacristain en forme d'âne. J'avouë que cela est difficile à comprendre, & c'est pour cette raison que bien des gens croyent, que ce qui se dit des anciennes Magiciennes, qui faisoient de semblables métamorphoses, ne doit pas être pris à la lettre. Ils disent que comme ces fameuses Magiciennes étoient fort belles & peu chastes, elles avoient la force de faire perdre l'esprit aux hommes, de les abrutir en quelque maniére, en les rendant esclaves de la volupté. Tout cela est beau & bon, j'en conviens, mais l'expérience fait voir en toi le contraire, car il est certain que tu es homme, quoi que tu sois maintenant sous la forme d'un chien. Tout ce que l'on pourroit dire, c'est que peut-être ces transformations ne sont qu'apparentes. Quoi qu'il en soit, comme elles ne peuvent être que l'effet de la plus subtile Magie, je te dirai à mon grand regret, que c'est un Art que nous avons toûjours ignoré ta mère & moi, quoi que la célébre Camache nous ait élevées, non faute d'esprit je t'assure, car nous n'en manquions p s ; mais parce qu'elle ne voulut jamais que nous en sûssions aussi

long

long qu'elle, pour avoir toûjours quelque avantage, & quelque supériorité sur nous. Ta mere, mon fils, s'appelloit la Montielle, & elle fut des plus fameuses, après la Camache. J'ose même avancer, que par rapport au courage qu'elle avoit de faire entrer une legion d'Esprits dans un cercle, & de s'y enfermer avec eux, elle l'emportoit peut-être sur sa Maîtresse. Pour moi je m'appelle la Cagniçarez, je fus toûjours moins hardie qu'elle; je me contentois de conjurer la moyenne région de l'air. La seule chose où je puis dire que je surpassai, & ta mere & la Camache, ce fut dans la préparation des onguens, dont nous nous oignons; mais ce sont des choses qu'il t'importe peu de savoir. Je te dirai donc, mon enfant, pour venir peu à peu à ce qu'il faut que tu saches, je te dirai, que comme je vois depuis long-tems que ma vie s'envole, j'ai entiérement abandonné le métier de Magicienne; mais je n'ai pû abandonner celui de Sorciére, qui a des charmes bien plus puissans. Ta mere en fit de même, elle se retira de plusieurs vices, elle fit plusieurs bonnes œuvres; cependant elle mourut Sorciére. La pauvre femme mourut de douleur, & en t'apprenant son avanture, je t'apprendrai en même-tems une histoire, qui te fera voir

voir combien peu il y a à compter sur les amitiez de ce monde. Ta mere devint enceinte, elle nomma la Camache pour sa Commere, la Camache lui servit même de Sage-femme. Ta mere enfin accoucha heureusement de deux fils, & cette malheureuse femme qui les reçût, lui fit voir en les lui montrant, qu'elle n'avoit accouché que de deux petits chiens; je fus présente à ce malheureux & triste spectacle. C'est un malheur, & un malheur des plus grands qui puissent arriver à une femme, dit la Camache; mais, ma sœur Montielle, ajoûta-t-elle en même tems, je suis ton amie, nous cacherons cet enfantement. Je ne fus pas moins surprise que ta mere, je tâchai de la consoler du mieux qu'il me fut possible; ne sachant ni l'une ni l'autre, si nous devions ajoûter foi à ce que nous avions vû de nos propres yeux. La Camache se retira, & emporta les petits chiens, sans nous informer de leur destinée; car qui eût pû s'imaginer qu'on eût dû y prendre intérêt? La Camache mourut enfin, mais avant que de mourir, elle fit appeller ta mere, & alors elle lui avoüa qu'elle avoit métamorphosé ses enfans en chiens, pour certain chagrin qu'elle avoit conçû contr'elle. Je ne te fais pas cet aveu, ajoûta la Camache, pour redoubler ta douleur, c'est ma chére Montielle pour t'apprendre que l'enchantement ne durera pas toûjours; *Tes deux fils reprendront enfin leur premiére forme, mais ce ne sera que lors que par une puissante main les superbes seront abattus, & que les humbles seront élevez.* Ta mére écrivit cette Prophétie, & pour moi je la gravai dans ma mémoire, pour vous en faire part si l'occasion s'en présentoit. La chose étoit bien difficile, mais je reconnois aujourd'hui que tout vient à tems à qui peut attendre. La seule chose que je pouvois faire, c'étoit d'appeler par le nom de ta mere tous les chiens que je voyois; cet expédient m'a réüssi, & je compris bien du moment que je vis que tu haussois la tête pour me regarder, que tu étois certainement un des malheureux enfans de la Montielle. Je me fais un très-grand plaisir, mon cher enfant, de t'apprendre l'histoire de ta naissance; puis que je t'apprens en même tems l'espérance que tu as de reprendre ta véritable forme. Je souhaiterois qu'il te fût aussi facile de la reprendre, qu'il l'étoit à l'âne d'or d'Apulée, qui n'avoit qu'à manger des roses; mais tu auras plus de difficultez à surmonter, si tu fais attention à la Prophétie, car enfin cela dépend des actions d'un autre, & nullement de ta diligence. Ce que tu as à faire dans cette rencontre, c'eſt de te recommander à Dieu en ton cœur, & eſpérer que cette prédiction ſera accomplie. Oui elle le ſera, j'en ſuis certaine, & ce qui modére la joye que j'en ai, c'eſt que je ſuis trop près de ma fin pour le voir. J'ai voulu, au reſte, ajoûta-t-elle, j'ai voulu demander plus d'une fois à notre Maître, en quel tems préciſément je dois être en proye à la mort, car peut être ne mourrai-je pas ſi-tôt que je me l'imagine. Mais lorſque j'y ai fait un peu d'attention, j'ai cru que ce ſeroit une choſe fort inutile. Ses réponſes ſont toûjours ambigues, & s'il dit une vérité, il l'envelope de mille menſonges. Pour te dire ce que j'en crois, le Démon tout habile qu'on le fait, ne ſait rien de l'avenir que par conjecture; cependant, il enchante ſi fort ceux qui ſe ſont donnez à lui, que quelques tromperies qu'il faſſe, on ne ſauroit l'abandonner. Nous l'allons même chercher quelquefois fort loin, nous nous aſſemblons en très-grand nombre autour de lui en plate campagne; & là il nous fait faire des choſes ſi horribles, que j'aurois honte de les raconter. Quelques-uns croyent que ce n'eſt qu'en ſonge, que nous nous trouvons dans ces aſſemblées nocturnes, qu'on appelle ordinairement le Sabat;

d'au

d'autres soûtiennent que nous nous y trouvons réellement & en personne, & je crois que ces deux opinions sont certaines, le Démon nous y transporte quelque fois; & bien souvent il ne fait que remplir notre imagination de mille fantômes que nous prenons pour des réalités. Les Inquisiteurs, qui ont souvent entre leurs mains des Sorciers & des Sorciéres, & qui peuvent avoir là-dessus des expériences, sont presque tous dans cette pensée; mais c'est ce que je n'ai sû jamais discerner, tant la chose est en soi difficile. Quoi qu'il en soit, je te confesse que nous commettons des péchés épouvantables, car je sai fort bien qu'on offense Dieu aussi bien par les mauvaises pensées, que par les mauvaises actions. J'ai horreur de l'état où je suis, & je voudrois bien m'en tirer, c'est pour cela que je suis dans cet Hôpital, où je sers les pauvres, & les malades; mais mes efforts ont été jusqu'ici impuissans. Je prie Dieu, à la vérité, mais ce n'est jamais qu'en public, & pour être vûë, je ne le prie jamais en secret, & par des mouvemens qui partent du cœur. Encore vaut-il mieux que je sois hypocrite, que pécheresse déclarée; je ne fais du mal qu'à moi-même. Pour parler maintenant de ta mere, trois jours avant qu'elle mourût, nous fûmes ensemble dans un Vallon des Monts Pyrenées, elle me déclara qu'elle ne pardonneroit jamais à la Camache, & elle mourut dans cet état, quoi que je lui représentasse là-dessus.

Tu peux bien comprendre, mon pauvre Scipion, que je fus épouvanté d'entendre toutes ces choses. Autant de paroles que prononça cette malheureuse femme, en parlant de cette Montielle, qu'elle voulut me persuader être ma mere; autant de mots qu'elle fit sortir de sa bouche, furent autant de coups sanglans, qui me transpercérent le cœur. Peu s'en falut que je ne la déchirasse, & que je ne la misse en piéces, & si je ne le fis point, c'est que je m'apperçûs qu'effectivement elle avoit de la tendresse pour moi, & que je fis réflexion, que Dieu pourroit avec le tems lui faire la grace de se repentir. Ce ne devoit pas être à ce moment-là, que Dieu devoit faire ce grand miracle, elle me dit qu'elle avoit résolu d'aller cette même nuit au Sabat, qu'elle s'informeroit de son Maître, quelle devoit être ma destinée, & qu'elle alloit s'oindre pour cet effet. Si j'eusse pû parler, je lui eusse demandé, je t'assure, quels étoient ces oignemens dont elle se servoit, car j'avois grande envie de le savoir. Il semble qu'elle eût quelque preſſentiment de ce que je deſirois. Ces oignemens, dit-elle, ſont compoſés du ſuc de pluſieurs plantes extrêmement froides ; ce n'eſt pas le ſang des enfans que nous étouffons, comme le vulgaire le croit. Peut-être voudras-tu ſavoir quel plaiſir, ou quel profit peut avoir le Démon de nous obliger à donner la mort à des innocens, qui étant baptiſés, & n'ayant fait encore ni bien, ni mal, vont droit au Ciel ; car enfin c'eſt un ſupplice pour lui, lors qu'il eſt convaincu qu'une ame va en Paradis. Je n'ai à te répondre autre choſe, ſi ce n'eſt qu'il le fait dans deux vûës, la prémiére, pour faire du mal à ceux qui leur ont donné la naiſſance, & les faire murmurer contre Dieu ; la ſeconde, pour nous accoûtumer à la cruauté & à la barbarie. Je te dirai cependant, Montiel, que Dieu permet que nous commettions ces horribles meurtres pour les péchez des hommes ; car ſans ſa permiſſion, le Diable n'a pas le pouvoir d'écraſer un ver, ou une fourmi. Ceci eſt ſi véritable, que le priant un jour moi même de détruire une vigne d'un de mes ennemis, il me dit fort bien qu'il n'en pouvoit pas toucher une ſeule feuille, parce que Dieu ne le vouloit pas : par où tu pourras connoître quand tu ſeras homme, que tous les malheurs qui arrivent aux hommes, les morts subites, les naufrages, les maux contagieux, les décadences des Empires, ont pour cause la permission du Dieu Tout puissant : la seule chose qui vient de l'homme c'est le péché ; car loin que Dieu en soit l'auteur, il le déteste souverainement. Tu seras surpris, continua la Vieille, que sachant toutes ces choses je ne me repente point. J'avouë que tu le dois être, & ce qui redoublera ta surprise, c'est que je suis persuadée de plus, que Dieu est plus prompt à pardonner les péchés qu'à les permettre. Mais sache, mon cher Montiel, qu'il est bien difficile de se repentir lorsqu'on est dans l'habitude du mal, sur tout lors que le mal dont on est devenu esclave, consiste dans les plaisirs sensuels & charnels. L'ame n'est plus la maîtresse du corps, dès que cette habitude est formée, la chair l'entraîne comme il lui plaît, & c'est pour cette raison, que de tous les péchés, celui de la volupté est le plus funeste ; c'est pour cette raison, que le Démon le choisit pour nous attirer à soi, & qu'il nous y entretient, afin que nous ne lui échapions pas.

Après ces paroles, & bien d'autres que je passerai sous silence, la Cagniçarez se leva, prit sa lampe, & entra dans un autre chambre encore plus petite que cel-

Nouvelle XIII.

le où nous étions. Je la suivis combattu de mille pensées différentes, & tout rempli de ce que j'avois entendu, & que j'espérois voir. Elle pendit la lampe contre la muraille, jetta sa coëffe, se dépouilla jusqu'à la chemise, & prenant un pot de verre qui étoit dans un coin, elle mit la main dedans, & s'oignit depuis les pieds jusqu'à la tête, en murmurant entre les dents certains mots que je n'entendis pas ; mais qui me paroissoient horribles. Dans le tems qu'elle s'oignoit, elle me dit, que soit que son corps demeurât dans la chambre sans sentiment, soit qu'elle disparût, je ne craignisse rien, & que je l'attendisse jusqu'au matin, parce que j'apprendrois des nouvelles de ce qui devroit m'arriver avant que de devenir homme. Je lui promis de le faire en baissant la tête, elle acheva de s'oindre, & s'étant étenduë en même tems par terre, elle fut immobile & comme morte.

Je veux bien te l'avoüer, Scipion, j'eus une grande peur de me voir renfermé dans cette petite chambre avec cette figure, qui étoit quelque chose d'épouvantable ; c'étoit une femme longue de plus de sept pieds, tout son corps n'étoit qu'un squelette couvert d'une peau noire & veluë, les yeux lui sortoient de la tête, elle avoit les dents serrées, je n'ai vû de ma vie rien de plus difforme, ni de plus hideux. Je la voulus mordre d'abord, pour sçavoir si elle avoit du sentiment, mais je ne vis partie sur son corps qui ne me fît horreur, tellement que je ne l'osois toucher. M'étant néanmoins enhardi, je la pris d'un côté, & je la traînai peu à peu jusqu'à la cour ; elle étoit entiérement insensible. Là me voyant au large, & regardant au Ciel, j'eus moins de frayeur que je n'avois eu, j'eus en un mot le courage d'attendre le jour, pour voir à quoi se termineroit cette horrible scéne. Je fis cependant mille réflexions, & sur le déplorable état de cette misérable femme, & sur tant de choses bonnes & mauvaises, qu'elle avoit dites. Le jour parut enfin, qui nous trouva tous deux au milieu de la cour, elle étenduë par terre, & sans mouvement, & moi auprès qui la regardois sans la perdre un moment de vûe. Les gens de l'Hôpital accoururent à ce spectacle. Quelques-uns dirent d'abord ; Helas ! la bienheureuse Cagniçarez est donc morte, voyez combien la pénitence l'avoit défigurée. D'autres lui tâtérent le poulx, & voyant qu'elle respiroit, ils crurent qu'elle étoit ravie en extase. Il y en eut qui allérent au fait, & qui s'écriérent qu'elle étoit

Sorciére, qu'elle s'étoit ointe pour aller au Sabat; car certainement ajoûtérent-ils, les Saints ne sont jamais transportez dans de semblables ravissemens. Dieu permettroit-il qu'ils fussent vû dans une posture si indécente, & qui choque si fort la pudeur? Il s'en trouva qui lui plantérent des épingles dans la chair; mais tout cela ne fut pas capable de l'éveiller, & elle ne commença à se remuer que vers les sept heures du matin, & à sentir les piqueures des épingles, & mes morsures. Elle fut bien surprise & confuse, comme tu peux croire; & comme elle ne douta point que ce ne fût moi qui l'avoit traînée dans cet endroit : elle sauta sur moi comme une Furie, & me prenant avec ses mains par la gorge, elle faillit à m'étrangler, en me disant que j'étois un lâche & un ingrat, & qu'elle se vangeroit de ma lâcheté, & de mon horrible ingratitude. Moi qui me vis en péril de périr entre les griffes de cette Mégére, je fis un effort pour me dégager, & l'ayant prise en même tems par les longues peaux, qui lui pendoient de son ventre, je lui fis pour le moins autant de peur qu'elle m'en avoit fait. La Cagniçarez qui se vit mal-menée, cria au secours en disant, qu'on la delivrât d'entre les dents du malin Esprit. La plûpart crurent qu'effectivement, j'étois un de ces Démons qui se plaisent à tourmenter les Saints, les uns coururent à l'eau benite, les autres firent mille signes de croix sans oser m'aborder, quelques-uns crièrent qu'on m'exorcisât, jamais on n'a vû ni tant de terreur, ni tant de desordre, la femme poussoit toûjours les hauts cris, & grinçoit les dents: mon Maître qui étoit accouru au bruit étoit au desespoir, lors qu'il venoit à s'imaginer que j'étois un Esprit sorti des enfers, d'autres qui se moquoient des exorcismes, eurent recours à trois ou quatre bâtons avec lesquels ils m'exorcisèrent d'une maniére fort désagréable. Le jeu me déplût, car ces gens-là frappoient comme des sourds, si bien que je quittai la partie. Je fuis en deux sauts à la ruë, & gagnai Païs, suivi d'une infinité d'enfans qui crioient que j'étois devenu enragé, ou que j'étois un Démon en forme de chien. Ce qui confirma la plûpart des habitans de cette Ville dans cette derniére pensée, c'est que je me tirai avec tant de vitesse des mains de ceux qui me poursuivoient, qu'ils crurent que j'avois disparu, & qu'il falloit nécessairement que je fusse un Esprit. Ils n'avoient pas tout à fait tort, je fis plus de douze lieuës en moins de six heures, & j'arrivai sur les frontiéres de Grenade où je trouvai

NOUVELLE XIII.

une Compagnie d'Egyptiens. Là je me remis un peu, parce qu'il y eut quelques-uns de ces Egyptiens, qui me reconnurent, qui me reçûrent avec joye, & qui me cachérent dans une caverne de peur que je ne leur échapaſſe, & pour me dérober à la vûë de ceux qui auroient pû me chercher. Je demeurai vingt jours avec eux, & pendant ce tems-là j'appris une bonne partie de leurs coûtumes, qui ſont aſſez ſinguliéres pour que tu les ſaches.

Sci. Je veux bien les ſavoir, mais avant que tu parles, je te dirai que l'hiſtoire de la Montielle me mortifie.

Ber. Elle me mortifie auſſi ; & je te déclare que je renonce cette femme pour mere, ſi tant eſt qu'elle nous ait donné la naiſſance.

Sci. N'en parlons donc plus je t'en prie, j'écouterai bien plus volontiers ce que tu as à me dire des Egyptiens, que toutes les réflexions que tu pourrois faire pour me conſoler, & pour te conſoler toi-même d'une ſi indigne origine.

Ber. Tu ſais le grand nombre d'Egyptiens qu'il y a en Eſpagne, le nombre en eſt incroyable, ils ſont répandus par tout le Royaume. Cependant ils ſe connoiſſent tous, ils trafiquent enſemble, & leur commerce conſiſte dans le troc qu'ils font des choſes qu'ils ont volées, en ſorte que ceux à qui elles appartiennent sont dans l'impuissance de les reclamer, parce qu'elles sont transportées, & vendues dans des lieux extrêmement éloignez de ceux où le larcin a été fait. Ils ont un Chef auquel ils rendent plus d'obéïssance qu'au Roi : ils le traitent de Comte, & lui donnent le nom d'une Maison illustre ; non qu'il descende de cette Maison, qui est des plus anciennes de l'Estremadoure ; mais parce que le Page d'un Chevalier qui portoit ce nom a été le prémier de ces prétendus Comtes. Ce Page se rendit amoureux d'une Egyptienne, qui étoit d'une beauté admirable : l'Egyptienne ne voulut jamais répondre à sa tendresse qu'à condition qu'il l'épouseroit, & qu'il se feroit Egyptien, le Page le fit, & se rendit si agréable aux autres Egyptiens, qu'ils l'éleurent pour les gouverner, & lui jurérent obéïssance. Ceux qui ont succédé à ce prémier Chef, sont appellez du même nom, & portent le même titre, on lui prête les mêmes sermens, & les Egyptiens, en quelque endroit qu'ils se trouvent, lui envoyent en signe d'hommage ce qu'il y a de plus riche, & de plus magnifique parmi les larcins qu'ils ont faits. Pour les Egyptiennes, elles sont toutes Sages-femmes, car elles accouchent toutes seules pour l'ordinaire, & lavent leurs enfans en naissant avec de l'eau froide. Elles les accoûtument ensuite à souffrir les rigueurs, & les injures de l'air, aussi vois-tu que tous les Egyptiens sont robustes, coureurs & sauteurs, capables de supporter toutes sortes d'incommoditez. Toute leur habileté ne s'étend qu'à savoir dérober, & à savoir dérober adroitement; c'est pour cela que du moment qu'ils se trouvent quelques-uns ensemble, ils ne s'entretiennent que des tours qu'ils ont faits, afin que les autres profitent de leurs ruses. Je te ferai part d'un de leurs entretiens, qui roule sur une tromperie fort plaisante, qu'un d'eux fit un jour à un Laboureur. L'Egyptien avoit un âne qui n'avoit point de queuë; mais il avoit trouvé le moyen de lui en ajuster une qui paroissoit être naturelle. Il mena cet âne à un marché, & il le vendit à ce Laboureur. L'Egyptien n'eut pas plûtôt reçû son argent, qu'il dit au Laboureur qu'il avoit encore un âne à peu près semblable à celui qu'il venoit de lui vendre, & même plus jeune & plus vigoureux; & qu'il lui donneroit à meilleur marché que l'autre de deux Ducats. Le Laboureur lui répondit qu'il n'avoit qu'à l'aller chercher, qu'il s'en accommoderoit, & que cependant il alloit mener dans sa maison celui qu'il venoit d'acheter. Il s'en alla, l'Egyptien le suivit de loin à loin, & trouva le moyen de lui dérober l'âne qu'il venoit de lui vendre. La prémiére chose qu'il fit, fut de lui ôter la queue postiche, & de lui changer de bât, après quoi sans perdre tems il s'en alla chercher le Laboureur. Il le trouva avant qu'il se fût apperçû du vol, & le bon homme acheta deux fois le même âne. Dès que le marché eut été fait, il s'en retourna chez lui avec l'Egyptien pour lui compter son argent, & il fut bien surpris comme tu peux t'imaginer, de voir qu'on lui avoit dérobé son âne. Il soupçonna bien d'abord que c'étoit l'Egyptien, qui lui avoit joué ce tour, & il lui dit tout net qu'il ne le payeroit point, puis qu'il lui avoit vendu le même âne qu'il lui avoit dérobé. Mais l'Egyptien ayant prouvé par de bons témoins, & un Sergent aposté, que le prémier âne qu'il lui avoit vendu avoit une queuë, & que ce ne pouvoit pas être le même, puis que le dernier n'en avoit point ; le pauvre Laboureur fut condamné. Je te pourrois faire mille autres contes de cette nature ; mais celui-là suffit pour te faire voir quel est le caractére de ces gens-là.

Je fus avec eux pendant vingt jours, comme je l'ai dit; mais comme je ne m'accommodois pas pas de leur vie, je les quittai à Grenade sans rien dire, & j'entrai le même jour dans le Jardin d'un More, qui parut se faire un plaisir de me retirer. Je demeurai un peu plus d'un mois avec lui, & je puis dire que

je

ja n'ai jamais fait plus méchante chére. Ce More, de même que tous les autres, étoit d'une avarice, qui ne se sauroit exprimer. Il étoit riche; car la plûpart des Mores le sont, mais il n'avoit garde de se servir de son argent, il l'enfermoit, & ne se nourrissoit que de bagatelles; juge si je pouvois être bien nourri moi-même. J'étois néanmoins assez content, parce que la vie que je menois étoit tranquille, & que je n'avois pas dessein de vieillir en sa compagnie. Son Jardin étoit un endroit agréable, où toutes sortes de gens avoient la liberté de se promener, quelques-uns même s'y promenoient à toute heure, & je pris garde qu'il y en avoit un qui s'y rendoit réguliérement tous les matins avant le lever du Soleil, & qui s'alloit poster sous un Grenadier fort touffu, où l'on avoit pratiqué quelques siéges. C'étoit un jeune homme, que je pris pour un Ecolier; car son habit étoit d'une frise qui avoit été autrefois noire, & qui montroit si fort la corde, qu'il eût fait fuir les larrons. Jamais je n'ai vû des mouvemens semblables aux siens; il se donnoit de tems en tems de grands coups de main sur le front, frappoit des pieds, se gratoit la tête, se mordoit les ongles, baissoit la tête contre la terre, & l'élévoit tout d'un coup vers le Ciel. Quelquefois il tomboit dans une distraction si profonde, qu'il ne remuoit, ni pieds, ni mains, non pas même les paupiéres: on eût dit qu'il étoit ravi en extase. Je m'approchai une fois de lui sans qu'il m'apperçût, j'entendis qu'il murmuroit quelques paroles entre les dents, & un moment après il jetta un grand cri en disant ; ha pour le coup je puis dire, que je n'ai fait de ma vie une meilleure Stance. D'abord ayant pris un livre qu'il avoit posé sur un des siéges avec un écritoire, il y écrivit quelques lignes. Je reconnus alors deux choses, la prémiére qu'il étoit Poëte, & la seconde, qu'il étoit très-content des Vers qu'il venoit d'enfanter.

Dans ces entrefaites, je vis entrer un autre jeune homme, bien fait & bien mis, qui se donnoit des airs, & qui lisoit dans un papier, de tems en tems, ruminant ce qu'il avoit lû, comme quand on apprend quelque chose par cœur. Il alla tout droit au Grenadier, & s'étant adressé au Poëte ; hé bien, dit-il, avez vous achevé votre premier Acte. Je viens de l'achever, répondit le Poëte, & de la maniére du monde la plus heureuse. Puis-je savoir comment, lui dit le jeune homme qui venoit d'entrer ? Le voici, dit en soûriant le Poëte te. Le Pape dans la bouche duquel je mets des Vers admirables, paroîtra habillé Pontificalement, accompagné de douze Cardinaux, en habits violets. Vous êtes surpris, ajoûta-t-il, de la couleur des habits de ces Eminences; mais c'est que lors que l'action que je représente se passa, ce fut dans une circonstance où les Cardinaux ne sont jamais vêtus de rouge. Cet endroit me fera plus d'honneur que vous ne croyez; car les connoisseurs verront que non-seulement je sai faire des Vers, mais que j'ai lû le Cérémonial Romain. Cela n'est pas mal, repartit le jeune homme; mais où voulez-vous, continua-t-il, que les Comédiens qui joueront votre Piéce, prennent douze habits violets, pour douze Cardinaux? Ils les prendront là où il leur plaira, répondit le Poëte, ce n'est pas là mon affaire; mais je sai bien qu'il en faut autant, dût-on les aller chercher à Rome. Faudroit il pour satisfaire l'avarice des Comédiens, qu'on fût privé du spectacle le plus pompeux & le plus brillant qui fut jamais; car enfin peut-on imaginer rien de plus grand, rien de plus digne du Poëme Dramatique, que de faire paroître sur la Scene, un Souverain Pontife & douze Cardinaux, avec tous leurs Ministres & leurs Estafiers? Je vis alors que

que le jeune homme étoit Comédien; mais comme il ne s'accommodoit pas de tant d'Eminences, il lui conseilla d'en retrancher quelques-unes, pour ne rendre pas impraticable la représentation de la Comédie. Le Poëte n'y voulut jamais consentir, & il lui dit qu'il étoit bien heureux, qu'il n'y eût pas mis tout le Conclave, qu'il avoit été sur le point de le faire, pour suivre pied à pied l'histoire, & que s'il n'avoit pas suivi son premier mouvement, c'étoit par une licence Poëtique, que les gens du métier lui pardonneroient. Le Comédien se mit à rire, & se retira.

Tu t'imagines sans doute, que le Poëte fut fort chagrin, point du tout, il composa quelques Vers encore, comme si de rien n'eut été, après quoi il tira de sa poche quelques bribes de pain, & quelque vingtaine de grains de raisin sec qu'il mangea. Ce dont je profitai de ce repas, furent quelques bribes qu'il n'avoit pû avaler tant elles étoient dures. Le repas fini, nous allâmes lui & moi desaltérer notre soif à une fontaine.

Tu vois par-là, mon cher Scipion, que le métier de Poëte n'est pas le meilleur du monde, par rapport à l'aise & aux commodités de la vie. Leur misére est grande, à parler généralement, mais la mien-

mienne l'étoit bien davantage, puis que j'étois obligé de vivre de ce que le plus pauvre de tous les Poëtes jettoit. Quelle source de réflexions, s'il nous étoit permis d'en faire, on n'est jamais si malheureux qu'on n'en trouve de plus malheureux que soi.

Le Poëte acheva enfin de composer sa Comédie, après ce tems-là, il ne parut plus dans le Jardin, & moi je rentrai dans la Ville, pour tâcher de changer de Maître, las de faire si long-tems pénitence. Je n'eus pas fait quatre pas dans la prémiére ruë que j'enfilai, que j'apperçus mon Poëte, qui sortoit du Monastére de S. Jerôme. Du moment qu'il me vit, il vint à moi, je courus de mon côté droit à lui, jamais il ne m'avoit fait tant de caresses. Il tira à l'instant deux ou trois piéces de pain de sa poche qu'il me donna, & que je mangeai de grand appétit. Je le suivis, & après avoir marché assez long-tems, nous arrivâmes chez le Directeur d'une Troupe de Comédiens, auxquels le Poëte avoit mis en main une de ses Piéces. C'étoit le jour qu'on en devoit faire la prémiére répétition. Nous nous rendîmes chez un des Comédiens, qui avoit assemblé une grosse compagnie. Les Acteurs commencérent; mais à peine le premier Acte étoit il fini, que tout le monde disparut; la Piéce fut généralement sifflée, tous les Spectateurs sortoient les uns après les autres, & nous nous trouvâmes seuls, le Directeur, le Poëte & moi. J'avouë que je ne me connois point en Vers, mais je fus de l'avis des Assistans, je trouvai la Piéce épouvantable; les Comédiens étoient enragés, ils s'approchérent du Poëte avec fureur, & si le Directeur n'eût mis le hola, ils l'eussent pris & l'eussent berné. J'admirai le sang froid de ce pauvre Auteur. Puis que ma Comédie ne vous agrée pas, dit-il, rendez-là moi, des gens de meilleur goût s'en accommoderont, il la reprit, & se retira. Je n'osai le suivre; car à te dire la vérité, j'avois autant de honte que lui. Je demeurai avec les Comédiens, qui n'oubliérent rien pour me retenir auprès d'eux, voyant bien que je leur serois nécessaire. En effet, je leur servois de quelque chose dans les intermédes; car non-seulement j'amusois les ignorans dans ces intervales; mais je mettois à la raison ceux qui vouloient monter sur le Théatre, ou qui insultoient les Acteurs. Il est vrai que j'y attrapois de tems en tems de bons coups, & ce fut ce qui me dégoûta de cet exercice. Le plus terrible que je reçus, fut en cette Ville, où j'avois suivi la Troupe.

J'eus

J'eus à faire à un brutal qui me frappa à tour de bras, & qui faillit à me laisser mort sur la place. Je ne l'avois pourtant déchiré ni mordu, car on m'avoit mis ce jour là une petite bride, j'avois seulement fait semblant de le mordre, pour le faire descendre du Théatre, où il étoit monté malgré moi, & contre l'intention de mes Maîtres; mais il n'entendit pas raillerie. Je dis adieu quelques jours après aux Comédiens, qui d'ailleurs n'étoient pas les gens qu'il me falloit, car c'est une terrible vie que celle qu'ils ménent. Je fus assez en peine pourtant après que je les eus quitté. Il se passa trois ou quatre jours, que je ne savois où donner de la tête. Je te vis une nuit avec le bon homme Mahudez, portant la lanterne; & je t'avouë que te voyant dans une si sainte occupation, j'enviai d'abord ton bonheur. Je m'approchai de toi s'il t'en souvient, je me mis à marcher gravement à tes côtés, je plûs au saint Homme, qui ne balança pas un moment à me choisir pour ton Compagnon, & il m'amena avec toi dans cet Hôpital. Ce qui m'est arrivé dans cette maison n'est pas si peu de chose, qu'il ne me fallut bien du tems pour le raconter; mais je me bornerai à l'entretien qu'eurent un jour quatre Malades, qui étoient dans quatre lits différents, placés les uns près des autres. Pardonne-moi je t'en prie, mon pauvre Scipion, tu seras content de ce que j'ai à te dire encore, & je serai court.

Sci. Je te pardonne, mais sois donc court, comme tu le promets; car je sens que le jour s'approche.

Ber. Dans l'un de ces quatre lits, qui sont au bout de l'Infirmerie, il y avoit un Chimiste, dans le second un Poëte, dans celui qui suivoit, un Mathematicien, & dans le dernier un Donneur d'avis.

Sci. Je me souviens de les avoir vûs.

Ber. Le premier de ces Malades qui parla fut le Poëte. J'étois sous un de leurs lits à prendre l'air; car il commençoit à faire chaud, & j'entendis tout le Dialogue. Je n'ai jamais ouï des plaintes si vives, ni accompagnées de tant de soûpirs & de tant d'exclamations. D'où vient, lui dit le Mathematicien, que vous vous plaignez si amérement; je me plains de la fortune, répondit le Poëte: c'est à bon droit qu'on dit qu'elle est aveugle, elle l'est certainement à mon égard, ceux qui ont dit, que ceux qui ont du mérite en sont les maîtres, se sont trompés, la fortune domine en tout, & si quelquefois elle rend éclatantes les choses

ses les plus obscures, elle rend aussi bien souvent obscures les choses les plus éclatantes; j'en fais une triste expérience. Qui ne se plaindroit, qui ne gemiroit d'une destinée semblable à la mienne, vous en jugerez. J'ai observé avec la derniére exactitude, tout ce que prescrit Horace dans son Art Poëtique. Cet habile Maitre donne pour precepte à tous les Enfans du Parnasse, à tous les Nourrissons de Phœbus, de ne mettre en lumiére un Ouvrage, que six ans après qu'on l'a fini. J'ai fait davantage. J'en ai composé un, auquel j'ai travaillé pendant vingt ans, le sujet en est grand, l'invention en est nouvelle, les Episodes en sont admirables, tous les Vers incomparables & merveilleux. C'est un Poëme Heroïque qui surpasse tous ceux qu'on a vûs jusqu'ici, c'est un chef-d'œuvre qui obscurcit les Iliades & les Eneides, & cependant, ô tems, ô mœurs, je n'ai pû trouver jusqu'à présent un Prince à qui le dédier; je dis, un Prince ami des Muses, habile & libéral tout ensemble, car c'est de cela qu'il s'agit. Je vous entens, dit alors le Chimiste; mais dites-moi, je vous prie, quel est le sujet de ce beau Poëme. C'est répondit le Poëte, un long & ample supplement à la vie du Roi Artus, composée par l'Archevêque Tur-

Turpin : ce sont des Additions Anecdotes, qui illustrent la vie de ce grand Prince qui régna dans la Grande Bretagne ; & toutes les avantures qu'il eut avec la Fée de l'Ile d'Avalon, où il fut porté après la bataille qu'il avoit donnée aux fils de Lothus Roi des Pictes, dans laquelle il fut blessé dangereusement. Vous comprenez bien, qu'outre l'utile qui se rencontre dans cette Piéce, on ne peut manquer d'y rencontrer le délectable, qui est la double fin qu'un Ecrivain se doit proposer. J'eusse pû continuer l'histoire en Prose, mais j'ai mieux aimé la faire dans le langage des Dieux. La Prose est froide & insipide, peu propre en un mot à raconter les événemens merveilleux : au lieu que la Poësie est sublime, qu'elle peut prendre des licences qui seroient ridicules dans un Orateur. Tranchons le mot, il n'appartient qu'à la Poësie de dire les choses noblement. Je ne m'entens nullement en ce genre d'écrire, répondit le Chimiste, ainsi je ne puis guéres juger de la disgrace dont vous vous plaignez. Je veux pourtant croire qu'elle est grande ; car je n'ai garde d'ajoûter foi à ce qu'on dit de vous autres Poëtes, que vous êtes la plûpart visionnaires ; mais ce que j'ai à vous dire, continua-t-il, en poussant un grand sousoûpir, c'est que si quelcun a droit de se plaindre de la fortune, que si quelcun a sujet de dire qu'il n'y a point de Prince libéral au monde, & qui entende ses véritables intérêts, c'est moi seul. Je pourrois être plus riche que Cresus, & rendre l'or & l'argent aussi commun que les pierres, comme fit autrefois Salomon, qui n'avoit que le secret que j'ai, & néanmoins je suis aussi pauvre, je ne dirai pas que vous, qui êtes un Poëte au gros colier, mais que le plus misérable faiseur de Chansons. De rien, il ne se fait rien, c'est un des premiers principes Chimiques. Pour faire de l'or il faut de l'or. Et quand on n'auroit besoin que de Fourneaux & d'Instrumens, qui ne voit que celui qui travaille au grand Oeuvre, est obligé à faire de la dépense? Or jusqu'à cette heure je n'ai trouvé, ni Potentat ni particulier, qui ait voulu risquer une somme extrêmement modique pour amasser des millons. Avez-vous fait quelque expérience, lui dit alors le Mathématicien, pour changer en or les autres métaux? Je n'en ai point fait encore, mais je sai que cela se peut, que ce n'est pas une chimére, quoi qu'en disent les ignorans. Je sai qu'il y a une poudre de projection, qui, jettée sur quelque quantité de métal imparfait, comme le plomb, ou le cuivre,

le

le change en même tems en un plus parfait, comme l'or, ou l'argent. Je fai en un mot, que je pourrois en moins de deux mois, trouver la pierre Philofophale, avec laquelle on peut faire l'or & l'argent des pierres mêmes. Vous avez bien exagéré vos difgraces, interrompit le Mathématicien, l'un a un Livre à dédier, il ne trouve point de Mécene : l'autre pourroit parvenir à la plus haute tranfmutation où puiffe afpirer la Chimie, il ne trouve qui que ce foit qui ait affez de foi, pour en hazarder les frais de l'opération. Voilà vos difgraces, mais que direz-vous de la mienne ? Il y a ving-deux ans, que je fuis après à chercher la Quadrature du Cercle, c'eft-à-dire, la defcription d'un quaré, dont la fuperficie feroit précifément égale à la fuperficie d'un cercle, je ne fai fi vous m'entendez. Il m'a femblé mille fois que j'y étois parvenu ; mais dans le tems que je commençois à me féliciter & à m'applaudir, je m'en fuis trouvé auffi éloigné, que le premier jour que je commençai mes Elémens de Géométrie. Cela me fait reffouvenir de ces Isles inaceffibles que les Voyageurs croyent de toucher, & où ils n'abordent jamais. Ainfi mon tourment eft femblable à celui de Tantale, qui meurt de faim parmi les fruits, & de foif au milieu des eaux. Tout ce que j'ai à vous dire, c'eft que j'ai
cou-

couru après un phantôme, que j'ai confumé les plus beaux de mes jours, à penfer & à méditer, & qu'après avoir ufé mon efprit & mon cerveau, à une recherche dont je vois bien que je n'étois pas capable, je me vois réduit à la derniére indigence. Je reconnois à prefent, mais trop tard, qu'un Art n'eft rien lors qu'il ne peut pas faire vivre celui qui l'exerce, & que cette découverte, qui certainement n'eft pas impoffible, ne doit occuper que des Savans, à qui la fortune à prodigué fes biens, ou qui font entretenus par les Grands.

Le quatriéme Malade, qui avoit gardé jufqu'alors le filence, le rompit enfin. Je fuis de votre avis, dit-il en s'adreffant au Mathématicien, un métier qui ne donne pas du pain eft le plus miférable de tous les métiers, & je benis le Ciel de ce qu'il ne m'a fait ni Poëte, ni Géométre, ni Souffleur, car ne vous en déplaife, continua-t-il, en les regardant les uns après les autres, ce font-là trois Proteffions qui femblent n'avoir été inventées que pour faire mourir de faim ceux qui s'y appliquent. On confume la fleur de fa jeuneffe à compofer des Sonnets ou des Romances, à chercher des points fixes, ou des longitudes ; on convertit fon or en charbon, c'eft à dire, qu'on néglige l'effentiel, qui eft de s'attacher à un un Art qui puisse entretenir celui qui le professe, & à la fin on se voit vieux & pauvre tout ensemble, & sans avoir dequoi gruger, comme la Cigale de l'Apologue. Quant à moi, ajoûta-t-il, j'ai un meilleur métier que les vôtres, j'avoüerai néanmoins que je n'en suis pas plus heureux. Je puis dire que je me suis appauvri là où les autres font fortune, mais c'est qu'il y a bonheur & malheur en toutes choses, & qu'un chacun n'est pas né coëffé. Ce n'est ni la faute de l'Art, ni celle de l'Ouvrier, qui fait que je suis dans la pauvreté & dans la misère, c'est la bizarrerie de mon étoile, & le caprice de la fortune, dont vous vous êtes plaints tout à tour, & dont personne au monde ne se peut plaindre avec plus de justice que je le fais. Et quel est votre Art, dit le Chimiste ? Je suis Donneur d'Avis, répondit ce dernier Malade. Vous connoissez tous le métier, il n'y en a guéres de plus lucratif, témoin tant de gens de néant qui se voyent aujourd'hui au plus haut de la roüe pour avoir ruiné le peuple. Oui, je suis Donneur d'Avis, & je veux bien le répéter, j'en ai donné à la Cour en différens tems, tous au profit du Roi, & nullement au dommage du Royaume; cependant j'ai eu le malheur qu'ils n'ont jamais été écoutez,

tez, graces aux Courtisans & aux Ministres à qui je n'ai pas eu le bonheur de
plaire, non que mes avis ne fussent bons,
mais parce qu'ils l'étoient trop, & que
ces sortes de gens à qui tout fait ombra-
ge, ont pour politique d'éloigner de la
Cour ceux qui ont plus de pénétration
qu'eux. J'ai aujourd'hui dequoi me vanger, poursuivit-il en soûriant. Je ne m'a-
dresserai plus aux Ministres, j'irai à la
source, & j'ai déja préparé un Placet
que je présenterai moi-même au Roi,
pour lui découvrir un moyen qui seul,
peut être capable d'aquitter généralement
toutes les dettes de la Couronne. Je
veux bien vous découvrir ce que c'est,
persuadé que je suis que vous ne l'irez
pas divulguer, & que vous admirerez
mon génie, & la profondeur de mon esprit. Je veux proposer au Roi, qu'il ait
à ordonner à tous ses Sujets, depuis l'â-
ge de quatorze ans jusqu'à soixante, de
quelque qualité qu'ils puissent être, qu'ils
ayent à jeûner une fois le mois au pain
& à l'eau, à tel jour que bon lui semblera, & que toute la dépense qui se feroit ce jour-là en alimens, se réduise en
argent, qui soit compté à Sa Majesté.
Par ce moyen je soûtiens qu'en moins
de vingt ans elle ne devra pas un Maravedis. Je l'ai calculé, & le cacul n'est

pas difficile. Il y a en Espagne plus de trois millions de personnes de l'âge que j'ai marqué : chacune de ces personnes ne dépense pas moins d'une Réale & demie par jour, je veux que ce ne soit qu'une Réale, on ne peut pas mettre la dépense à moins quand on ne mangeroit que du pain sec : & ne trouvez-vous pas que ce ne seroit pas une petite somme, que d'avoir trois millions de Réales tous les mois ? Et ceci, continua-t-il, seroit beaucoup plus avantageux aux Sujets de Sa Majesté que vous ne croyez, parce qu'en même tems qu'ils serviroient leur Roi, ils se rendroient agréables à Dieu, & travailleroient à leur salut. L'expédient est admirable, comme vous voyez, le profit est clair pour le Roi, le peuple n'est nullement foulé, & la somme peut être levée par Paroisses, sans qu'il soit besoin de Receveurs, ni de Collecteurs, qui sont les pestes d'un Etat, & de véritables sangsuës. Tous se prirent à rire de cet avis, & de celui qui le donnoit ; lui même, ce qu'il y eut d'assez singulier, ne pût s'empêcher de rire de cette pensée bizarre. Quant à moi je fus surpris de leur entretien, mais je ne le fus point de voir que la fin des gens de ce caractére, c'est d'aller mourir dans un Hôpital.

Sc.

Nouvelle XIII.

Sci. Tu as raison, Bergance; as-tu encore quelque chose à dire?

Ber. Je n'ai que deux mots, après quoi je finirai, car il me semble que je vois paroître le jour. J'accompagnois un jour Mahudez chez le Gouverneur de cette Ville, qui est un bon Chevalier, & homme de bien. Nous le trouvâmes seul. Après nous avoir fait une charité fort considérable, selon sa coûtume, la conversation roula sur les desordres de la plûpart des femmes, & sur tout de ces malheureuses prostituées, qui peuplent tous les Printems cette maison d'une infinité de misérables qui y souffrent des tourmens horribles, & dont quelques uns même succombent sous la violence des remédes qu'ils y viennent chercher. Les peines qu'ils souffrent, dit le Gouverneur, ne sont que les préludes de plus grandes qui les attendent après cette vie, car Dieu punira très-sévérement l'impureté. Cependant, il seroit bon de remédier à un déréglement si épouvantable. J'ai donné souvent la gêne à mon esprit, pour trouver un remède efficace à un si grand mal, mais, ajoûta-t-il douloureusement, je crois le mal incurable, vû l'horrible corruption du siécle. Il n'y avoit que deux ou trois jours que j'avois entendu raisonner sur le même sujet un vieux

vieux malade, qui n'étoit pas si embarrassé que le Gouverneur, sur les moyens d'arrêter ce débordement, il en trouvoit un merveilleux. J'enrageois de ne pouvoir me mêler dans la conversation, & comme le zéle m'emporta, sans faire réflexion que je n'avois pas l'usage de la parole, je me mis en devoir de parler, mais au lieu d'articuler des mots, & de prononcer ce que je pensois, je me mis à aboyer si haut, & d'une si grande force, que le Gouverneur effrayé cria à ses Domestiques qu'ils me fissent sortir de la Sale à coups de bâton, il crut apparemment que j'étois devenu enragé. Un valet, qui malheureusement pour moi ne fut point sourd, s'avance, & ayant trouvé sous sa main un gros morceau de bois, il me frappa si rudement, que je me ressens encore du coup.

Sci. T'en plaignis-tu Bergance?

Ber. Je jettai des cris fort pitoyables, mais j'eus beau faire, le misérable valet ne fit que rire de mes cris.

Sci. Vois-tu, Bergance, quoi que ton intention fût bonne, tu ne laissois pas d'avoir tort. On ne doit jamais donner des conseils à ceux qui ne nous en demandent pas. D'ailleurs, Mahudez & toi, vous étiez allez chez le Gouverneur pour quêter, vous étiez chez lui tous deux

sur

sur le pied de pauvres, & tu dois être persuadé que les conseils des pauvres, quelque bons qu'ils soient, ne sont jamais reçûs. Il y a plus, les pauvres ne doivent jamais s'ingérer de conseiller les Grands, parce que les Grands croyent tout savoir, & comment ne le croiroient-ils point, puis que les flateurs ont l'impudence de le leur soûtenir en face?

Ber. Tu as raison. J'entrai un autre soir chez une Dame de grande qualité, qui tenoit entre ses bras une petite chienne, mais si petite qu'elle eût pû la cacher dans son manchon. Aussi-tôt que cette Guenuchon me vit, elle sauta des bras de sa Maîtresse, courut droit à moi en aboyant, & elle ne s'arrêta jamais qu'elle ne m'eût mordu à la jambe. Je me tournai vers elle d'une maniére assez dédaigneuse. Je n'osai pourtant la toucher, me contentant de dire en moi-même, si je vous tenois dans la ruë, petit vilain animal, ou je ne ferois nul cas de vous, ou je vous mettrois en piéces d'un seul coup de dent. Cela me fit ressouvenir alors, que ceux qui sont dans la faveur sont ordinairement insolens, quoi que le plus souvent ils n'ayent d'autre mérite que celui d'avoir plû à quelque Prince, ou à quelque Grand, c'est à dire, à des gens qui pour l'ordinaire n'élévent pas toûjours aux grands Emplois & aux premiéres Dignitez ceux qui en feroient les plus dignes. Tout se fait dans les Cours par caprice, la vertu n'y a guéres la préférence, & de là vient, sans doute, qu'un Favori n'est guéres plaint lors qu'il vient à tomber en disgrace. Je pousserois cette réflexion plus loin, la matiére est belle & fertile, mais il est tems de finir, car enfin tu le vois, il est grand jour.

Sci. Il est vrai. Rompons donc notre entretien jusqu'à la nuit prochaine ; je t'apprendrai mes avantures.

Dès que le Licentié eut achevé de lire ces Entretiens, il éveilla Campuçano, qui dormoit encore. Bien que ce Dialogue soit feint, lui dit-il, j'ay pris un plaisir extrême à le lire. J'en admire l'invention & l'artifice, & suis persuadé que Scipion n'a pas moins d'esprit que Bergance ; & qu'il ne nous dira pas des choses moins utiles & moins agréables. Je veux bien vous satisfaire, répondit Campuçano : pour cet effet, je tâcherai de me remettre dans la mémoire le second Entretien des Chiens de Mahudez, & je vous le donnerai par écrit.

F I N.

www.ingramcontent.com/pod-product-compliance
Lightning Source LLC
Chambersburg PA
CBHW071606230426
43669CB00012B/1846